增色

金砖国家科技创新与可持续发展合作

ADD A LOT TO BRICS:

Cooperation of BRICS in Science and Technology Innovation and Sustainable Development

黄茂兴 等著

中国财经出版传媒集团

经济科学出版社
Economic Science Press

图书在版编目（CIP）数据

“金砖”增色：金砖国家科技创新与可持续发展合作/黄茂兴等著．—北京：经济科学出版社，2020.1
ISBN 978-7-5218-1291-6

Ⅰ.①金…　Ⅱ.①黄…　Ⅲ.①国家创新系统-研究-世界②国际合作-经济合作-可持续性发展-研究
Ⅳ.①F204②F114.4

中国版本图书馆 CIP 数据核字（2020）第 020027 号

责任编辑：孙丽丽　胡蔚婷
责任校对：王肖楠
责任印制：李　鹏

“金砖”增色：金砖国家科技创新与可持续发展合作
黄茂兴　等著
经济科学出版社出版、发行　新华书店经销
社址：北京市海淀区阜成路甲 28 号　邮编：100142
总编部电话：010-88191217　发行部电话：010-88191522
网址：www.esp.com.cn
电子邮件：esp@esp.com.cn
天猫网店：经济科学出版社旗舰店
网址：http://jjkxcbs.tmall.com
北京季蜂印刷有限公司印装
710×1000　16 开　16.75 印张　240000 字
2020 年 3 月第 1 版　2020 年 3 月第 1 次印刷
ISBN 978-7-5218-1291-6　定价：58.00 元

教育部科技委战略研究基地（福建师范大学世界创新竞争力研究中心）2019 年重点项目研究成果

教育部首批全国高校“双带头人”教师党支部书记工作室资助的阶段性研究成果

国家首批“万人计划”青年拔尖人才支持计划（组厅字［2013］33 号文件）资助的阶段性研究成果

国家第 2 批“万人计划”哲学社会科学领军人才（组厅字［2016］37 号）资助的阶段性研究成果

中宣部全国文化名家暨“四个一批”人才工程（中宣办发［2015］49 号）资助的阶段性研究成果

教育部哲学社会科学研究重大课题（项目编号：16JZD028）的阶段性研究成果

国家社科基金重点项目（项目编号：16AGJ004）的阶段性研究成果

福建省“双一流”建设学科——福建师范大学理论经济学科 2019 年重点项目研究成果

福建省首批哲学社会科学领军人才、福建省高校领军人才支持计划 2019 年的阶段性研究成果

福建省首批高校特色新型智库——福建师范大学综合竞争力与国家发展战略研究院 2019 年的研究成果

福建省社会科学研究基地——福建师范大学竞争力研究中心 2019 年资助的研究成果

福建省高校哲学社会科学学科基础理论研究创新团队——福建师范大学竞争力基础理论研究创新团队 2019 年资助的阶段性研究成果

福建师范大学创新团队建设计划（项目编号：IRTW1202）2019 年资助的阶段性研究成果

《“金砖”增色：金砖国家科技创新与可持续发展合作》

项目承担单位

全国经济综合竞争力研究中心福建师范大学分中心

项目组人员名单

本书负责人： 黄茂兴

本书撰写人员： 黄茂兴　林寿富　李军军　唐　杰

黄新焕　王珍珍　余官胜　陈洪昭

白　华　郑清英　李成宇　张宝英

程俊恒

全国经济综合竞争力研究中心福建师范大学分中心课题组成员简介

◇◇◇林寿富，男，1981 年生，福建连城人，中国科学技术大学管理科学与工程专业博士，澳大利亚科廷大学联合培养博士研究生，福建师范大学经济学院国际经济与贸易系书记、副主任，教授、博士生导师，福建省高校新世纪优秀人才支持计划和福建省高校杰出青年人才培育计划获得者，福建师范大学优秀青年骨干教师，福建省宏观经济学会副会长，福建省生态文明研究会常务理事，中国数量经济学会理事，福建省中青年经济发展研究会理事。主要从事环境经济、创新管理领域的研究。主持和参与了国家社科基金项目、教育部人文社科项目、福建省社科重大项目等 10 余项课题，先后在《经济研究》*Energy Policy*（SCI 一区，管理科学与工程 Top 期刊）、*Journal of Cleaner Production*（SCI 一区）、*Technology Analysis & Strategic Management*（SSCI 检索）、*Environmental Impact Assessment Review*（SSCI 和 EI 双检索）、*Science and Public Policy*（SSCI 检索）、*Journal of Manufacturing Technology Management*（SSCI 和 SCI 双检索）等国内外期刊上发表论文 40 余篇，合作出版著作 4 部。

◇◇◇李军军，男，1978 年生，江西分宜人，福建师范大学经济学院副教授，硕士生导师，经济学博士，兼任全国经济综合竞争力研究中心（福建师范大学）副主任。主要从事环境经济、经济竞争力评价和经济数量分析方法等领域研究。主持国家社科基金、教育部人文社科基金、福建省社科基金重大项目、重点项目等 8 个研究项目，出版专著 1 部，合作出版专著和教材 4 部，发表 30 多篇学术论文。曾获福建省优秀博士学位论文二等奖，福建省第十届社会科学优秀成果奖一等奖。

◇◇◇唐杰，男，1981年生，福建福州人，福建师范大学经济学院工商管理系副教授，毕业于厦门大学管理学院，获管理学博士。主要从事人力资源、组织行为、创新管理及跨文化比较研究，担任中国企业管理研究理事，福建省科学技术协会副秘书长。主持1项国家自然科学青年基金项目，1项国家社科基金后期资助项目，1项教育部人文社科青年项目，1项福建省社科重点项目，主持和参与多家政府和企业的人才和战略方面横向课题。迄今以第一作者或通讯作者在《心理学报》《中国软科学》《经济管理》等国内外杂志上发表学术论文30余篇，1篇论文被EI核心检索，2篇论文被SSCI检索。2009年前往美国俄勒冈大学Lundquist商学院从事访问研究，2014年前往台湾东吴大学商学院从事访问研究。目前主要讲授《人力资源管理》《市场调查与预测》和《管理学研究方法》等课程。担任国家自然科学基金项目盲审专家以及《心理学报》《心理科学》《中国人力资源开发》等国内核心期刊盲审专家。

◇◇◇黄新焕，男，1981年生，福建永定人。福建师范大学经济学院副教授、硕士生导师，管理学博士。主要研究方向为绿色创新、企业战略管理，灰色系统理论及其应用。主持国家自然科学基金项目和福建省社科研究基地重大项目，参与国家社科基金重大招标项目，在*The Journal of Grey System*、*Kybernetes*、《科研管理》等期刊发表论文30余篇，多篇论文被SCI、EI、CSSCI、CSCD收录。

◇◇◇王珍珍，女，1982年生，福建泉州人。福建师范大学经济学院副教授、硕士生导师，管理学博士，新加坡南洋理工大学访问学者。主要从事物流与供应链管理、创新管理的教学与研究。主持国家社科基金、教育部人文社科、省科技厅软科学、社科规划重大重点课题，获福建省高校新世纪优秀人才支持计划、福建省高校杰出青年人才支持计划资助，出版专著2部，在《中国经济问题》《国际商务》《中国科技论坛》等核心期刊发表论文20多篇，其中有多篇被人大复印资料全文转载，多篇咨询报告获得省领导重要批示。曾获商务部商务发展研究成果三等奖、福建省社科优秀成果三等奖、福建师范大学青年教师教学技能大赛二等奖、福建师范大学“本科课堂教学优秀奖”。

◇◇◇陈洪昭，男，1980年生，河北临漳人。福建师范大学经济学院教师、硕士生导师，经济学博士。主要从事西方经济学、人口·资源与环境经济学的教学与研究。主持省社科重大课题、省科技厅软科学课题等5项，在《经济研究参考》《当代经济管理》等核心报刊发表论文20多篇。

◇◇◇余官胜，男，1983年生，浙江乐清人。福建师范大学经济学院副教授，经济学博士，硕士生导师。主要从事国际经济学和发展经济学等领域研究。主持国家社科基金2项，省部级项目6项，出版专著3部，在核心期刊上发表论文50多篇。科研成果曾荣获商务部商务发展研究奖、浙江省社科优秀成果奖。

◇◇◇白华，女，1985年生，辽宁沈阳人。福建师范大学经济学院讲师，管理科学与工程博士。主要从事信息管理和数据挖掘、网络信息计量、应急管理的相关教学与研究。参与国家自然科学基金2项，主持省部级项目2项，厅局级项目1项，在SCI、EI等高水平期刊发表论文多篇，曾获福建师范大学青年教师教学基本功大赛二等奖。

◇◇◇郑清英，女，经济学博士，福建师范大学经济学院讲师。主要从事能源经济与政策、能源金融领域的教学与研究工作，已在国际SSCI和SCI期刊上发表论文4篇，主持教育部人文社科项目1项，曾获国家能源局软科学研究优秀成果三等奖。

◇◇◇李成宇，男，1987年生，山东高密人。福建师范大学经济学院讲师，经济学博士。主要从事区域经济政策、计量经济学的教学与研究。参与国家社会科学基金项目、教育部人文社会科学研究青年基金项目等。在《经济经纬》《教育与经济》等刊物上发表论文多篇。

◇◇◇张宝英，女1988年生，福建莆田人。福建师范大学经济学院讲师，经济学博士。主要从事文化产业、区域经济学的教学与研究工作，主持福建省社科基地重大项目、福建省教育厅项目等多项课题，参与国家社科基金项目、国家自然科学基金项目、教育部人文社科研究一般项目等十余项，在《中国社会科学报》《经济研究参考》《中国矿业大学学报》等报纸杂志上发表论文 20 余篇。

◇◇◇程俊恒，女，1988 年生，湖南醴陵人。福建师范大学经济学院讲师、管理学博士。主要从事工业工程、运筹学领域的教学与研究工作，主持国家自然科学基金青年项目 1 项，现已在 IEEE *Transactions on Automation Science and Engineering*、*Computers & Industrial Engineering* 等国际 SCI 期刊和领域内主流国际会议上发表论文十余篇。

加强科技创新合作　共筑金砖国家可持续发展未来

——2019年金砖国家智库国际研讨会会议综述

（代序）

在金砖国家领导人第十一次会晤即将在巴西召开前夕，2019年10月19~20日，由金砖国家智库合作中方理事会主办、福建师范大学承办，中国科学技术发展战略研究院、中智科学技术评价研究中心协办的“2019年金砖国家智库国际研讨会”在福建省福州市成功举行。来自巴西巴伊亚联邦大学、巴西应用经济研究所、俄罗斯国立高等经济学院、印度大恒竺成律师事务所、南非开普敦大学、中共中央对外联络部、国家发展和改革委员会、科技部、工业和信息化部、国务院发展研究中心、中国工程院、中国社会科学院、国际欧亚科学院中国科学中心、清华大学、中国人民大学、复旦大学等单位近100位专家学者和企业界的代表参加了本次研讨会。

本次会议以“金砖国家科技创新合作”为主题，重点围绕金砖国家重大科技基础设施建设、金砖国家科技园区建设与知识产权保护、金砖国家科技创新人文合作与科技创新治理、金砖国家科技金融与金融科技合作4个方面议题展开深入研讨，取得了丰硕成果，为深化金砖国家科技合作提供智库支持。会议期间，福建师范大学、中国科学技术交流中心、俄罗斯国立高等经济大学等单位科研人员联合推出了《金砖国家综合创新竞争力发展报告（2019）》《“金砖+”国家综合创新竞争力发展报告（2019）》（英文）、《金砖国家科技创新合作与可持续发展研究报告（2019）》三份研究成果，提出了推动金砖国家科技创新合作的政策建议。现将会议上形成的研讨共识综述如下：

一、金砖国家重大科技基础设施建设方面

（1）将数字化科技创新合作列为优先战略方向。金砖国家未来应着重推动加强数字技术、人工智能等诸多重点领域的务实合作；进一步完善创业环境，尤其是要关注中小企业创新能力的提升，支持和促进创新创业。

（2）推动金砖国家传统基础设施智慧化转型。要不断融合数字化与工业、农业、服务业，积极发展云计算、工业互联网、大数据、物联网的新兴应用基础设施，推动智慧化转型，实现包容和普惠性基础设施的合作。

（3）完善新兴技术服务金砖国家农业农村发展。金砖国家需要深入探讨应用数字化和新兴技术在用电、用水、交通、供暖和住房等农业科技领域合作发展，为未来金砖国家农业科技发展蓝图提供决策参考。

（4）加强在能源技术领域的合作。金砖国家应加强考虑技术革新在能源转型过程中所扮演的重要角色。可再生能源包括太阳能、风能和生物能等新能源投资领域的巨大潜力，以及新能源使用对于污染物和工业废物减少的巨大环境效益，金砖国家在这方面的合作前景十分广阔。

二、金砖国家科技园区建设、技术转移和知识产权保护方面

（1）重视教育对推动科技进步与企业创新的重要作用。注重发挥教育在推动一国科技进步与企业创新中的重要作用，尤其是工程教育在技术创新中的重要性，密切加强金砖国家工程教育领域的合作和发展。

（2）技术合作是实现各国科技发展的重要推动力。应强化探讨金砖国家科技创新合作的组织结构与工作重点，倡导通过合作来实现共赢与发展。

（3）鼓励建设国际技术转移中心集聚区。随着国际技术转移的趋势和特征越来越突出，以及面临的发展不平衡、摩擦剧烈、规范缺失等问题，要积极鼓励建设金砖国家国际技术转移中心集聚区。

（4）强化金砖国家知识产权保护领域的协调与合作。以开源为切入点，推动开源软件的模型构建、开放共享，强化知识产权保护在开源模式中的重要性，希望开源能够给金砖各国间的科技合作创新提供新思路、新方法。

三、金砖国家科技创新人文合作与科技创新治理方面

（1）加强文化引领金砖国家的交流与合作。积极发挥文化引领金砖国家合作的重要牵引作业。进一步加强科技、教育、文化等多领域合作范围和内容。

（2）完善金砖科技治理制度体系建设。金砖国家要不断完善科技治理制度措施，包括推进科研诚信共建、营造和谐宽松的文化环境、改善科技创新法律政策环境以及应对新技术挑战等。

（3）从伦理角度对金砖国家新兴技术的治理进行探讨。金砖各国应从维护科技伦理发展的视角出发，保障科技创新成果要切实有利于人类健康和可持续发展。

（4）加强科技在金砖国家现代农业发展中的驱动作用。需要坚持科技、制度、管理和理论创新，发挥政府主导作用和科学指导。

四、金砖国家科技金融与金融科技合作方面

（1）中国可以发挥金融科技的“领头雁”作用。科技金融与金融科技覆盖面广，且发展迅速，中国的金融科技发展在金砖国家中处于龙头位置。

（2）加强数字技术在金融科技创新中的应用与发展。数字技术是创新发展的关键，更加开放的数字政策将成为全球贸易的重要内容，金融科技创新有助于改善多层次资本市场，引导金融机构为中小企业服务创新，提高技术融资担保，增强国际竞争力和经济全球化。

（3）加强金砖国家在金融和投资领域的协调与合作。继续加强金砖国家新开发银行的建设与发展，综合分析各国利益偏好差异性的协调及其如

何找到利益偏好的妥协点，并积极发挥金融助力金砖国家科技创新合作进程。此外，金砖国家还应从建立和完善外商投资促进机制，增强政治互信，推动双边和多边投资协定谈判等方面加强投资合作。

本次会议秘书组

（执笔人：黄茂兴教授）

2019 年 10 月 25 日

目　录

第一章 金砖国家创新竞争力评价与比较分析

金砖国家作为新兴市场国家的代表，资源禀赋深厚、市场规模庞大，在许多领域深入合作，不断提高自身在全球治理体系中的话语权，已经成为国际舞台上的一支重要力量，扮演着越来越重要的角色。特别是2008年全球金融危机爆发后，与发达经济体受金融危机困扰相比，金砖国家相对快速的复苏与发展备受瞩目，越来越多的人认识到金砖国家正成为“世界经济稳定的来源”，它们在全球经济治理中的地位也得到相应的提升。本章将深入分析2000～2017年金砖国家的创新竞争力及其各要素的得分及排名变化情况，从中找出金砖国家创新竞争力的推动点及关键影响因素。

一、金砖国家创新竞争力总体比较分析

根据国家创新竞争力的指标体系和数学模型，对2000～2017年G20国家创新竞争力进行了评价。表1－1列出了2000～2017年金砖国家创新竞争力的得分和排位变化情况及其5个二级指标的得分和排名及其波动情况。

表 1－1　　2000～2017 年金砖国家创新竞争力评价比较

项目		中国	巴西	印度	俄罗斯	南非	最高分	最低分	平均分	标准差
2000～2017 年国家创新竞争力的综合变化		20.7	10.9	2.5	5.1	3.1	20.1	2.5	8.5	6.1
		4	2	－1	－1	－3	—	—	—	—
2000 年	创新竞争力	23.2	15.7	13.1	23.9	15.7	23.9	13.1	18.3	4.9
		11	14	17	10	13	—	—	—	—
	创新基础竞争力	6.0	7.7	1.4	18.6	3.1	18.6	1.4	7.4	6.7
		15	14	18	10	17	—	—	—	—
	创新环境竞争力	28.0	17.4	22.4	28.7	28.5	28.7	17.4	25.0	5.0
		14	18	15	12	13	—	—	—	—
	创新投入竞争力	30.0	15.9	10.7	29.9	16.2	30.0	10.7	20.5	8.9
		9	13	15	10	12	—	—	—	—
	创新产出竞争力	30.2	16.2	8.7	13.0	4.4	30.2	4.4	14.5	9.8
		5	10	15	11	17	—	—	—	—
	创新持续竞争力	22.0	21.3	22.2	29.2	26.4	29.2	21.3	24.2	3.4
		16	17	15	12	14	—	—	—	—
2001 年	创新竞争力	27.6	15.8	13.3	24.9	14.6	27.6	13.3	19.2	6.5
		10	13	16	11	15	—	—	—	—
	创新基础竞争力	9.7	7.7	2.0	19.4	3.5	19.4	2.0	8.5	6.8
		13	15	18	9	17	—	—	—	—
	创新环境竞争力	36.4	18.1	22.3	29.3	28.7	36.4	18.1	26.9	7.0
		11	18	15	13	14	—	—	—	—
	创新投入竞争力	31.5	17.1	12.2	32.7	16.8	32.7	12.2	22.1	9.4
		10	12	15	9	13	—	—	—	—
	创新产出竞争力	37.7	18.3	11.2	13.4	4.1	37.7	4.1	16.9	12.7
		3	8	14	11	17	—	—	—	—
	创新持续竞争力	22.6	17.8	18.7	29.7	20.0	29.7	17.8	21.8	4.8
		14	17	16	11	15	—	—	—	—

续表

项目		中国	巴西	印度	俄罗斯	南非	最高分	最低分	平均分	标准差
2002 年	创新竞争力	31.4	16.0	14.2	25.8	15.4	31.4	14.2	20.6	7.6
		10	14	17	11	15	—	—	—	—
	创新基础竞争力	14.6	7.6	2.3	19.9	2.7	19.9	2.3	9.4	7.7
		12	14	18	10	17	—	—	—	—
	创新环境竞争力	39.5	18.0	22.7	30.4	29.4	39.5	18.0	28.0	8.2
		10	18	15	13	14	—	—	—	—
	创新投入竞争力	32.9	16.9	12.0	32.4	16.6	32.9	12.0	22.2	9.8
		9	12	15	10	13	—	—	—	—
	创新产出竞争力	42.9	17.1	11.5	16.3	3.8	42.9	3.8	18.3	14.7
		3	9	14	10	17	—	—	—	—
	创新持续竞争力	27.1	20.6	22.3	30.1	24.3	30.1	20.6	24.9	3.8
		13	17	16	12	14	—	—	—	—
2003 年	创新竞争力	30.6	14.3	11.5	24.4	16.4	30.6	11.5	19.4	7.9
		10	16	18	11	13	—	—	—	—
	创新基础竞争力	15.3	6.5	2.0	21.0	3.9	21.0	2.0	9.7	8.1
		11	14	18	10	17	—	—	—	—
	创新环境竞争力	40.3	17.7	22.5	32.3	30.0	40.3	17.7	28.6	8.8
		10	18	16	13	14	—	—	—	—
	创新投入竞争力	33.9	17.5	11.8	30.7	16.5	33.9	11.8	22.1	9.6
		9	12	14	10	13	—	—	—	—
	创新产出竞争力	50.1	14.0	10.8	15.9	3.7	50.1	3.7	18.9	18.1
		3	11	14	9	17	—	—	—	—
	创新持续竞争力	13.5	15.5	10.4	22.3	27.7	27.7	10.4	17.9	7.0
		17	16	18	14	11	—	—	—	—

续表

项目		中国	巴西	印度	俄罗斯	南非	最高分	最低分	平均分	标准差
2004 年	创新竞争力	34.1	16.5	12.3	25.3	20.3	34.1	12.3	21.7	8.4
		10	15	18	11	13	—	—	—	—
	创新基础竞争力	13.6	8.2	3.9	23.4	6.2	23.4	3.9	11.0	7.8
		12	15	18	9	17	—	—	—	—
	创新环境竞争力	40.6	20.1	21.6	37.2	28.7	40.6	20.1	29.7	9.1
		10	18	17	13	14	—	—	—	—
	创新投入竞争力	37.5	18.1	12.1	29.8	15.6	37.5	12.1	22.6	10.6
		9	12	14	10	13	—	—	—	—
	创新产出竞争力	59.3	13.1	9.3	12.7	3.8	59.3	3.8	19.6	22.5
		2	10	15	11	18	—	—	—	—
	创新持续竞争力	19.4	23.0	14.8	23.4	47.4	47.4	14.8	25.6	12.7
		17	16	18	15	3	—	—	—	—
2005 年	创新竞争力	38.1	18.8	16.0	26.1	16.6	38.1	16.0	23.1	9.3
		9	14	17	11	16	—	—	—	—
	创新基础竞争力	15.8	9.1	4.1	24.5	6.7	24.5	4.1	12.0	8.2
		12	15	18	10	17	—	—	—	—
	创新环境竞争力	43.5	22.0	23.5	42.3	32.9	43.5	22.0	32.8	10.1
		10	18	17	11	14	—	—	—	—
	创新投入竞争力	41.3	18.4	12.7	27.7	14.0	41.3	12.7	22.8	11.9
		9	12	15	10	13	—	—	—	—
	创新产出竞争力	62.6	13.8	9.7	10.6	4.5	62.6	4.5	20.2	23.9
		2	10	15	14	17	—	—	—	—
	创新持续竞争力	27.5	30.7	30.3	25.5	24.8	30.7	24.8	27.8	2.7
		16	13	14	17	18	—	—	—	—

续表

项目		中国	巴西	印度	俄罗斯	南非	最高分	最低分	平均分	标准差
2006年	创新竞争力	39.9	20.8	14.7	30.3	18.4	39.9	14.7	24.8	10.2
		9	12	18	11	17	—	—	—	—
	创新基础竞争力	15.9	8.6	3.2	25.6	4.8	25.6	3.2	11.6	9.3
		12	15	18	9	17	—	—	—	—
	创新环境竞争力	44.6	22.7	25.8	45.6	32.9	45.6	22.7	34.3	10.5
		11	18	17	10	15	—	—	—	—
	创新投入竞争力	42.2	17.6	12.3	26.8	14.3	42.2	12.3	22.6	12.3
		9	12	15	10	14	—	—	—	—
	创新产出竞争力	62.1	12.7	10.8	9.4	4.2	62.1	4.2	19.9	23.8
		2	10	12	14	18	—	—	—	—
	创新持续竞争力	34.6	42.3	21.3	44.3	35.7	44.3	21.3	35.6	9.0
		14	11	18	10	13	—	—	—	—
2007年	创新竞争力	40.8	19.9	13.6	28.6	15.2	40.8	13.6	23.6	11.2
		9	15	18	11	17	—	—	—	—
	创新基础竞争力	18.4	10.3	3.0	27.4	4.5	27.4	3.0	12.7	10.2
		12	15	18	9	17	—	—	—	—
	创新环境竞争力	45.9	24.4	25.8	47.6	32.0	47.6	24.4	35.1	11.0
		11	18	17	10	16	—	—	—	—
	创新投入竞争力	43.2	17.6	11.9	26.6	13.6	43.2	11.9	22.6	12.9
		9	12	15	10	14	—	—	—	—
	创新产出竞争力	64.0	13.4	13.2	9.7	4.3	64.0	4.3	20.9	24.4
		2	10	11	14	18	—	—	—	—
	创新持续竞争力	32.6	33.9	14.0	31.6	21.5	33.9	14.0	26.7	8.7
		13	12	18	14	17	—	—	—	—

续表

项目		中国	巴西	印度	俄罗斯	南非	最高分	最低分	平均分	标准差
2008 年	创新竞争力	44.7	23.9	13.6	29.7	15.7	44.7	13.6	25.5	12.5
		8	13	18	11	17	—	—	—	—
	创新基础竞争力	23.7	13.2	5.4	31.7	5.0	31.7	5.0	15.8	11.7
		11	13	17	9	18	—	—	—	—
	创新环境竞争力	44.1	23.9	22.7	49.0	34.7	49.0	22.7	34.9	11.7
		12	17	18	11	15	—	—	—	—
	创新投入竞争力	45.0	18.6	12.0	25.4	13.4	45.0	12.0	22.9	13.4
		8	12	15	11	14	—	—	—	—
	创新产出竞争力	68.3	15.4	14.6	10.3	4.1	68.3	4.1	22.5	26.0
		2	10	11	13	18	—	—	—	—
	创新持续竞争力	42.4	48.3	13.6	32.4	21.2	48.3	13.6	31.6	14.4
		11	7	19	13	17	—	—	—	—
2009 年	创新竞争力	43.8	22.3	16.0	30.6	17.3	43.8	16.0	26.0	11.5
		8	13	18	11	17	—	—	—	—
	创新基础竞争力	33.8	14.0	6.9	28.2	4.9	33.8	4.9	17.6	12.9
		9	13	17	10	18	—	—	—	—
	创新环境竞争力	43.5	22.4	22.3	53.3	32.3	53.3	22.3	34.8	13.6
		12	17	18	10	16	—	—	—	—
	创新投入竞争力	45.4	19.1	12.8	26.8	13.7	45.4	12.8	23.6	13.4
		7	12	15	11	14	—	—	—	—
	创新产出竞争力	72.5	16.1	16.6	11.6	3.8	72.5	3.8	24.1	27.5
		2	11	10	13	18	—	—	—	—
	创新持续竞争力	23.6	39.9	21.2	33.1	31.9	39.9	21.2	30.0	7.6
		17	11	19	13	15	—	—	—	—

续表

项目		中国	巴西	印度	俄罗斯	南非	最高分	最低分	平均分	标准差
2010年	创新竞争力	44.0	23.0	16.0	28.9	14.7	44.0	14.7	25.3	11.9
		9	13	17	11	18	—	—	—	—
	创新基础竞争力	37.6	18.7	4.5	28.4	5.4	37.6	4.5	18.9	14.4
		8	13	18	10	17	—	—	—	—
	创新环境竞争力	42.4	21.9	22.1	52.9	29.7	52.9	21.9	33.8	13.5
		12	18	17	10	16	—	—	—	—
	创新投入竞争力	47.3	20.2	13.1	25.3	12.2	47.3	12.2	23.6	14.3
		7	12	14	11	16	—	—	—	—
	创新产出竞争力	72.0	15.9	18.8	11.5	4.0	72.0	4.0	24.4	27.1
		2	11	9	14	18	—	—	—	—
	创新持续竞争力	20.5	38.4	21.4	26.5	22.0	38.4	20.5	25.8	7.4
		17	9	15	13	14	—	—	—	—
2011年	创新竞争力	43.0	25.5	14.8	30.2	17.5	43.0	14.8	26.2	11.2
		7	13	18	11	17	—	—	—	—
	创新基础竞争力	41.9	20.0	5.6	31.2	5.1	41.9	5.1	20.8	16.0
		7	13	17	10	18	—	—	—	—
	创新环境竞争力	43.5	25.3	21.8	49.0	32.1	49.0	21.8	34.3	11.7
		12	17	19	11	16	—	—	—	—
	创新投入竞争力	48.8	19.4	12.6	24.1	11.5	48.8	11.5	23.3	15.1
		7	12	14	11	16	—	—	—	—
	创新产出竞争力	75.2	16.6	19.1	11.3	4.8	75.2	4.8	25.4	28.4
		2	11	9	14	18	—	—	—	—
	创新持续竞争力	43.1	46.3	14.8	35.3	34.1	46.3	14.8	34.7	12.3
		9	6	19	12	13	—	—	—	—

续表

项目		中国	巴西	印度	俄罗斯	南非	最高分	最低分	平均分	标准差
2012 年	创新竞争力	44.4	23.8	15.0	31.1	17.7	44.4	15.0	26.4	11.8
		7	13	18	11	17	—	—	—	—
	创新基础竞争力	42.9	17.7	4.7	31.4	4.3	42.9	4.3	20.2	16.9
		5	13	17	9	18	—	—	—	—
	创新环境竞争力	46.1	28.1	21.7	53.9	34.4	53.9	21.7	36.8	13.1
		12	17	19	11	16	—	—	—	—
	创新投入竞争力	50.1	18.2	12.1	22.9	11.1	50.1	11.1	22.9	16.0
		6	12	14	11	16	—	—	—	—
	创新产出竞争力	76.1	16.8	18.2	11.6	5.0	76.1	5.0	25.5	28.7
		2	11	9	13	18	—	—	—	—
	创新持续竞争力	44.7	38.0	18.4	35.6	33.5	44.7	18.4	34.0	9.7
		8	11	18	12	16	—	—	—	—
2013 年	创新竞争力	45.5	26.1	14.8	29.9	19.2	45.5	14.8	27.1	11.8
		8	12	18	11	17	—	—	—	—
	创新基础竞争力	44.6	15.3	4.0	31.6	3.5	44.6	3.5	19.8	18.0
		3	13	17	9	19	—	—	—	—
	创新环境竞争力	48.7	30.7	23.3	56.4	38.0	56.4	23.3	39.4	13.4
		12	17	19	11	16	—	—	—	—
	创新投入竞争力	51.7	18.0	11.9	22.8	11.9	51.7	11.9	23.3	16.5
		6	13	14	11	15	—	—	—	—
	创新产出竞争力	76.4	16.4	19.8	12.6	4.9	76.4	4.9	26.0	28.7
		2	11	8	13	18	—	—	—	—
	创新持续竞争力	44.3	50.0	15.2	25.9	38.0	50.0	15.2	34.7	14.1
		8	4	18	16	12	—	—	—	—

续表

项目		中国	巴西	印度	俄罗斯	南非	最高分	最低分	平均分	标准差
2014年	创新竞争力	46.3	28.1	18.0	30.2	19.1	46.3	18.0	28.3	11.4
		7	12	18	11	17	—	—	—	—
	创新基础竞争力	45.6	17.4	5.3	28.1	3.5	45.6	3.5	20.0	17.4
		3	13	17	10	19	—	—	—	—
	创新环境竞争力	50.8	32.4	23.3	58.1	38.7	58.1	23.3	40.7	14.0
		12	17	19	11	15	—	—	—	—
	创新投入竞争力	51.8	19.4	11.6	21.9	11.5	51.8	11.5	23.3	16.6
		5	12	14	11	15	—	—	—	—
	创新产出竞争力	77.0	16.3	21.2	13.5	5.2	77.0	5.2	26.6	28.7
		2	11	8	13	18	—	—	—	—
	创新持续竞争力	44.5	55.1	28.4	29.5	36.8	55.1	28.4	38.9	11.1
		9	6	18	17	14	—	—	—	—
2015年	创新竞争力	43.7	22.4	17.3	26.2	18.4	43.7	17.3	25.6	10.7
		8	14	18	11	17	—	—	—	—
	创新基础竞争力	35.4	10.6	4.6	19.4	3.0	35.4	3.0	14.6	13.3
		6	14	17	11	18	—	—	—	—
	创新环境竞争力	53.0	30.7	24.1	59.8	41.7	59.8	24.1	41.9	14.9
		12	18	19	10	13	—	—	—	—
	创新投入竞争力	52.0	18.5	10.8	19.6	10.3	52.0	10.3	22.2	17.2
		5	12	14	11	15	—	—	—	—
	创新产出竞争力	82.0	16.8	21.9	14.9	5.0	82.0	5.0	28.1	30.7
		2	10	8	12	18	—	—	—	—
	创新持续竞争力	37.2	35.2	25.4	17.4	32.1	37.2	17.4	29.5	8.1
		9	10	15	18	13	—	—	—	—

续表

项目		中国	巴西	印度	俄罗斯	南非	最高分	最低分	平均分	标准差
2016年	创新竞争力	44.7	24.1	18.2	27.5	19.0	44.7	18.2	26.7	10.8
		7	13	17	11	16	—	—	—	—
	创新基础竞争力	32.5	10.6	4.9	19.3	2.5	32.5	2.5	14.0	12.2
		8	13	17	11	18	—	—	—	—
	创新环境竞争力	52.2	27.1	22.6	59.3	40.1	59.3	22.6	40.3	15.7
		12	18	19	10	15	—	—	—	—
	创新投入竞争力	52.8	18.2	11.0	19.5	10.8	52.8	10.8	22.5	17.4
		5	13	14	11	15	—	—	—	—
	创新产出竞争力	82.5	17.2	21.5	12.4	3.5	82.5	3.5	27.4	31.5
		2	10	8	13	18	—	—	—	—
	创新持续竞争力	44.8	47.4	30.9	26.8	38.2	47.4	26.8	37.6	8.8
		10	9	16	18	13	—	—	—	—
2017年	创新竞争力	43.9	26.6	15.6	29.0	18.9	43.9	15.6	26.8	11.0
		7	12	18	11	16	—	—	—	—
	创新基础竞争力	35.3	12.0	5.7	20.9	3.0	35.3	3.0	15.4	13.1
		7	13	17	11	18	—	—	—	—
	创新环境竞争力	57.1	27.8	23.4	60.8	43.0	60.8	23.4	42.4	16.8
		11	18	19	9	14	—	—	—	—
	创新投入竞争力	53.3	25.0	11.6	20.2	11.4	53.3	11.4	24.3	17.2
		5	11	15	12	16	—	—	—	—
	创新产出竞争力	84.0	17.4	19.1	13.4	2.6	84.0	2.6	27.3	32.3
		2	10	9	13	18	—	—	—	—
	创新持续竞争力	35.8	50.9	17.9	29.5	34.3	50.9	17.9	33.7	11.9
		11	4	17	15	12	—	—	—	—

资料来源：世界银行世界发展指数：World Bank，2018，World Development Indicators 2018. Washington DC. Available at：http：//data. world bank. org/data-catalog/world-development-indicators/.

注：各国家对应的两行数列中，上一行为指标得分，下一行为指标在G20中的排名。这里的最高分和最低分分别是指金砖国家中的最高得分和最低得分。

（一）金砖国家创新竞争力得分比较

2000～2017 年，金砖国家的创新竞争力水平呈波动上升趋势，平均分从 18.3 分波动上升到 26.8 分，提高了 8.5 分。中国的创新竞争力得分遥遥领先于其他国家，除了 2000 年，其余各年一直排在金砖国家的第一位；而印度的创新竞争力相对比较低，基本上一直排在金砖国家的最末位。2000 年，俄罗斯的创新竞争力得分为 23.9 分，其次是中国，得分为 23.2 分，分别是最后一名印度的 1.83 倍和 1.78 倍；2017 年，中国的创新竞争力得分为 43.9 分，是第二名俄罗斯的 1.52 倍，是最后一名印度的 2.82 倍。2000～2017 年，金砖国家之间的创新竞争力的差距在不断扩大，标准差从 4.9 上升到 11.0。同时，中国逐渐拉开与其他国家的距离。

从得分变化情况来看，2000～2017 年，所有金砖国家的创新竞争力得分均上升，其中，中国上升最快，上升了 20.7 分；巴西上升得也比较快，上升了 10.9 分；印度、俄罗斯、南非分别上升了 2.5 分、5.1 分和 3.1 分。需要指出的是，2000～2008 年，中国的创新竞争力得分上升非常迅速，从 23.2 分上升到 44.7 分，但在 2009 年后增速放缓。2000 年，中国的得分比俄罗斯略低，处于第二位，但中国创新竞争力水平上升迅速，一年后就超过了俄罗斯，并且一直处于金砖国家的首位，且差距逐年拉大。

（二）金砖国家创新竞争力排名比较

从排位来看，除了 2000 年外，中国的创新竞争力基本上一直处于金砖国家的首位，且在 G20 中一直排名前 10 位，巴西和俄罗斯的排位相对也比较靠前，而印度则基本上一直处于金砖国家的最末位，且处于 G20 的最末三位。2000～2017 年，中国的排位上升了 4 位，巴西上升了 2 位，而南非下降了 3 位，印度和俄罗斯均下降了 1 位。

金砖国家之间的排位差距比较大，横跨了 3 个方阵。2017 年，中国处于第二方阵，巴西、俄罗斯处于第三方阵（排名从第11位至第15位），印度、南非处于第四方阵（排名从第16位至第19位）。排在第18位的印度与排在第7位的中国相差了11位。

（三）金砖国家创新竞争力下属二级指标的得分及排名比较

2000～2017年，金砖国家创新竞争力的5个二级指标的平均分都有所上升，其中创新环境竞争力的得分上升最快，上升了17.4分；创新产出竞争力的得分上升得也比较快，上升了12.8分；创新投入竞争力上升得最慢，只上升了3.8分；创新基础竞争力和创新持续竞争力分别上升了8.0分和9.5分。由此可见，金砖国家创新竞争力的快速提高主要来源于创新环境竞争力、创新产出竞争力的快速提高，而创新基础竞争力、创新投入竞争力和创新持续竞争力也有一定的贡献，只是贡献相对较小。

从各国的情况来看，2000～2017年，中国基本上每年都有3个二级指标的得分是金砖国家中最高的，使得中国的创新竞争力得分基本上都是最高的。与中国形成鲜明对比的是印度，2000～2017年，印度在很多年份都有2个二级指标甚至3个二级指标排在最后一位，使得整体的国家创新竞争力基本上都排在最后一位。

通过以上分析可知，2000～2017年，金砖国家创新竞争力的整体水平呈上升趋势，这主要是由创新环境竞争力、创新产出竞争力的提高推动的，创新基础竞争力、创新投入竞争力和创新持续竞争力的贡献相对较小。但从各国的情况来看，要想有较高的国家创新竞争力，这五个方面都应该有较好的表现，需要协调发展，某个方面的"短板"将极大地拖累整体创新竞争力的得分和排名。因此，在今后的创新活动中，金砖国家应该继续加强创新环境、创新产出三个方面的工作，但同时也要注意加大创新基础、创新投入和创新持续方面的关注，寻找突破点，不断努力，实现创新基础、创新环境、创新投入、创新产出和创新持续五个方面的协调进步，这样才能实现国家创新竞争力的有效、快速提升。

二、金砖国家创新基础竞争力比较分析

表 1 - 2 列出了 2000 ~ 2017 年金砖国家创新基础竞争力的得分和排位变化情况及其下属 6 个三级指标的得分和排名、波动情况。

表 1 - 2　　2000 ~ 2017 年金砖国家创新基础竞争力评价比较表

项目		中国	巴西	印度	俄罗斯	南非	最高分	最低分	平均分	标准差
创新基础竞争力的综合变化		29.3	4.2	4.3	2.4	-0.2	16.8	1.6	8.0	6.4
		8	1	1	-1	-1	—	—	—	—
2000 年	创新基础竞争力	6.0	7.7	1.4	18.6	3.1	18.6	1.4	7.4	6.7
		15	14	18	10	17	—	—	—	—
	GDP	10.6	5.1	3.3	1.2	0.0	10.6	0.0	4.0	4.2
		6	10	12	16	19	—	—	—	—
	人均 GDP	1.4	8.6	0.0	3.5	6.7	8.6	0.0	4.0	3.6
		17	14	19	16	15	—	—	—	—
	财政收入	4.2	5.4	—	1.3	1.0	5.4	1.0	3.0	2.3
		11	9	0	14	15	—	—	—	—
	外国直接投资净值	13.2	10.6	2.3	2.0	1.6	13.2	1.6	5.9	5.5
		5	7	14	15	17	—	—	—	—
	受高等教育人员比重	—	6.6	—	100.0	0.0	100.0	0.0	35.5	44.1
		0	12	0	1	15	—	—	—	—
	全社会劳动生产率	0.7	10.1	0.0	3.3	9.6	10.1	0.0	4.7	4.8
		18	14	19	16	15	—	—	—	—

续表

项目		中国	巴西	印度	俄罗斯	南非	最高分	最低分	平均分	标准差
2001年	创新基础竞争力	9.7	7.7	2.0	19.4	3.5	19.4	2.0	8.5	6.8
		13	15	18	9	17	—	—	—	—
	GDP	11.6	4.2	3.5	1.8	0.0	11.6	0.0	4.2	4.4
		6	10	12	14	19	—	—	—	—
	人均 GDP	1.6	7.3	0.0	4.5	5.9	7.3	0.0	3.9	3.0
		17	13	19	16	15	—	—	—	—
	财政收入	5.7	5.1	—	2.4	0.9	5.7	0.9	3.5	2.5
		9	10	0	13	14	—	—	—	—
	外国直接投资净值	28.7	15.0	4.6	3.3	5.9	28.7	3.3	11.5	10.6
		5	8	13	16	11	—	—	—	—
	受高等教育人员比重	—	6.6	—	100.0	0.0	100.0	0.0	35.5	44.1
		0	12	0	1	15	—	—	—	—
	全社会劳动生产率	0.9	8.1	0.0	4.3	8.2	8.2	0.0	4.3	3.9
		17	15	19	16	14	—	—	—	—
2002年	创新基础竞争力	14.6	7.6	2.3	19.9	2.7	19.9	2.3	9.4	7.7
		12	14	18	10	17	—	—	—	—
	GDP	12.6	3.8	3.8	2.3	0.2	12.6	0.2	4.5	4.8
		6	12	11	14	18	—	—	—	—
	人均 GDP	1.8	6.2	0.0	5.1	5.3	6.2	0.0	3.7	2.6
		17	13	19	16	15	—	—	—	—
	财政收入	8.9	6.6	—	3.5	1.6	8.9	1.6	5.1	3.6
		7	11	0	13	15	—	—	—	—
	外国直接投资净值	48.8	15.6	5.3	3.7	1.9	48.8	1.9	15.1	19.6
		3	9	13	14	16	—	—	—	—
	受高等教育人员比重	—	6.6	—	100.0	0.0	100.0	0.0	35.5	44.1
		0	12	0	1	15	—	—	—	—
	全社会劳动生产率	1.0	6.7	0.0	4.8	7.3	7.3	0.0	4.0	3.3
		18	14	19	16	13	—	—	—	—

续表

项目		中国	巴西	印度	俄罗斯	南非	最高分	最低分	平均分	标准差
2003 年	创新基础竞争力	15.3	6.5	2.0	21.0	3.9	21.0	2.0	9.7	8.1
		11	14	18	10	17	—	—	—	—
	GDP	13.5	3.8	4.2	2.7	0.4	13.5	0.4	4.9	5.0
		6	12	11	14	18	—	—	—	—
	人均 GDP	1.9	6.4	0.0	6.2	8.0	8.0	0.0	4.5	3.4
		17	15	19	16	13	—	—	—	—
	财政收入	10.4	6.5	—	3.9	2.3	10.4	2.3	5.8	4.0
		7	11	0	13	15	—	—	—	—
	外国直接投资净值	49.7	9.1	3.6	7.2	1.2	49.7	1.2	14.2	20.1
		3	8	14	11	17	—	—	—	—
	受高等教育人员比重	—	6.6	—	100.0	0.0	100.0	0.0	35.5	44.1
		0	12	0	1	15	—	—	—	—
	全社会劳动生产率	1.0	6.8	0.0	5.9	11.3	11.3	0.0	5.0	4.6
		18	15	19	16	13	—	—	—	—
2004 年	创新基础竞争力	13.6	8.2	3.9	23.4	6.2	23.4	3.9	11.0	7.8
		12	15	18	9	17	—	—	—	—
	GDP	14.8	4.2	4.5	3.5	0.5	14.8	0.5	5.5	5.4
		6	12	11	14	18	—	—	—	—
	人均 GDP	2.1	7.2	0.0	8.4	10.0	10.0	0.0	5.6	4.3
		17	16	19	15	13	—	—	—	—
	财政收入	11.9	7.3	—	5.0	3.0	11.9	3.0	6.8	4.5
		7	10	0	12	15	—	—	—	—
	外国直接投资净值	37.8	16.5	11.1	15.3	9.0	37.8	9.0	17.9	11.5
		3	8	12	9	17	—	—	—	—
	受高等教育人员比重	—	6.6	—	100.0	0.0	100.0	0.0	35.5	44.1
		0	12	0	1	15	—	—	—	—
	全社会劳动生产率	1.2	7.5	0.0	8.0	14.5	14.5	0.0	6.2	5.9
		17	16	19	15	13	—	—	—	—

续表

项目		中国	巴西	印度	俄罗斯	南非	最高分	最低分	平均分	标准差
2005年	创新基础竞争力	15.8	9.1	4.1	24.5	6.7	24.5	4.1	12.0	8.2
		12	15	18	10	17	—	—	—	—
	GDP	16.2	5.4	4.8	4.4	0.5	16.2	0.5	6.2	5.9
		5	10	12	13	18	—	—	—	—
	人均GDP	2.4	9.3	0.0	10.6	10.5	10.6	0.0	6.5	5.0
		17	16	19	13	14	—	—	—	—
	财政收入	12.4	8.9	—	7.4	2.9	12.4	2.9	7.9	4.9
		7	10	0	11	15	—	—	—	—
	外国直接投资净值	46.5	14.6	11.7	14.6	11.4	46.5	11.4	19.8	15.0
		3	10	15	9	16	—	—	—	—
	受高等教育人员比重	—	6.6	—	100.0	0.0	100.0	0.0	35.5	44.1
		0	12	0	1	15	—	—	—	—
	全社会劳动生产率	1.4	9.6	0.0	10.1	14.7	14.7	0.0	7.1	6.2
		17	16	19	15	13	—	—	—	—
2006年	创新基础竞争力	15.9	8.6	3.2	25.6	4.8	25.6	3.2	11.6	9.3
		12	15	18	9	17	—	—	—	—
	GDP	18.5	6.4	5.2	5.6	0.3	18.5	0.3	7.2	6.8
		4	9	13	11	18	—	—	—	—
	人均GDP	2.8	11.1	0.0	13.4	10.3	13.4	0.0	7.5	5.8
		17	15	19	13	16	—	—	—	—
	财政收入	14.3	9.2	—	8.7	2.9	14.3	2.9	8.8	5.6
		7	10	0	11	15	—	—	—	—
	外国直接投资净值	42.0	7.2	7.5	13.3	1.0	42.0	1.0	14.2	16.2
		3	13	12	8	18	—	—	—	—
	受高等教育人员比重	—	6.0	—	100.0	0.0	100.0	0.0	35.3	44.1
		0	12	0	1	15	—	—	—	—
	全社会劳动生产率	1.7	11.5	0.0	12.7	14.1	14.1	0.0	8.0	6.6
		17	16	19	14	13	—	—	—	—

续表

项目		中国	巴西	印度	俄罗斯	南非	最高分	最低分	平均分	标准差
2007年	创新基础竞争力	18.4	10.3	3.0	27.4	4.5	27.4	3.0	12.7	10.2
		12	15	18	9	17	—	—	—	—
	GDP	23.0	7.8	6.5	7.1	0.1	23.0	0.1	8.9	8.5
		3	9	11	10	18	—	—	—	—
	人均GDP	3.4	12.8	0.0	16.4	10.1	16.4	0.0	8.5	6.8
		17	14	19	13	16	—	—	—	—
	财政收入	19.5	11.6	—	11.2	2.9	19.5	2.9	11.3	7.7
		7	8	0	9	15	—	—	—	—
	外国直接投资净值	44.0	11.2	5.5	14.5	0.0	44.0	0.0	15.1	17.1
		3	9	12	7	18	—	—	—	—
	受高等教育人员比重	—	5.3	—	100.0	0.0	100.0	0.0	35.1	44.2
		0	12	0	1	15	—	—	—	—
	全社会劳动生产率	2.0	13.0	0.0	15.2	13.8	15.2	0.0	8.8	7.2
		17	16	19	13	14	—	—	—	—
2008年	创新基础竞争力	23.7	13.2	5.4	31.7	5.0	31.7	5.0	15.8	11.7
		11	13	17	9	18	—	—	—	—
	GDP	29.9	9.8	6.3	9.5	0.0	29.9	0.0	11.1	11.2
		3	8	11	9	19	—	—	—	—
	人均GDP	5.1	16.0	0.0	21.9	9.7	21.9	0.0	10.5	8.7
		17	15	19	11	16	—	—	—	—
	财政收入	28.3	14.6	—	14.6	2.0	28.3	2.0	14.9	11.4
		5	8	0	9	15	—	—	—	—
	外国直接投资净值	51.6	17.2	15.1	24.0	5.5	51.6	5.5	22.7	17.5
		3	7	9	4	16	—	—	—	—
	受高等教育人员比重	—	5.8	—	100.0	0.0	100.0	0.0	35.3	44.1
		0	12	0	1	15	—	—	—	—
	全社会劳动生产率	3.4	16.0	0.0	20.0	12.6	20.0	0.0	10.4	8.4
		17	15	19	13	16	—	—	—	—

续表

项目		中国	巴西	印度	俄罗斯	南非	最高分	最低分	平均分	标准差
2009年	创新基础竞争力	33.8	14.0	6.9	28.2	4.9	33.8	4.9	17.6	12.9
		9	13	17	10	18	—	—	—	—
	GDP	34.1	9.7	7.4	6.6	0.0	34.1	0.0	11.6	13.1
		3	8	10	11	19	—	—	—	—
	人均GDP	6.0	16.2	0.0	16.2	10.2	16.2	0.0	9.7	7.0
		17	13	19	12	16	—	—	—	—
	财政收入	43.9	18.1	—	10.6	2.8	43.9	2.8	18.9	17.6
		4	8	0	11	15	—	—	—	—
	外国直接投资净值	80.9	17.5	20.1	20.7	2.3	80.9	2.3	28.3	30.3
		2	7	6	4	17	—	—	—	—
	受高等教育人员比重	—	6.4	—	100.0	0.0	100.0	0.0	35.5	44.1
		0	12	0	1	15	—	—	—	—
	全社会劳动生产率	4.1	16.3	0.0	14.8	14.2	16.3	0.0	9.9	7.3
		17	14	19	15	16	—	—	—	—
2010年	创新基础竞争力	37.6	18.7	4.5	28.4	5.4	37.6	4.5	18.9	14.4
		8	13	18	10	17	—	—	—	—
	GDP	39.2	12.5	8.9	7.9	0.0	39.2	0.0	13.7	15.0
		2	7	9	11	19	—	—	—	—
	人均GDP	6.3	19.5	0.0	18.4	11.7	19.5	0.0	11.2	8.2
		17	11	19	12	16	—	—	—	—
	财政收入	46.0	20.0	—	11.7	3.2	46.0	3.2	20.2	18.4
		3	8	0	10	15	—	—	—	—
	外国直接投资净值	92.2	32.6	9.1	15.2	0.0	92.2	0.0	29.8	36.8
		2	3	11	6	19	—	—	—	—
	受高等教育人员比重	—	7.0	—	100.0	0.0	100.0	0.0	35.7	44.0
		0	12	0	1	15	—	—	—	—
	全社会劳动生产率	4.4	20.6	0.0	17.4	17.3	20.6	0.0	12.0	9.1
		17	12	19	15	16	—	—	—	—

续表

项目		中国	巴西	印度	俄罗斯	南非	最高分	最低分	平均分	标准差
2011 年	创新基础竞争力	41.9	20.0	5.6	31.2	5.1	41.9	5.1	20.8	16.0
		7	13	17	10	18	—	—	—	—
	GDP	47.3	14.5	9.3	10.8	0.0	47.3	0.0	16.4	18.1
		2	7	10	9	19	—	—	—	—
	人均 GDP	6.8	19.2	0.0	21.1	10.7	21.1	0.0	11.6	8.8
		17	12	19	11	16	—	—	—	—
	财政收入	50.1	21.5	—	15.4	2.7	50.1	2.7	22.4	20.0
		2	8	0	9	15	—	—	—	—
	外国直接投资净值	100.0	36.3	13.3	19.9	1.8	100.0	1.8	34.3	38.8
		1	3	9	6	18	—	—	—	—
	受高等教育人员比重	—	7.7	—	100.0	0.0	100.0	0.0	35.9	44.0
		0	12	0	1	15	—	—	—	—
	全社会劳动生产率	5.0	20.6	0.0	20.2	15.7	20.6	0.0	12.3	9.3
		17	13	19	14	16	—	—	—	—
2012 年	创新基础竞争力	42.9	17.7	4.7	31.4	4.3	42.9	4.3	20.2	16.9
		5	13	17	9	18	—	—	—	—
	GDP	51.7	13.1	9.1	11.5	0.0	51.7	0.0	17.1	20.0
		2	7	10	8	19	—	—	—	—
	人均 GDP	7.4	16.3	0.0	21.1	9.1	21.1	0.0	10.8	8.2
		17	13	19	11	16	—	—	—	—
	财政收入	53.4	17.5	—	15.4	2.0	53.4	2.0	22.1	21.4
		2	8	0	10	16	—	—	—	—
	外国直接投资净值	96.4	34.6	9.6	20.2	1.8	96.4	1.8	32.5	37.7
		2	3	10	6	17	—	—	—	—
	受高等教育人员比重	—	7.7	—	100.0	0.0	100.0	0.0	35.9	44.0
		0	13	0	1	15	—	—	—	—
	全社会劳动生产率	5.6	17.0	0.0	20.2	13.1	20.2	0.0	11.2	8.3
		17	14	19	12	16	—	—	—	—

续表

项目		中国	巴西	印度	俄罗斯	南非	最高分	最低分	平均分	标准差
2013 年	创新基础竞争力	44.6	15.3	4.0	31.6	3.5	44.6	3.5	19.8	18.0
		3	13	17	9	19	—	—	—	—
	GDP	56.3	12.8	9.1	11.8	0.0	56.3	0.0	18.0	22.0
		2	7	10	8	19	—	—	—	—
	人均 GDP	8.4	16.2	0.0	21.9	8.1	21.9	0.0	10.9	8.4
		16	14	19	11	17	—	—	—	—
	财政收入	51.8	15.5	—	13.4	1.6	51.8	1.6	20.6	20.9
		2	9	0	10	16	—	—	—	—
	外国直接投资净值	100.0	21.7	7.0	21.6	0.0	100.0	0.0	30.1	40.2
		1	3	11	4	19	—	—	—	—
	受高等教育人员比重	—	8.7	—	100.0	0.0	100.0	0.0	36.2	43.9
		0	12	0	1	15	—	—	—	—
	全社会劳动生产率	6.6	16.7	0.0	21.2	11.4	21.2	0.0	11.2	8.3
		17	14	19	12	16	—	—	—	—
2014 年	创新基础竞争力	45.6	17.4	5.3	28.1	3.5	45.6	3.5	20.0	17.4
		3	13	17	10	19	—	—	—	—
	GDP	59.0	12.3	9.8	10.0	0.0	59.0	0.0	18.2	23.3
		2	7	10	9	19	—	—	—	—
	人均 GDP	10.0	17.2	0.0	20.6	8.0	20.6	0.0	11.2	8.1
		16	14	19	11	17	—	—	—	—
	财政收入	51.1	13.3	—	11.2	1.4	51.1	1.4	19.3	20.8
		2	9	0	10	16	—	—	—	—
	外国直接投资净值	100.0	35.0	11.2	6.5	0.3	100.0	0.3	30.6	41.0
		1	3	7	10	18	—	—	—	—
	受高等教育人员比重	—	9.2	—	100.0	0.0	100.0	0.0	36.4	43.9
		0	12	0	1	15	—	—	—	—
	全社会劳动生产率	7.9	17.6	0.0	20.2	11.2	20.2	0.0	11.4	8.0
		17	14	19	13	16	—	—	—	—

续表

项目		中国	巴西	印度	俄罗斯	南非	最高分	最低分	平均分	标准差
2015 年	创新基础竞争力	35.4	10.6	4.6	19.4	3.0	35.4	3.0	14.6	13.3
		6	14	17	11	18	—	—	—	—
	GDP	60.0	8.3	10.0	5.8	0.0	60.0	0.0	16.8	24.4
		2	9	7	12	19	—	—	—	—
	人均 GDP	11.7	12.9	0.0	14.0	7.5	14.0	0.0	9.2	5.7
		16	15	19	13	17	—	—	—	—
	财政收入	49.0	8.0	—	3.6	0.7	49.0	0.7	15.3	20.8
		2	9	0	14	16	—	—	—	—
	外国直接投资净值	47.5	14.4	8.4	1.1	0.0	47.5	0.0	14.3	19.5
		2	3	8	16	19	—	—	—	—
	受高等教育人员比重	—	7.7	—	79.3	0.0	79.3	0.0	29.0	34.8
		0	13	0	2	16	—	—	—	—
	全社会劳动生产率	8.9	12.2	0.0	12.7	9.7	12.7	0.0	8.7	5.1
		17	15	19	14	16	—	—	—	—
2016 年	创新基础竞争力	32.5	10.6	4.9	19.3	2.5	32.5	2.5	14.0	12.2
		8	13	17	11	18	—	—	—	—
	GDP	59.2	8.1	10.8	5.4	0.0	59.2	0.0	16.7	24.1
		2	9	7	12	19	—	—	—	—
	人均 GDP	11.4	12.3	0.0	12.5	6.3	12.5	0.0	8.5	5.4
		16	14	19	13	17	—	—	—	—
	财政收入	48.2	8.2	—	2.5	0.6	48.2	0.6	14.9	20.5
		2	9	0	14	16	—	—	—	—
	外国直接投资净值	35.1	15.4	8.6	6.2	0.0	35.1	0.0	13.0	13.5
		3	4	7	12	19	—	—	—	—
	受高等教育人员比重	—	8.1	—	78.2	0.2	78.2	0.2	28.8	34.2
		0	13	0	2	15	—	—	—	—
	全社会劳动生产率	8.7	11.6	0.0	11.3	8.2	11.6	0.0	7.9	4.7
		16	14	19	15	17	—	—	—	—

续表

项目		中国	巴西	印度	俄罗斯	南非	最高分	最低分	平均分	标准差
2017 年	创新基础竞争力	35.3	12.0	5.7	20.9	3.0	35.3	3.0	15.4	13.1
		7	13	17	11	18	—	—	—	—
	GDP	62.1	8.9	12.0	6.4	0.0	62.1	0.0	17.9	25.1
		2	8	5	11	19	—	—	—	—
	人均 GDP	11.8	13.5	0.0	15.1	7.2	15.1	0.0	9.5	6.1
		16	14	19	12	17	—	—	—	—
	财政收入	46.5	8.4	—	4.1	1.0	46.5	1.0	15.0	19.6
		2	9	0	12	16	—	—	—	—
	外国直接投资净值	47.2	19.6	10.9	7.7	0.0	47.2	0.0	17.1	18.2
		2	4	8	10	19	—	—	—	—
	受高等教育人员比重	—	8.7	—	78.2	0.5	78.2	0.5	29.1	34.2
		0	13	0	2	15	—	—	—	—
	全社会劳动生产率	9.0	12.6	0.0	14.1	9.1	14.1	0.0	9.0	5.5
		17	15	19	13	16	—	—	—	—

资料来源：世界银行世界发展指数：World Bank，2018，World Development Indicators 2018. Washington DC. Available at：http：//data. world bank. org/data-catalog/world-development-indicators/.

注：各国家对应的两行数列中，上一行为指标得分，下一行为指标在 G20 中的排名。这里的最高分和最低分分别是指金砖国家中的最高得分和最低得分。由于评价得分是基于 G20 中 19 个国家进行评价得到的，因此有时候最高分并不一定是 100 分，最低分也不一定是 0 分。如果出现最高分不为 100 分或最低分不为 0 分的情况，则说明发达国家中还有得分更高或更低的国家。

（一）金砖国家创新基础竞争力得分比较

2000～2017 年，金砖国家的创新基础竞争力水平呈波动上升趋势，平均分从 7.4 分波动上升到 15.4 分。此外，各国的创新基础竞争力水平差异很大。俄罗斯和中国的创新基础竞争力得分遥遥领先于其他国家，2009 年之前俄罗斯的创新基础竞争力一直排在金砖国家的第一位，2009 年之后中国的创新基础竞争力一直排在金砖国家的第一位；而印度和南非的创新基础竞争力得分远远低于其他国家，2008 年之前，印度基本上排在金砖国家的最末位，2008 年之后南非基本上排在金砖国家的最末位。2000 年，俄罗斯的创新基础竞争力得分为 18.6 分，是第二名巴西的 2.39 倍，是最后一名印度的 13.33 倍；2017 年，中国的创新基础竞争力得分为 35.3 分，是第二名俄罗斯的 1.7 倍，是最后一名印度的 11.87 倍。2000～2017 年，金砖国家之间的创新基础竞争力的差距在不断扩大，标准差由 6.7 上升到 13.1。同时，中国逐渐拉开与其他金砖国家的距离。

从得分变化情况来看，2000～2017 年，中国的创新基础竞争力得分上升最快，上升了 29.3 分，其余各国的得分上升均低于 5 分。而南非的得分甚至下降了 0.2 分。

（二）金砖国家创新基础竞争力排名比较

从排位来看，2000～2008 年，俄罗斯的创新基础竞争力一直处于金砖国家的首位，2009～2017 年，中国的创新基础竞争力一直处于金砖国家的首位，是唯一处于第二方阵（排名从第 6 位至第 10 位）的金砖国家，在 2012～2014 年甚至处于第一方阵（排名从第 1 位至第 5 位）；2000～2007 年，印度基本上一直处于最末位，2008～2017 年，南非基本上一直处于最末位。排位上升最快的是中国，上升了 8 位，巴西、印度均上升了 1 位，俄罗斯、南非均下降了 1 位。

（三）金砖国家创新基础竞争力三级指标的得分及排名比较

2000～2017 年，金砖国家创新基础竞争力下属的 6 个三级指标中，除了受高等教育人员比重影响外，其余 5 个三级指标的平均分均上升。其中，GDP 的得分上升最快，上升了 13.9 分；财政收入、外国直接投资净值的得分上升得也比较快，分别上升了 12.0 分和 11.2 分；人均 GDP 和全社会劳动生产率的得分上升得最慢，分别上升了 5.5 分和 4.2 分。而受高等教育人员比重的平均分下降了 1.0 分。由此可见，金砖国家创新基础竞争力得分的提高主要来源于 GDP、财政收入、外国直接投资净值得分的提高，而其余指标的贡献较小。

从各国的情况来看，2000～2017 年的 18 年间，中国基本上每年都有 3 个三级指标的得分是金砖国家中最高的，使得 2009 年后中国的创新基础竞争力得分基本上都是最高的，而这主要是由于 GDP、财政收入、外国直接投资净值等指标得分较高导致的。与中国形成鲜明对比的是南非，2000～2017 年，南非三级指标的排位都比较低，基本上每年均有3个三级指标排在最末位。正是由于三级指标排名比较靠后，才使得它整体的创新基础竞争力排位比较靠后。

通过以上分析可知，2000～2017年，金砖国家创新基础竞争力的整体水平呈上升趋势，这主要是由GDP、财政收入、外国直接投资净值的提高推动的，其余指标的贡献较小。但从各国的情况来看，要想有较高的创新基础竞争力，各个方面都应该有较好的表现，需要协调发展，某个方面的"短板"将极大地拖累整体创新基础竞争力的得分和排名。

三、金砖国家创新环境竞争力比较分析

表1－3列出了2000～2017年金砖国家创新环境竞争力的得分和排位变化情况及其下属6个三级指标的得分和排名及其波动情况。

表1－3　　2000～2017年金砖国家创新环境竞争力评价比较

项目		中国	巴西	印度	俄罗斯	南非	最高分	最低分	平均分	标准差
创新环境竞争力的综合变化		29.1	10.4	1.0	32.1	14.5	32.1	6.0	17.4	11.8
		3	0	－4	3	－1	—	—	—	—
2000年	创新环境竞争力	28.0	17.4	22.4	28.7	28.5	28.7	17.4	25.0	5.0
		14	18	15	12	13	—	—	—	—
	宽带用户比例	0.0	0.7	0.0	0.0	0.0	0.7	0.0	0.1	0.3
		14	11	15	15	15	—	—	—	—
	手机用户比例	8.6	17.6	0.0	2.6	24.4	24.4	0.0	10.6	10.2
		15	14	19	17	11	—	—	—	—
	企业开业程序	64.8	0.0	64.5	87.8	36.6	87.8	0.0	50.7	33.7
		10	19	11	7	15	—	—	—	—
	企业平均税负水平	41.7	44.6	55.8	63.4	76.0	76.0	41.7	56.3	14.0
		17	15	14	10	5	—	—	—	—
	在线公共服务指数	13.3	32.1	6.0	17.8	30.1	32.1	6.0	19.9	11.1
		17	12	18	15	13	—	—	—	—
	ISO 9001质量体系认证数	39.7	9.7	8.0	0.8	4.0	39.7	0.8	12.4	15.6
		5	11	12	18	13	—	—	—	—

续表

项目		中国	巴西	印度	俄罗斯	南非	最高分	最低分	平均分	标准差
2001 年	创新环境竞争力	36.4	18.1	22.3	29.3	28.7	36.4	18.1	26.9	7.0
		11	18	15	13	14	—	—	—	—
	宽带用户比例	0.2	1.1	0.0	0.0	0.0	1.1	0.0	0.3	0.5
		14	11	17	18	18	—	—	—	—
	手机用户比例	12.0	17.6	0.0	5.3	25.6	25.6	0.0	12.1	10.1
		16	14	19	17	11	—	—	—	—
	企业开业程序	64.8	0.0	64.5	87.8	36.6	87.8	0.0	50.7	33.7
		10	19	11	7	15	—	—	—	—
	企业平均税负水平	41.7	44.6	55.8	63.4	76.0	76.0	41.7	56.3	14.0
		17	15	14	10	5	—	—	—	—
	在线公共服务指数	13.3	32.1	6.0	17.8	30.1	32.1	6.0	19.9	11.1
		17	12	18	15	13	—	—	—	—
	ISO 9001 质量体系认证数	86.4	13.3	7.3	1.2	3.7	86.4	1.2	22.4	36.1
		2	11	12	17	13	—	—	—	—
2002 年	创新环境竞争力	39.5	18.0	22.7	30.4	29.4	39.5	18.0	28.0	8.2
		10	18	15	13	14	—	—	—	—
	宽带用户比例	1.1	1.8	0.0	0.0	0.0	1.8	0.0	0.6	0.9
		12	10	18	17	19	—	—	—	—
	手机用户比例	15.8	19.6	0.0	11.8	30.2	30.2	0.0	15.5	11.0
		16	14	19	17	11	—	—	—	—
	企业开业程序	64.8	0.0	64.5	87.8	36.6	87.8	0.0	50.7	33.7
		10	19	11	7	15	—	—	—	—
	企业平均税负水平	41.7	44.6	55.8	63.4	76.0	76.0	41.7	56.3	14.0
		17	15	14	10	5	—	—	—	—
	在线公共服务指数	13.3	32.1	6.0	17.8	30.1	32.1	6.0	19.9	11.1
		17	12	18	15	13	—	—	—	—
	ISO 9001 质量体系认证数	100.0	9.8	10.0	1.5	3.5	100.0	1.5	25.0	42.1
		1	12	11	18	14	—	—	—	—

续表

项目		中国	巴西	印度	俄罗斯	南非	最高分	最低分	平均分	标准差
2003年	创新环境竞争力	40.3	17.7	22.5	32.3	30.0	40.3	17.7	28.6	8.8
		10	18	16	13	14	—	—	—	—
	宽带用户比例	3.7	2.2	0.0	1.0	0.1	3.7	0.0	1.4	1.5
		10	12	19	15	17	—	—	—	—
	手机用户比例	18.6	23.7	0.0	23.2	34.2	34.2	0.0	19.9	12.5
		16	14	19	15	11	—	—	—	—
	企业开业程序	64.8	0.0	64.5	87.8	36.6	87.8	0.0	50.7	33.7
		10	19	11	7	15	—	—	—	—
	企业平均税负水平	41.7	44.6	55.8	63.4	76.0	76.0	41.7	56.3	14.0
		17	15	14	10	5	—	—	—	—
	在线公共服务指数	13.3	32.1	6.0	17.8	30.1	32.1	6.0	19.9	11.1
		17	12	18	15	13	—	—	—	—
	ISO 9001 质量体系认证数	100.0	3.9	8.4	0.7	3.0	100.0	0.7	23.2	43.0
		1	12	11	18	14	—	—	—	—
2004年	创新环境竞争力	40.6	20.1	21.6	37.2	28.7	40.6	20.1	29.7	9.1
		10	18	17	13	14	—	—	—	—
	宽带用户比例	7.6	6.9	0.0	1.8	0.4	7.6	0.0	3.4	3.6
		10	11	19	15	17	—	—	—	—
	手机用户比例	20.3	30.1	0.0	45.3	37.6	45.3	0.0	26.7	17.5
		17	15	19	10	12	—	—	—	—
	企业开业程序	64.8	0.0	64.5	87.8	36.6	87.8	0.0	50.7	33.7
		13	19	14	10	16	—	—	—	—
	企业平均税负水平	41.7	44.6	55.8	63.4	76.0	76.0	41.7	56.3	14.0
		17	15	14	10	5	—	—	—	—
	在线公共服务指数	9.4	34.4	0.4	22.0	19.8	34.4	0.4	17.2	12.9
		16	12	18	13	14	—	—	—	—
	ISO 9001 质量体系认证数	100.0	4.3	9.2	2.6	2.1	100.0	2.1	23.6	42.8
		1	12	9	15	17	—	—	—	—

续表

项目		中国	巴西	印度	俄罗斯	南非	最高分	最低分	平均分	标准差
2005 年	创新环境竞争力	43.5	22.0	23.5	42.3	32.9	43.5	22.0	32.8	10.1
		10	18	17	11	14	—	—	—	—
	宽带用户比例	11.1	6.7	0.3	4.2	1.2	11.1	0.3	4.7	4.4
		10	14	18	15	16	—	—	—	—
	手机用户比例	19.3	33.6	0.0	66.6	54.2	66.6	0.0	34.7	26.6
		17	15	19	5	9	—	—	—	—
	企业开业程序	64.8	0.0	64.5	87.8	40.2	87.8	0.0	51.5	33.3
		14	19	15	10	16	—	—	—	—
	企业平均税负水平	41.7	44.6	55.8	63.4	76.0	76.0	41.7	56.3	14.0
		17	15	14	10	5	—	—	—	—
	在线公共服务指数	24.0	41.2	3.5	28.8	24.0	41.2	3.5	24.3	13.6
		14	11	18	13	15	—	—	—	—
	ISO 9001 质量体系认证数	100.0	5.5	16.8	3.0	1.8	100.0	1.8	25.4	42.1
		1	13	7	15	17	—	—	—	—
2006 年	创新环境竞争力	44.6	22.7	25.8	45.6	32.9	45.6	22.7	34.3	10.5
		11	18	17	10	15	—	—	—	—
	宽带用户比例	13.1	8.5	0.4	6.8	2.1	13.1	0.4	6.2	5.1
		12	14	18	15	17	—	—	—	—
	手机用户比例	16.7	31.7	0.0	74.6	54.2	74.6	0.0	35.4	29.6
		17	15	19	3	8	—	—	—	—
	企业开业程序	64.8	0.0	64.5	87.8	40.2	87.8	0.0	51.5	33.3
		14	19	15	10	17	—	—	—	—
	企业平均税负水平	41.5	44.4	55.7	63.2	76.3	76.3	41.5	56.2	14.2
		17	15	14	10	5	—	—	—	—
	在线公共服务指数	31.4	46.6	9.4	37.8	23.3	46.6	9.4	29.7	14.2
		14	10	18	13	15	—	—	—	—
	ISO 9001 质量体系认证数	100.0	5.1	24.9	3.5	1.6	100.0	1.6	27.0	41.9
		1	13	6	15	18	—	—	—	—

续表

项目		中国	巴西	印度	俄罗斯	南非	最高分	最低分	平均分	标准差
2007年	创新环境竞争力	45.9	24.4	25.8	47.6	32.0	47.6	24.4	35.1	11.0
		11	18	17	10	16	—	—	—	—
	宽带用户比例	15.8	12.5	0.0	10.6	1.7	15.8	0.0	8.1	6.9
		12	14	19	15	17	—	—	—	—
	手机用户比例	16.1	33.1	0.0	75.8	49.4	75.8	0.0	34.9	29.4
		17	14	19	3	11	—	—	—	—
	企业开业程序	64.8	0.0	64.5	87.8	40.2	87.8	0.0	51.5	33.3
		15	19	16	10	17	—	—	—	—
	企业平均税负水平	41.5	44.4	55.7	63.2	76.8	76.8	41.5	56.3	14.4
		17	15	14	9	5	—	—	—	—
	在线公共服务指数	37.2	49.1	13.2	42.7	22.9	49.1	13.2	33.0	14.7
		14	9	18	11	15	—	—	—	—
	ISO 9001质量体系认证数	100.0	7.0	21.6	5.2	1.3	100.0	1.3	27.0	41.5
		1	10	4	12	18	—	—	—	—
2008年	创新环境竞争力	44.1	23.9	22.7	49.0	34.7	49.0	22.7	34.9	11.7
		12	17	18	11	15	—	—	—	—
	宽带用户比例	18.5	15.4	0.1	19.6	1.4	19.6	0.1	11.0	9.5
		14	15	18	13	17	—	—	—	—
	手机用户比例	15.2	40.0	0.0	89.9	49.1	89.9	0.0	38.8	34.6
		18	14	19	2	11	—	—	—	—
	企业开业程序	64.4	0.0	64.1	87.3	49.5	87.3	0.0	53.1	32.6
		15	19	16	10	17	—	—	—	—
	企业平均税负水平	41.5	44.4	55.7	63.2	79.8	79.8	41.5	56.9	15.5
		17	15	14	9	3	—	—	—	—
	在线公共服务指数	24.9	38.6	0.0	27.0	26.9	38.6	0.0	23.5	14.2
		15	12	19	13	14	—	—	—	—
	ISO 9001质量体系认证数	100.0	5.0	16.6	6.8	1.3	100.0	1.3	25.9	41.8
		1	12	6	10	18	—	—	—	—

续表

项目		中国	巴西	印度	俄罗斯	南非	最高分	最低分	平均分	标准差
2009 年	创新环境竞争力	43.5	22.4	22.3	53.3	32.3	53.3	22.3	34.8	13.6
		12	17	18	10	16	—	—	—	—
	宽带用户比例	21.7	16.6	0.0	25.8	0.9	25.8	0.0	13.0	11.9
		14	15	19	11	17	—	—	—	—
	手机用户比例	9.6	34.9	0.0	94.0	38.3	94.0	0.0	35.4	36.6
		18	14	19	2	10	—	—	—	—
	企业开业程序	64.4	0.0	64.1	87.3	49.5	87.3	0.0	53.1	32.6
		15	19	16	10	17	—	—	—	—
	企业平均税负水平	41.6	44.5	55.7	63.3	83.5	83.5	41.6	57.7	16.8
		18	15	14	11	2	—	—	—	—
	在线公共服务指数	23.9	33.8	0.0	29.4	20.9	33.8	0.0	21.6	13.1
		15	12	19	13	17	—	—	—	—
	ISO 9001 质量体系认证数	100.0	4.8	14.2	20.3	0.9	100.0	0.9	28.1	40.9
		1	12	7	4	18	—	—	—	—
2010 年	创新环境竞争力	42.4	21.9	22.1	52.9	29.7	52.9	21.9	33.8	13.5
		12	18	17	10	16	—	—	—	—
	宽带用户比例	24.8	18.6	0.0	29.8	1.6	29.8	0.0	15.0	13.5
		13	15	19	10	17	—	—	—	—
	手机用户比例	1.6	30.7	0.0	82.7	28.8	82.7	0.0	28.8	33.4
		18	9	19	2	10	—		—	—
	企业开业程序	64.4	0.0	64.1	87.3	49.5	87.3	0.0	53.1	32.6
		15	19	16	10	17	—	—	—	—
	企业平均税负水平	41.6	44.6	55.8	63.3	83.3	83.3	41.6	57.7	16.7
		18	15	14	11	3	—	—	—	—
	在线公共服务指数	21.7	27.6	0.0	30.1	14.2	30.1	0.0	18.7	12.1
		16	14	19	13	17	—	—	—	—
	ISO 9001 质量体系认证数	100.0	10.0	12.8	24.0	0.8	100.0	0.8	29.5	40.3
		1	9	7	3	18	—	—	—	—

续表

项目		中国	巴西	印度	俄罗斯	南非	最高分	最低分	平均分	标准差
2011 年	创新环境竞争力	43.5	25.3	21.8	49.0	32.1	49.0	21.8	34.3	11.7
		12	17	19	11	16	—	—	—	—
	宽带用户比例	29.8	22.7	0.0	32.3	1.9	32.3	0.0	17.3	15.4
		11	15	19	10	17	—	—	—	—
	手机用户比例	0.4	38.7	0.0	59.0	42.5	59.0	0.0	28.1	26.6
		18	7	19	4	5	—	—	—	—
	企业开业程序	64.4	0.0	64.1	87.3	49.5	87.3	0.0	53.1	32.6
		15	19	16	11	17	—	—	—	—
	企业平均税负水平	41.6	44.6	55.8	63.3	81.6	81.6	41.6	57.4	16.1
		18	15	14	11	3	—	—	—	—
	在线公共服务指数	24.9	35.4	0.0	47.6	16.7	47.6	0.0	24.9	18.1
		16	14	19	10	17	—	—	—	—
	ISO 9001 质量体系认证数	100.0	10.4	10.9	4.5	0.7	100.0	0.7	25.3	42.0
		1	8	6	11	18	—	—	—	—
2012 年	创新环境竞争力	46.1	28.1	21.7	53.9	34.4	53.9	21.7	36.8	13.1
		12	17	19	11	16	—	—	—	—
	宽带用户比例	31.7	22.9	0.0	36.7	2.5	36.7	0.0	18.7	16.8
		11	15	19	10	17	—	—	—	—
	手机用户比例	10.9	48.7	0.0	67.3	53.3	67.3	0.0	36.0	29.0
		17	6	19	4	5	—	—	—	—
	企业开业程序	64.4	0.0	64.1	87.3	49.5	87.3	0.0	53.1	32.6
		15	19	16	11	17	—	—	—	—
	企业平均税负水平	41.7	44.6	55.8	63.4	81.4	81.4	41.7	57.4	16.0
		17	15	14	11	3	—	—	—	—
	在线公共服务指数	28.1	42.9	0.0	64.5	19.1	64.5	0.0	30.9	24.4
		15	14	19	9	18	—	—	—	—
	ISO 9001 质量体系认证数	100.0	9.4	10.5	4.1	0.7	100.0	0.7	24.9	42.2
		1	10	7	11	18	—	—	—	—

续表

项目		中国	巴西	印度	俄罗斯	南非	最高分	最低分	平均分	标准差
2013 年	创新环境竞争力	48.7	30.7	23.3	56.4	38.0	56.4	23.3	39.4	13.4
		12	17	19	11	16	—	—	—	—
	宽带用户比例	33.0	24.8	0.0	40.6	4.9	40.6	0.0	20.7	17.6
		12	14	19	10	17	—	—	—	—
	手机用户比例	18.1	59.8	0.0	76.6	68.2	76.6	0.0	44.5	33.5
		16	6	19	4	5	—	—	—	—
	企业开业程序	64.4	0.0	64.1	87.3	49.5	87.3	0.0	53.1	32.6
		15	19	16	11	17	—	—	—	—
	企业平均税负水平	48.3	50.9	60.8	67.5	86.5	86.5	48.3	62.8	15.4
		17	16	14	10	3	—	—	—	—
	在线公共服务指数	28.4	40.7	0.0	63.0	18.7	63.0	0.0	30.2	23.6
		15	13	19	10	17	—	—	—	—
	ISO 9001 质量体系认证数	100.0	7.8	15.1	3.7	0.5	100.0	0.5	25.4	42.1
		1	9	6	11	18	—	—	—	—
2014 年	创新环境竞争力	50.8	32.4	23.3	58.1	38.7	58.1	23.3	40.7	14.0
		12	17	19	11	15	—	—	—	—
	宽带用户比例	33.7	26.8	0.0	41.1	4.9	41.1	0.0	21.3	18.0
		12	13	19	10	17	—	—	—	—
	手机用户比例	19.9	65.6	0.0	82.1	73.6	82.1	0.0	48.2	36.1
		16	6	19	2	4	—	—	—	
	企业开业程序	66.8	0.0	59.9	88.9	46.4	88.9	0.0	52.4	33.1
		15	19	16	11	17	—	—	—	—
	企业平均税负水平	56.0	58.1	66.7	72.1	88.4	88.4	56.0	68.3	13.0
		17	16	14	11	3	—	—	—	—
	在线公共服务指数	28.7	38.6	0.0	61.5	18.4	61.5	0.0	29.4	22.9
		15	13	19	10	17	—	—	—	—
	ISO 9001 质量体系认证数	100.0	5.4	13.2	3.0	0.4	100.0	0.4	24.4	42.5
		1	9	5	12	18	—	—	—	—

续表

项目		中国	巴西	印度	俄罗斯	南非	最高分	最低分	平均分	标准差
2015 年	创新环境竞争力	53.0	30.7	24.1	59.8	41.7	59.8	24.1	41.9	14.9
		12	18	19	10	13	—	—	—	—
	宽带用户比例	45.9	27.4	0.0	43.1	3.1	45.9	0.0	23.9	21.6
		10	13	19	11	17	—	—	—	—
	手机用户比例	17.6	53.6	0.0	89.7	91.0	91.0	0.0	50.4	41.3
		16	8	19	3	2	—	—	—	—
	企业开业程序	67.0	0.0	66.3	89.0	47.3	89.0	0.0	53.9	33.6
		15	19	16	10	17	—	—	—	—
	企业平均税负水平	56.9	58.7	67.0	73.9	88.7	88.7	56.9	69.0	13.0
		18	17	14	9	3	—	—	—	—
	在线公共服务指数	30.8	39.5	0.0	61.0	19.6	61.0	0.0	30.2	22.7
		15	13	19	10	17	—	—	—	—
	ISO 9001 质量体系认证数	100.0	5.0	11.5	2.1	0.5	100.0	0.5	23.8	42.8
		1	9	6	12	18	—	—	—	—
2016 年	创新环境竞争力	52.2	27.1	22.6	59.3	40.1	59.3	22.6	40.3	15.7
		12	18	19	10	15	—	—	—	—
	宽带用户比例	52.2	27.8	0.0	42.8	1.6	52.2	0.0	24.9	23.7
		10	14	19	11	17	—	—	—	—
	手机用户比例	16.8	44.1	0.6	100.0	83.8	100.0	0.6	49.1	42.5
		15	12	18	1	4	—	—	—	—
	企业开业程序	68.6	0.0	66.7	89.4	46.3	89.4	0.0	54.2	33.9
		16	19	17	11	18	—	—	—	—
	企业平均税负水平	41.9	45.1	55.1	64.9	85.5	85.5	41.9	58.5	17.6
		18	17	14	9	3	—	—	—	—
	在线公共服务指数	33.8	40.3	3.4	58.0	22.7	58.0	3.4	31.6	20.3
		15	13	18	10	17	—	—	—	—
	ISO 9001 质量体系认证数	100.0	5.3	10.0	0.8	0.7	100.0	0.7	23.4	43.0
		1	9	6	17	18	—	—	—	—

续表

项目		中国	巴西	印度	俄罗斯	南非	最高分	最低分	平均分	标准差
2017 年	创新环境竞争力	57. 1	27. 8	23. 4	60. 8	43. 0	60. 8	23. 4	42. 4	16. 8
		11	18	19	9	14	—	—	—	—
	宽带用户比例	62. 8	29. 4	0. 0	47. 8	1. 5	62. 8	0. 0	28. 3	27. 8
		9	14	19	11	18	—	—	—	—
	手机用户比例	22. 7	33. 8	1. 0	91. 1	88. 7	91. 1	1. 0	47. 4	40. 5
		15	12	18	2	3	—	—	—	—
	企业开业程序	73. 6	0. 0	65. 1	89. 4	46. 3	89. 4	0. 0	54. 9	34. 4
		14	19	17	11	18	—	—	—	—
	企业平均税负水平	42. 9	45. 3	55. 1	64. 8	85. 4	85. 4	42. 9	58. 7	17. 3
		18	17	15	10	3	—	—	—	—
	在线公共服务指数	40. 9	54. 5	10. 8	71. 4	35. 8	71. 4	10. 8	42. 7	22. 5
		16	12	18	10	17	—	—	—	—
	ISO 9001 质量体系认证数	100. 0	3. 8	8. 7	0. 3	0. 5	100. 0	0. 3	22. 7	43. 4
		1	9	6	18	17	—	—	—	—

资料来源：世界银行世界发展指数：World Bank，2018，World Development Indicators 2018. Washington DC. Available at：http：//data. world bank. org/data-catalog/world-development-indicators/.

注：各国家对应的两行数列中，上一行为指标得分，下一行为指标在 G20 中的排名。这里的最高分和最低分分别是指金砖国家中的最高得分和最低得分。由于评价得分是基于 G20 中 19 个国家进行评价得到的，因此有时候最高分并不一定是 100 分，最低分也不一定是 0 分。如果出现最高分不为 100 分或最低分不为 0 分的情况，则说明发达国家中还有得分更高或更低的国家。

（一）金砖国家创新环境竞争力得分比较

2000 ~2017 年，金砖国家的创新环境竞争力水平呈波动上升趋势，平均分从 25. 0 分波动上升到 42. 4 分。此外，各国的创新环境竞争力水平差异很大。2000 ~2017 年 18 年间，俄罗斯的创新环境竞争力基本上处于金砖国家的第一位，而巴西和印度各有 9 年的时间处于金砖国家的最末位。2000 年，俄罗斯的创新环境竞争力得分为 28. 7 分，是第二名南非的 1. 01 倍，是最后一名巴西的 1. 65 倍；2017 年，俄罗斯的创新环境竞争力得分为 60. 8 分，排在第一位，是第二名中国的 1. 06 倍，是印度的 2. 59 倍。2000 ~2017 年，金砖国家之间的创新基础竞争力的差距在不断扩大，标准差由 5. 0 上升到 16. 8。

从得分变化情况来看，2000～2017 年，所有国家的创新环境竞争力得分均上升，其中，俄罗斯上升最快，上升了 32.1 分，其次是中国上升了 29.1 分，南非、巴西、印度分别上升了 14.5 分、10.4 分和 1.0 分。

（二）金砖国家创新环境竞争力排名比较

从排位来看，2000 年，金砖国家的创新环境竞争力的排位均比较靠后，均处于第三方阵和第四方阵。2017 年，俄罗斯排在第 9 位，成为唯一处于第二方阵的国家。2000～2017 年的 18 年间，俄罗斯的创新环境竞争力有 13 年处于金砖国家的首位，中国有 5 年处于首位，而巴西和印度各有 9 年的时间处于金砖国家的最末位。排位上升最快的是中国和俄罗斯，均上升了 3 位，印度、南非分别下降了 4 位和 1 位，巴西的排位保持不变。

（三）金砖国家创新环境竞争力三级指标的得分及排名比较

2000～2017 年，金砖国家创新环境竞争力的 6 个三级指标的平均分都有所上升，其中手机用户比例的得分上升最快，平均分上升了 36.8 分；宽带用户比例、在线公共服务指数、ISO 9001 质量体系认证数的得分上升得也比较快，平均分分别上升了 28.2 分、22.8 分、10.2 分；企业开业程序、企业平均税负水平的得分上升得比较慢，平均分分别上升了 4.1 分和 2.4 分。由此可见，金砖国家创新环境竞争力的提高主要来源于手机用户比例、宽带用户比例、在线公共服务指数、ISO 9001 质量体系认证数 4 个方面的提高，而其余指标的贡献较小。

从各国的情况来看，2000～2007 年，俄罗斯基本上每年都有两个三级指标的得分是金砖国家中最高的，2008～2017 年，基本上每年都有 3 个三级指标的得分是金砖国家中最高的，这使得俄罗斯的创新基础竞争力得分基本上都是最高的。与俄罗斯形成鲜明对比的是印度，2017 年，6 个三级指标中，有 4 个指标排在最末 3 位，虽然有 1 个指标排在第 6 位，但创新环境竞争力仍然排在最末位。

通过以上分析可知，2000～2017 年金砖国家创新环境竞争力的整体水平呈快速上升趋势，这主要是由手机用户比例、宽带用户比例、在线公共服务指数、ISO 9001 质量体系认证数四个方面的提高推动的，其余指标的贡献较小。但从各国的情况来看，要想有较高的创新环境竞争力，各个方面都应该有较好的表现，需要协调发展，某个方面的“短板”将极大地拖累了整体创新环境竞争力的得分和排名。

四、金砖国家创新投入竞争力比较分析

表 1－4 列出了 2000～2017 年金砖国家创新投入竞争力的得分和排位变化情况及其下属 6 个三级指标的得分和排名及其波动情况。

表 1－4　　2000～2017 年金砖国家创新投入竞争力评价比较

<table>
<tr><th colspan="2">项目</th><th>中国</th><th>巴西</th><th>印度</th><th>俄罗斯</th><th>南非</th><th>最高分</th><th>最低分</th><th>平均分</th><th>标准差</th></tr>
<tr><td colspan="2" rowspan="2">创新投入竞争力的综合变化</td><td>23.3</td><td>9.1</td><td>0.9</td><td>－9.6</td><td>－4.8</td><td>23.3</td><td>0.7</td><td>3.8</td><td>8.3</td></tr>
<tr><td>4</td><td>2</td><td>0</td><td>－2</td><td>－4</td><td>—</td><td>—</td><td>—</td><td>—</td></tr>
<tr><td rowspan="14">2000 年</td><td rowspan="2">创新投入竞争力</td><td>30.0</td><td>15.9</td><td>10.7</td><td>29.9</td><td>16.2</td><td>30.0</td><td>10.7</td><td>20.5</td><td>8.9</td></tr>
<tr><td>9</td><td>13</td><td>15</td><td>10</td><td>12</td><td>—</td><td>—</td><td>—</td><td>—</td></tr>
<tr><td rowspan="2">R&D 经费支出总额</td><td>4.0</td><td>2.4</td><td>1.3</td><td>1.0</td><td>0.3</td><td>4.0</td><td>0.3</td><td>1.8</td><td>1.4</td></tr>
<tr><td>9</td><td>10</td><td>12</td><td>13</td><td>17</td><td>—</td><td>—</td><td>—</td><td>—</td></tr>
<tr><td rowspan="2">R&D 经费支出占 GDP 比重</td><td>29.2</td><td>33.0</td><td>24.8</td><td>34.7</td><td>23.0</td><td>34.7</td><td>23.0</td><td>29.0</td><td>5.1</td></tr>
<tr><td>12</td><td>11</td><td>13</td><td>9</td><td>14</td><td>—</td><td>—</td><td>—</td><td>—</td></tr>
<tr><td rowspan="2">人均 R&D 经费支出</td><td>0.7</td><td>3.3</td><td>0.3</td><td>1.6</td><td>1.9</td><td>3.3</td><td>0.3</td><td>1.6</td><td>1.2</td></tr>
<tr><td>16</td><td>10</td><td>18</td><td>15</td><td>12</td><td>—</td><td>—</td><td>—</td><td>—</td></tr>
<tr><td rowspan="2">R&D 人员</td><td>69.1</td><td>6.2</td><td>10.5</td><td>50.8</td><td>0.0</td><td>69.1</td><td>0.0</td><td>27.3</td><td>30.7</td></tr>
<tr><td>2</td><td>11</td><td>8</td><td>4</td><td>18</td><td>—</td><td>—</td><td>—</td><td>—</td></tr>
<tr><td rowspan="2">研究人员占从业人员比重</td><td>6.9</td><td>7.0</td><td>0.0</td><td>71.6</td><td>5.7</td><td>71.6</td><td>0.0</td><td>18.3</td><td>30.0</td></tr>
<tr><td>14</td><td>13</td><td>18</td><td>3</td><td>15</td><td>—</td><td>—</td><td>—</td><td>—</td></tr>
<tr><td rowspan="2">企业研发投入比重</td><td>69.8</td><td>43.7</td><td>27.1</td><td>19.5</td><td>66.2</td><td>69.8</td><td>19.5</td><td>45.3</td><td>22.6</td></tr>
<tr><td>5</td><td>11</td><td>13</td><td>14</td><td>6</td><td>—</td><td>—</td><td>—</td><td>—</td></tr>
</table>

续表

项目		中国	巴西	印度	俄罗斯	南非	最高分	最低分	平均分	标准差
2001 年	创新投入竞争力	31.5	17.1	12.2	32.7	16.8	32.7	12.2	22.1	9.4
		10	12	15	9	13	—	—	—	—
	R&D 经费支出总额	4.5	2.0	1.3	1.3	0.3	4.5	0.3	1.9	1.6
		7	11	12	13	17	—	—	—	—
	R&D 经费支出占 GDP 比重	30.5	33.7	23.9	38.6	22.9	38.6	22.9	29.9	6.6
		12	11	13	9	14	—	—	—	—
	人均 R&D 经费支出	0.9	3.2	0.3	2.4	1.8	3.2	0.3	1.7	1.1
		16	10	18	12	14	—	—	—	—
	R&D 人员	71.8	6.4	10.4	49.2	0.0	71.8	0.0	27.6	31.3
		2	11	9	4	18	—	—	—	—
	研究人员占从业人员比重	7.5	7.3	0.0	72.1	5.6	72.1	0.0	18.5	30.1
		13	14	18	3	15	—	—	—	—
	企业研发投入比重	73.5	49.9	37.5	32.4	70.5	73.5	32.4	52.8	18.7
		5	12	13	15	6	—	—	—	—
2002 年	创新投入竞争力	32.9	16.9	12.0	32.4	16.6	32.9	12.0	22.2	9.8
		9	12	15	10	13	—	—	—	—
	R&D 经费支出总额	5.5	1.7	1.3	1.5	0.3	5.5	0.3	2.1	2.0
		6	11	13	12	16	—	—	—	—
	R&D 经费支出占 GDP 比重	34.1	31.3	23.2	40.5	23.3	40.5	23.2	30.5	7.4
		11	12	14	9	13	—	—	—	—
	人均 R&D 经费支出	1.2	2.8	0.3	3.0	1.8	3.0	0.3	1.8	1.1
		15	11	18	10	14	—	—	—	—
	R&D 人员	75.9	6.6	10.2	46.3	0.0	75.9	0.0	27.8	32.4
		2	11	9	4	18	—	—	—	—
	研究人员占从业人员比重	8.7	7.8	0.0	72.0	5.7	72.0	0.0	18.9	29.9
		13	14	18	6	15	—	—	—	—
	企业研发投入比重	72.2	51.1	36.9	31.0	68.4	72.2	31.0	51.9	18.4
		5	10	13	16	6	—	—	—	—

续表

项目		中国	巴西	印度	俄罗斯	南非	最高分	最低分	平均分	标准差
2003年	创新投入竞争力	33.9	17.5	11.8	30.7	16.5	33.9	11.8	22.1	9.6
		9	12	14	10	13	—	—	—	—
	R&D 经费支出总额	6.3	1.9	1.5	1.8	0.4	6.3	0.4	2.4	2.3
		6	11	13	12	16	—	—	—	—
	R&D 经费支出占 GDP 比重	35.8	31.8	22.7	41.3	23.8	41.3	22.7	31.1	7.9
		10	12	14	9	13	—	—	—	—
	人均 R&D 经费支出	1.3	2.8	0.3	3.6	2.6	3.6	0.3	2.1	1.3
		15	11	18	10	12	—	—	—	—
	R&D 人员	75.2	6.8	9.7	42.6	0.0	75.2	0.0	26.8	31.6
		2	11	10	4	18	—	—	—	—
	研究人员占从业人员比重	8.9	8.2	0.0	68.0	5.5	68.0	0.0	18.1	28.1
		13	14	18	7	15	—	—	—	—
	企业研发投入比重	75.7	53.4	36.5	26.8	66.8	75.7	26.8	51.9	20.4
		5	10	13	16	6	—	—	—	—
2004年	创新投入竞争力	37.5	18.1	12.1	29.8	15.6	37.5	12.1	22.6	10.6
		9	12	14	10	13	—	—	—	—
	R&D 经费支出总额	7.7	2.1	1.7	2.2	0.6	7.7	0.6	2.9	2.8
		6	12	13	11	16	—	—	—	—
	R&D 经费支出占 GDP 比重	39.1	30.7	24.1	37.0	25.7	39.1	24.1	31.3	6.7
		9	12	14	10	13	—	—	—	—
	人均 R&D 经费支出	1.6	3.0	0.4	4.1	3.3	4.1	0.4	2.5	1.5
		15	12	18	10	11	—	—	—	—
	R&D 人员	82.3	7.6	9.7	42.3	0.0	82.3	0.0	28.4	34.2
		2	11	10	4	18	—	—	—	—
	研究人员占从业人员比重	9.7	9.1	0.0	65.4	7.9	65.4	0.0	18.4	26.6
		13	14	18	8	15	—	—	—	—
	企业研发投入比重	84.6	56.3	36.3	27.7	56.3	84.6	27.7	52.2	22.0
		4	10	15	16	9	—	—	—	—

续表

项目		中国	巴西	印度	俄罗斯	南非	最高分	最低分	平均分	标准差
2005 年	创新投入竞争力	41.3	18.4	12.7	27.7	14.0	41.3	12.7	22.8	11.9
		9	12	15	10	13	—	—	—	—
	R&D 经费支出总额	9.1	2.7	2.0	2.4	0.6	9.1	0.6	3.4	3.3
		6	11	13	12	16	—	—	—	—
	R&D 经费支出占 GDP 比重	40.3	30.6	25.3	32.7	26.2	40.3	25.3	31.0	6.0
		9	12	14	10	13	—	—	—	—
	人均 R&D 经费支出	1.9	4.0	0.5	4.8	3.8	4.8	0.5	3.0	1.8
		15	11	17	10	12	—	—	—	—
	R&D 人员	100.0	7.3	12.7	41.1	0.0	100.0	0.0	32.2	41.0
		1	11	9	4	18	—	—	—	—
	研究人员占从业人员比重	11.2	7.5	0.0	60.3	6.2	60.3	0.0	17.0	24.5
		13	14	18	9	16	—	—	—	—
	企业研发投入比重	85.2	58.2	35.7	24.9	47.5	85.2	24.9	50.3	23.2
		4	8	15	17	10	—	—	—	—
2006 年	创新投入竞争力	42.2	17.6	12.3	26.8	14.3	42.2	12.3	22.6	12.3
		9	12	15	10	14	—	—	—	—
	R&D 经费支出总额	10.6	3.1	2.1	3.0	0.6	10.6	0.6	3.9	3.9
		6	11	13	12	16	—	—	—	—
	R&D 经费支出占 GDP 比重	41.0	29.2	24.1	31.8	26.4	41.0	24.1	30.5	6.5
		9	12	14	11	13	—	—	—	—
	人均 R&D 经费支出	2.4	4.8	0.5	6.2	4.1	6.2	0.5	3.6	2.2
		15	11	17	10	12	—	—	—	—
	R&D 人员	100.0	7.0	11.7	37.4	0.0	100.0	0.0	31.2	41.0
		1	11	9	4	18	—	—	—	—
	研究人员占从业人员比重	12.4	7.8	0.0	59.6	6.5	59.6	0.0	17.3	24.1
		13	14	18	9	15	—	—	—	—
	企业研发投入比重	87.1	53.4	35.1	22.6	48.3	87.1	22.6	49.3	24.3
		3	9	15	17	13	—	—	—	—

续表

项目		中国	巴西	印度	俄罗斯	南非	最高分	最低分	平均分	标准差
2007 年	创新投入竞争力	43.2	17.6	11.9	26.6	13.6	43.2	11.9	22.6	12.9
		9	12	15	10	14	—	—	—	—
	R&D 经费支出总额	12.8	3.9	2.6	3.8	0.6	12.8	0.6	4.7	4.7
		6	11	13	12	16	—	—	—	—
	R&D 经费支出占 GDP 比重	40.3	31.5	23.4	32.5	25.4	40.3	23.4	30.6	6.7
		9	12	14	11	13	—	—	—	—
	人均 R&D 经费支出	2.9	6.2	0.6	8.0	4.1	8.0	0.6	4.4	2.9
		15	11	17	10	13	—	—	—	—
	R&D 人员	100.0	6.2	10.1	32.4	0.0	100.0	0.0	29.8	41.1
		1	11	9	4	18	—	—	—	—
	研究人员占从业人员比重	14.9	8.1	0.0	59.6	6.9	59.6	0.0	17.9	23.9
		13	14	18	9	15	—	—	—	—
	企业研发投入比重	88.4	49.8	34.8	23.4	44.4	88.4	23.4	48.2	24.6
		3	10	15	16	12	—	—	—	—
2008 年	创新投入竞争力	45.0	18.6	12.0	25.4	13.4	45.0	12.0	22.9	13.4
		8	12	15	11	14	—	—	—	—
	R&D 经费支出总额	16.3	4.6	2.5	4.2	0.6	16.3	0.6	5.6	6.2
		4	11	13	12	16	—	—	—	—
	R&D 经费支出占 GDP 比重	42.5	32.9	24.9	30.3	25.6	42.5	24.9	31.2	7.1
		9	11	14	12	13	—	—	—	—
	人均 R&D 经费支出	3.7	7.3	0.6	9.0	3.7	9.0	0.6	4.9	3.3
		14	11	18	10	13	—	—	—	—
	R&D 人员	100.0	6.1	9.2	27.8	0.0	100.0	0.0	28.6	41.2
		1	11	9	4	18	—	—	—	—
	研究人员占从业人员比重	17.7	9.1	0.0	59.2	6.8	59.2	0.0	18.6	23.6
		13	14	18	9	15	—	—	—	—
	企业研发投入比重	89.9	51.7	34.5	22.1	44.0	89.9	22.1	48.4	25.7
		3	9	14	16	13	—	—	—	—

续表

项目		中国	巴西	印度	俄罗斯	南非	最高分	最低分	平均分	标准差
2009 年	创新投入竞争力	45.4	19.1	12.8	26.8	13.7	45.4	12.8	23.6	13.4
		7	12	15	11	14	—	—	—	—
	R&D 经费支出总额	20.8	4.5	2.7	3.7	0.5	20.8	0.5	6.5	8.2
		4	11	13	12	16	—	—	—	—
	R&D 经费支出占 GDP 比重	49.3	32.5	23.9	36.6	23.7	49.3	23.7	33.2	10.6
		9	12	13	10	14	—	—	—	—
	人均 R&D 经费支出	4.7	7.1	0.6	8.0	3.5	8.0	0.6	4.8	3.0
		13	11	18	10	14	—	—	—	—
	R&D 人员	90.3	8.2	11.7	34.1	0.0	90.3	0.0	28.9	36.6
		2	11	9	4	18	—	—	—	—
	研究人员占从业人员比重	13.2	11.2	1.8	58.5	8.8	58.5	1.8	18.7	22.7
		13	14	17	9	15	—	—	—	—
	企业研发投入比重	94.2	50.9	36.2	19.6	45.9	94.2	19.6	49.4	27.8
		2	9	14	16	12	—	—	—	—
2010 年	创新投入竞争力	47.3	20.2	13.1	25.3	12.2	47.3	12.2	23.6	14.3
		7	12	14	11	16	—	—	—	—
	R&D 经费支出总额	25.3	6.1	3.2	4.0	0.5	25.3	0.5	7.8	10.0
		3	11	13	12	17	—	—	—	—
	R&D 经费支出占 GDP 比重	48.1	31.8	21.8	30.9	19.3	48.1	19.3	30.4	11.3
		8	11	14	12	16	—	—	—	—
	人均 R&D 经费支出	5.4	9.2	0.6	8.5	3.7	9.2	0.6	5.5	3.5
		14	11	18	12	16	—	—	—	—
	R&D 人员	99.1	9.8	14.7	35.7	0.0	99.1	0.0	31.9	39.8
		2	11	9	4	18	—	—	—	—
	研究人员占从业人员比重	13.0	11.8	2.3	54.7	7.9	54.7	2.3	17.9	21.0
		13	14	17	9	15	—	—	—	—
	企业研发投入比重	93.1	52.8	35.8	17.7	41.5	93.1	17.7	48.2	28.1
		3	9	14	17	13	—	—	—	—

续表

项目		中国	巴西	印度	俄罗斯	南非	最高分	最低分	平均分	标准差
2011 年	创新投入竞争力	48.8	19.4	12.6	24.1	11.5	48.8	11.5	23.3	15.1
		7	12	14	11	16	—	—	—	—
	R&D 经费支出总额	31.1	6.8	3.4	4.7	0.5	31.1	0.5	9.3	12.4
		3	10	13	12	17	—	—	—	—
	R&D 经费支出占 GDP 比重	46.2	28.9	20.4	25.4	17.8	46.2	17.8	27.7	11.2
		8	11	14	12	16	—	—	—	—
	人均 R&D 经费支出	6.2	9.4	0.6	9.1	3.6	9.4	0.6	5.8	3.8
		13	11	18	12	16	—	—	—	—
	R&D 人员	100.0	9.8	13.7	33.4	0.0	100.0	0.0	31.4	40.2
		1	11	9	4	18	—	—	—	—
	研究人员占从业人员比重	13.2	12.0	2.1	51.1	7.8	51.1	2.1	17.3	19.4
		13	14	17	9	15	—	—	—	—
	企业研发投入比重	95.8	49.4	35.4	21.0	39.3	95.8	21.0	48.2	28.5
		2	11	14	16	13	—	—	—	—
2012 年	创新投入竞争力	50.1	18.2	12.1	22.9	11.1	50.1	11.1	22.9	16.0
		6	12	14	11	16	—	—	—	—
	R&D 经费支出总额	37.4	6.2	3.2	5.0	0.5	37.4	0.5	10.5	15.2
		3	10	13	12	18	—	—	—	—
	R&D 经费支出占 GDP 比重	46.2	26.5	18.4	23.9	16.5	46.2	16.5	26.3	11.8
		7	11	15	12	16	—	—	—	—
	人均 R&D 经费支出	7.6	8.7	0.6	10.0	3.3	10.0	0.6	6.0	3.9
		13	12	18	11	16	—	—	—	—
	R&D 人员	100.0	10.0	13.0	31.0	0.0	100.0	0.0	30.8	40.3
		1	11	9	4	18	—	—	—	—
	研究人员占从业人员比重	13.1	11.8	2.0	47.1	7.6	47.1	2.0	16.3	17.7
		13	14	17	9	15	—	—	—	—
	企业研发投入比重	96.6	46.2	35.7	20.4	38.5	96.6	20.4	47.5	29.0
		3	12	14	15	13	—	—	—	—

续表

项目		中国	巴西	印度	俄罗斯	南非	最高分	最低分	平均分	标准差
2013 年	创新投入竞争力	51.7	18.0	11.9	22.8	11.9	51.7	11.9	23.3	16.5
		6	13	14	11	15	—	—	—	—
	R&D 经费支出总额	41.7	6.3	3.1	5.0	0.4	41.7	0.4	11.3	17.1
		2	10	13	12	18	—	—	—	—
	R&D 经费支出占 GDP 比重	46.9	27.3	17.5	23.1	15.8	46.9	15.8	26.1	12.5
		7	11	15	12	16	—	—	—	—
	人均 R&D 经费支出	9.3	9.7	0.6	10.9	3.1	10.9	0.6	6.7	4.6
		13	12	18	11	17	—	—	—	—
	R&D 人员	100.0	10.2	12.4	29.1	0.1	100.0	0.1	30.4	40.3
		1	10	9	4	17	—	—	—	—
	研究人员占从业人员比重	13.8	12.5	2.0	46.7	8.1	46.7	2.0	16.6	17.5
		13	14	17	9	15	—	—	—	—
	企业研发投入比重	98.2	42.1	35.9	22.1	43.7	98.2	22.1	48.4	29.1
		3	13	14	15	12	—	—	—	—
2014 年	创新投入竞争力	51.8	19.4	11.6	21.9	11.5	51.8	11.5	23.3	16.6
		5	12	14	11	15	—	—	—	—
	R&D 经费支出总额	44.1	6.4	3.2	4.5	0.4	44.1	0.4	11.7	18.3
		2	8	13	12	18	—	—	—	—
	R&D 经费支出占 GDP 比重	46.1	28.2	16.6	23.4	16.3	46.1	16.3	26.1	12.2
		7	11	14	12	16	—	—	—	—
	人均 R&D 经费支出	10.1	10.0	0.6	10.0	3.1	10.1	0.6	6.8	4.6
		11	13	18	12	17	—	—	—	—
	R&D 人员	100.0	10.7	12.2	28.7	0.1	100.0	0.1	30.3	40.3
		1	10	9	4	17	—	—	—	—
	研究人员占从业人员比重	13.5	12.7	1.9	45.2	7.6	45.2	1.9	16.2	16.9
		13	14	17	9	15	—	—	—	—
	企业研发投入比重	97.1	48.5	35.0	19.8	41.8	97.1	19.8	48.4	29.2
		2	12	14	15	13	—	—	—	—

续表

项目		中国	巴西	印度	俄罗斯	南非	最高分	最低分	平均分	标准差
2015 年	创新投入竞争力	52.0	18.5	10.8	19.6	10.3	52.0	10.3	22.2	17.2
		5	12	14	11	15	—	—	—	—
	R&D 经费支出总额	45.5	4.7	2.5	2.9	0.4	45.5	0.4	11.2	19.2
		2	11	13	12	18	—	—	—	—
	R&D 经费支出占 GDP 比重	47.7	30.4	13.0	24.5	17.3	47.7	13.0	26.6	13.6
		6	10	16	12	14	—	—	—	—
	人均 R&D 经费支出	10.5	7.4	0.5	6.5	2.8	10.5	0.5	5.5	3.9
		10	12	18	13	17	—	—	—	—
	R&D 人员	100.0	10.8	16.6	27.3	0.2	100.0	0.2	31.0	39.8
		1	10	9	4	16	—	—	—	—
	研究人员占从业人员比重	14.2	13.1	3.1	44.9	8.1	44.9	3.1	16.7	16.4
		13	14	16	9	15	—	—	—	—
	企业研发投入比重	94.4	44.4	29.0	11.7	33.0	94.4	11.7	42.5	31.3
		2	12	15	17	14	—	—	—	—
2016 年	创新投入竞争力	52.8	18.2	11.0	19.5	10.8	52.8	10.8	22.5	17.4
		5	13	14	11	15	—	—	—	—
	R&D 经费支出总额	45.9	4.3	2.6	2.6	0.3	45.9	0.3	11.1	19.5
		2	11	12	13	18	—	—	—	—
	R&D 经费支出占 GDP 比重	48.8	28.5	13.1	24.4	18.2	48.8	13.1	26.6	13.8
		6	11	16	12	14	—	—	—	—
	人均 R&D 经费支出	10.6	6.7	0.5	5.9	2.6	10.6	0.5	5.3	3.9
		10	12	18	14	16	—	—	—	—
	R&D 人员	100.0	11.1	16.1	24.8	0.3	100.0	0.3	30.5	39.9
		1	10	9	4	16	—	—	—	—
	研究人员占从业人员比重	14.8	13.9	3.0	42.8	8.3	42.8	3.0	16.6	15.4
		13	14	16	9	15	—	—	—	—
	企业研发投入比重	96.6	44.8	30.7	16.5	34.9	96.6	16.5	44.7	30.8
		2	12	15	16	14	—	—	—	—

续表

项目		中国	巴西	印度	俄罗斯	南非	最高分	最低分	平均分	标准差
2017年	创新投入竞争力	53.3	25.0	11.6	20.2	11.4	53.3	11.4	24.3	17.2
		5	11	15	12	16	—	—	—	—
	R&D经费支出总额	48.2	8.6	3.0	3.1	0.4	48.2	0.4	12.6	20.1
		2	7	13	12	18	—	—	—	—
	R&D经费支出占GDP比重	48.8	52.6	13.1	24.4	18.2	52.6	13.1	31.4	18.1
		7	5	17	13	15	—	—	—	—
	人均R&D经费支出	11.1	13.3	0.6	7.1	2.9	13.3	0.6	7.0	5.4
		12	10	18	14	16	—	—	—	—
	R&D人员	100.0	11.5	15.8	24.3	0.5	100.0	0.5	30.4	39.8
		1	10	9	4	16	—	—	—	—
	研究人员占从业人员比重	14.8	13.9	2.9	41.8	8.1	41.8	2.9	16.3	15.1
		13	14	16	9	15	—	—	—	—
	企业研发投入比重	96.8	50.0	34.3	20.7	38.0	96.8	20.7	48.0	29.2
		3	12	15	16	14	—	—	—	—

资料来源：世界银行世界发展指数：World Bank，2018，World Development Indicators 2018. Washington DC. Available at：http：//data. world bank. org/data-catalog/world-development-indicators/.

注：各国家对应的两行数列中，上一行为指标得分，下一行为指标在G20中的排名。这里的最高分和最低分分别是指金砖国家中的最高得分和最低得分。由于评价得分是基于G20中19个国家进行评价得到的，因此有时候最高分并不一定是100分，最低分也不一定是0分。如果出现最高分不为100分或最低分不为0分的情况，则说明发达国家中还有得分更高或更低的国家。

（一）金砖国家创新投入竞争力得分比较

2000～2017年，金砖国家的创新投入竞争力水平呈波动上升趋势，平均分从20.5分波动上升到24.3分，上升了3.8分。此外，各国的创新投入竞争力水平差异很大。中国的创新投入竞争力得分遥遥领先于其他国家，除了2001年外，其余各年均排在金砖国家的第一位；而印度和南非的创新投入竞争力得分基本上处于金砖国家的最末两位。2000年，中国的创新投入竞争力得分为30.0分，是最后一名印度的2.81倍；2017年，中国的创新投入竞争力得分为53.3分，是第二名巴西的2.13倍，是最后一名南非的4.69倍。各国创新投入竞争力的差距有所扩大，标准差由8.9上升到17.2。

从得分变化情况来看，2000~2017年，中国的创新投入竞争力得分上升最快，平均分上升了23.3分，其余各国上升的幅度都在10分以下，而俄罗斯、南非的得分分别下降了9.6分和4.8分。

（二）金砖国家创新投入竞争力排名比较

从排位来看，2000~2017年，中国的创新投入竞争力基本上一直处于金砖国家的首位，2013年之前均排在第二方阵，之后一直排在第一方阵，比一些发达国家的排名还更靠前；印度和南非则基本上一直处于最末两位。中国的创新投入竞争力排位上升最快，上升了4位，巴西的排位上升了2位，俄罗斯、南非分别下降了2位和4位，印度的排位保持不变。

（三）金砖国家创新投入竞争力三级指标的得分及排名比较

2000~2017年，金砖国家创新投入竞争力的6个三级指标中，除了研究人员占从业人员比重外，其他5个三级指标的平均分都有所提高，其中R&D经费支出总额的得分上升最快，上升了10.8分；其次是人均R&D经费支出的得分上升了5.5分。R&D经费支出占GDP比重、R&D人员、企业研发投入比重的得分上升比较缓慢，分别上升了2.5分、3.1分、2.7分。由此可见，金砖国家创新投入竞争力的提高主要来源于R&D经费支出总额、人均R&D经费支出、R&D人员等方面的提高，而其余指标的贡献较小。

从各国的情况来看，2000年，中国创新投入竞争力的6个三级指标中有3个指标的得分是最高的，使得它的创新投入竞争力得分最高。其他各年的情况类似，大部分年份有4个三级指标的得分最高。与中国形成鲜明对比的是南非，2000~2017年，6个三级指标中，至少有2个指标排在最末位，使得它的创新投入竞争力排名很靠后。

通过以上分析可知，2000～2017 年金砖国家创新投入竞争力的整体水平有略微上升，这主要是由 R&D 经费支出总额、人均 R&D 经费支出、R&D 人员的提高推动的，其余指标的贡献较小。但从各国的情况来看，要想有较高的创新投入竞争力，各个方面都应该有较好的表现，需要协调发展，某个方面的"短板"将极大地拖累了整体创新投入竞争力的得分和排名。

五、金砖国家创新产出竞争力比较分析

表 1－5 列出了 2000～2017 年金砖国家创新产出竞争力的得分和排位变化情况及其下属 6 个三级指标的得分和排名及其波动情况。

表 1－5　　2000～2017 年金砖国家创新产出竞争力评价比较

项目		中国	巴西	印度	俄罗斯	南非	最高分	最低分	平均分	标准差
创新产出竞争力的综合变化		53.8	1.2	10.5	0.3	－1.9	53.8	－1.9	12.8	22.5
		3	0	6	－2	－1	—	—	—	—
2000 年	创新产出竞争力	30.2	16.2	8.7	13.0	4.4	30.2	4.4	14.5	9.8
		5	10	15	11	17	—	—	—	—
	专利授权数	8.3	2.3	0.8	11.2	2.2	11.2	0.8	4.9	4.5
		7	13	17	4	14	—	—	—	—
	科技论文发表数	26.8	5.1	8.2	9.9	1.2	26.8	1.2	10.3	9.8
		3	13	10	9	17	—	—	—	—
	专利和许可收入	0.1	0.2	0.1	0.2	0.1	0.2	0.1	0.1	0.1
		14	11	13	12	15	—	—	—	—
	高技术产品出口额	21.1	3.0	1.0	2.0	0.5	21.1	0.5	5.5	8.8
		7	11	15	13	17	—	—	—	—
	高技术产品出口比重	53.6	52.9	16.9	45.2	19.1	53.6	16.9	37.5	18.2
		7	8	17	12	16	—	—	—	—
	注册商标数	71.2	33.4	24.8	9.8	3.6	71.2	3.6	28.6	26.6
		2	6	8	14	18	—	—	—	—

续表

项目		中国	巴西	印度	俄罗斯	南非	最高分	最低分	平均分	标准差
2001 年	创新产出竞争力	37.7	18.3	11.2	13.4	4.1	37.7	4.1	16.9	12.7
		3	8	14	11	17	—	—	—	—
	专利授权数	9.8	2.2	0.9	9.8	1.7	9.8	0.9	4.9	4.5
		4	13	17	5	14	—	—	—	—
	科技论文发表数	26.8	5.1	8.2	9.9	1.2	26.8	1.2	10.3	9.8
		3	13	10	9	17	—	—	—	—
	专利和许可收入	0.2	0.2	0.1	0.1	0.0	0.2	0.0	0.1	0.1
		12	11	16	13	17	—	—	—	—
	高技术产品出口额	28.1	3.4	1.3	1.8	0.5	28.1	0.5	7.0	11.8
		6	11	15	13	17	—	—	—	—
	高技术产品出口比重	61.1	56.0	19.5	40.5	18.0	61.1	18.0	39.0	20.0
		7	8	16	13	17	—	—	—	—
	注册商标数	100.0	42.8	37.1	18.2	3.1	100.0	3.1	40.3	36.9
		1	5	6	10	18	—	—	—	—
2002 年	创新产出竞争力	42.9	17.1	11.5	16.3	3.8	42.9	3.8	18.3	14.7
		3	9	14	10	17	—	—	—	—
	专利授权数	13.0	2.8	0.9	11.1	3.1	13.0	0.9	6.2	5.4
		4	14	17	5	13	—	—	—	—
	科技论文发表数	26.8	5.1	8.2	9.9	1.2	26.8	1.2	10.3	9.8
		3	13	10	9	17	—	—	—	—
	专利和许可收入	0.2	0.2	0.0	0.3	0.0	0.3	0.0	0.1	0.1
		12	13	16	11	17	—	—	—	—
	高技术产品出口额	42.7	3.2	1.4	2.9	0.4	42.7	0.4	10.1	18.3
		5	11	15	13	16	—	—	—	—
	高技术产品出口比重	74.3	51.6	18.8	60.0	15.4	74.3	15.4	44.0	25.9
		5	11	16	8	17	—	—	—	—
	注册商标数	100.0	39.9	39.8	13.9	2.4	100.0	2.4	39.2	37.7
		1	5	6	10	18	—	—	—	—

续表

项目		中国	巴西	印度	俄罗斯	南非	最高分	最低分	平均分	标准差
2003 年	创新产出竞争力	50.1	14.0	10.8	15.9	3.7	50.1	3.7	18.9	18.1
		3	11	14	9	17	—	—	—	—
	专利授权数	22.0	1.4	0.9	14.6	3.4	22.0	0.9	8.5	9.4
		4	14	16	5	13	—	—	—	—
	科技论文发表数	26.8	5.1	8.2	9.9	1.2	26.8	1.2	10.3	9.8
		3	13	10	9	17	—	—	—	—
	专利和许可收入	0.2	0.2	0.0	0.3	0.0	0.3	0.0	0.1	0.1
		14	13	17	11	16	—	—	—	—
	高技术产品出口额	67.3	2.8	1.7	3.4	0.5	67.3	0.5	15.1	29.2
		2	13	15	11	16	—	—	—	—
	高技术产品出口比重	84.5	36.0	17.1	58.1	13.6	84.5	13.6	41.8	29.7
		3	13	16	8	17	—	—	—	—
	注册商标数	100.0	38.8	37.1	9.3	3.4	100.0	3.4	37.7	38.3
		1	5	6	16	18	—	—	—	—
2004 年	创新产出竞争力	59.3	13.1	9.3	12.7	3.8	59.3	3.8	19.6	22.5
		2	10	15	11	18	—	—	—	—
	专利授权数	30.0	1.4	1.3	14.0	1.0	30.0	1.0	9.5	12.7
		3	13	14	5	16	—	—	—	—
	科技论文发表数	34.3	5.4	8.2	9.1	1.3	34.3	1.3	11.7	13.0
		2	13	10	9	16	—	—	—	—
	专利和许可收入	0.3	0.2	0.1	0.3	0.0	0.3	0.0	0.2	0.1
		10	13	16	11	17	—	—	—	—
	高技术产品出口额	100.0	3.6	2.0	3.2	0.8	100.0	0.8	21.9	43.7
		1	11	14	13	16	—	—	—	—
	高技术产品出口比重	91.2	34.6	17.4	38.7	16.0	91.2	16.0	39.6	30.6
		2	13	16	11	17	—	—	—	—
	注册商标数	100.0	33.4	27.0	10.9	3.5	100.0	3.5	35.0	38.3
		1	5	6	15	18	—	—	—	—

续表

<table>
<tr><th colspan="2">项目</th><th>中国</th><th>巴西</th><th>印度</th><th>俄罗斯</th><th>南非</th><th>最高分</th><th>最低分</th><th>平均分</th><th>标准差</th></tr>
<tr><td rowspan="14">2005 年</td><td rowspan="2">创新产出竞争力</td><td>62.6</td><td>13.8</td><td>9.7</td><td>10.6</td><td>4.5</td><td>62.6</td><td>4.5</td><td>20.2</td><td>23.9</td></tr>
<tr><td>2</td><td>10</td><td>15</td><td>14</td><td>17</td><td>—</td><td>—</td><td>—</td><td>—</td></tr>
<tr><td rowspan="2">专利授权数</td><td>37.0</td><td>1.5</td><td>2.9</td><td>16.1</td><td>1.1</td><td>37.0</td><td>1.1</td><td>11.7</td><td>15.4</td></tr>
<tr><td>4</td><td>14</td><td>13</td><td>5</td><td>15</td><td>—</td><td>—</td><td>—</td><td>—</td></tr>
<tr><td rowspan="2">科技论文发表数</td><td>43.3</td><td>5.6</td><td>8.6</td><td>8.6</td><td>1.2</td><td>43.3</td><td>1.2</td><td>13.5</td><td>17.0</td></tr>
<tr><td>2</td><td>13</td><td>9</td><td>10</td><td>16</td><td>—</td><td>—</td><td>—</td><td>—</td></tr>
<tr><td rowspan="2">专利和许可收入</td><td>0.2</td><td>0.1</td><td>0.3</td><td>0.3</td><td>0.0</td><td>0.3</td><td>0.0</td><td>0.2</td><td>0.1</td></tr>
<tr><td>13</td><td>14</td><td>12</td><td>11</td><td>17</td><td>—</td><td>—</td><td>—</td><td>—</td></tr>
<tr><td rowspan="2">高技术产品出口额</td><td>100.0</td><td>3.7</td><td>1.9</td><td>1.7</td><td>0.8</td><td>100.0</td><td>0.8</td><td>21.6</td><td>43.8</td></tr>
<tr><td>1</td><td>11</td><td>13</td><td>14</td><td>16</td><td>—</td><td>—</td><td>—</td><td>—</td></tr>
<tr><td rowspan="2">高技术产品出口比重</td><td>94.9</td><td>38.3</td><td>16.2</td><td>24.5</td><td>18.9</td><td>94.9</td><td>16.2</td><td>38.6</td><td>32.6</td></tr>
<tr><td>2</td><td>11</td><td>17</td><td>13</td><td>16</td><td>—</td><td>—</td><td>—</td><td>—</td></tr>
<tr><td rowspan="2">注册商标数</td><td>100.0</td><td>33.7</td><td>28.2</td><td>12.2</td><td>4.9</td><td>100.0</td><td>4.9</td><td>35.8</td><td>37.7</td></tr>
<tr><td>1</td><td>5</td><td>6</td><td>13</td><td>18</td><td>—</td><td>—</td><td>—</td><td>—</td></tr>
<tr><td rowspan="14">2006 年</td><td rowspan="2">创新产出竞争力</td><td>62.1</td><td>12.7</td><td>10.8</td><td>9.4</td><td>4.2</td><td>62.1</td><td>4.2</td><td>19.9</td><td>23.8</td></tr>
<tr><td>2</td><td>10</td><td>12</td><td>14</td><td>18</td><td>—</td><td>—</td><td>—</td><td>—</td></tr>
<tr><td rowspan="2">专利授权数</td><td>33.0</td><td>1.0</td><td>4.0</td><td>13.1</td><td>0.5</td><td>33.0</td><td>0.5</td><td>10.3</td><td>13.7</td></tr>
<tr><td>4</td><td>15</td><td>12</td><td>5</td><td>17</td><td>—</td><td>—</td><td>—</td><td>—</td></tr>
<tr><td rowspan="2">科技论文发表数</td><td>49.4</td><td>7.2</td><td>9.9</td><td>7.5</td><td>1.3</td><td>49.4</td><td>1.3</td><td>15.1</td><td>19.5</td></tr>
<tr><td>2</td><td>13</td><td>9</td><td>12</td><td>16</td><td>—</td><td>—</td><td>—</td><td>—</td></tr>
<tr><td rowspan="2">专利和许可收入</td><td>0.2</td><td>0.2</td><td>0.1</td><td>0.3</td><td>0.1</td><td>0.3</td><td>0.1</td><td>0.2</td><td>0.1</td></tr>
<tr><td>11</td><td>12</td><td>14</td><td>10</td><td>15</td><td>—</td><td>—</td><td>—</td><td>—</td></tr>
<tr><td rowspan="2">高技术产品出口额</td><td>100.0</td><td>3.0</td><td>1.7</td><td>1.4</td><td>0.6</td><td>100.0</td><td>0.6</td><td>21.3</td><td>44.0</td></tr>
<tr><td>1</td><td>11</td><td>13</td><td>14</td><td>16</td><td>—</td><td>—</td><td>—</td><td>—</td></tr>
<tr><td rowspan="2">高技术产品出口比重</td><td>89.9</td><td>33.9</td><td>15.7</td><td>20.8</td><td>16.8</td><td>89.9</td><td>15.7</td><td>35.4</td><td>31.3</td></tr>
<tr><td>3</td><td>12</td><td>17</td><td>13</td><td>16</td><td>—</td><td>—</td><td>—</td><td>—</td></tr>
<tr><td rowspan="2">注册商标数</td><td>100.0</td><td>30.8</td><td>33.7</td><td>13.5</td><td>6.2</td><td>100.0</td><td>6.2</td><td>36.8</td><td>37.1</td></tr>
<tr><td>1</td><td>6</td><td>5</td><td>14</td><td>18</td><td>—</td><td>—</td><td>—</td><td>—</td></tr>
</table>

续表

项目		中国	巴西	印度	俄罗斯	南非	最高分	最低分	平均分	标准差
2007年	创新产出竞争力	64.0	13.4	13.2	9.7	4.3	64.0	4.3	20.9	24.4
		2	10	11	14	18	—	—	—	—
	专利授权数	41.1	1.0	9.1	13.8	0.7	41.1	0.7	13.1	16.6
		4	15	8	5	17	—	—	—	—
	科技论文发表数	55.3	7.8	11.1	7.6	1.4	55.3	1.4	16.6	21.9
		2	12	9	13	16	—	—	—	—
	专利和许可收入	0.3	0.3	0.2	0.4	0.1	0.4	0.1	0.2	0.1
		11	12	13	10	15	—	—	—	—
	高技术产品出口额	100.0	3.0	1.9	1.3	0.6	100.0	0.6	21.4	44.0
		1	11	12	14	16	—	—	—	—
	高技术产品出口比重	87.0	37.5	19.2	20.8	16.5	87.0	16.5	36.2	29.6
		3	10	15	13	17	—	—	—	—
	注册商标数	100.0	30.8	37.5	14.1	6.7	100.0	6.7	37.8	36.9
		1	6	5	13	18	—	—	—	—
2008年	创新产出竞争力	68.3	15.4	14.6	10.3	4.1	68.3	4.1	22.5	26.0
		2	10	11	13	18	—	—	—	—
	专利授权数	52.9	1.3	9.0	16.2	0.9	52.9	0.9	16.0	21.5
		3	14	8	5	16	—	—	—	—
	科技论文发表数	63.7	8.9	12.3	8.0	1.5	63.7	1.5	18.9	25.4
		2	12	9	13	16	—	—	—	—
	专利和许可收入	0.6	0.5	0.1	0.4	0.1	0.6	0.1	0.3	0.2
		10	11	13	12	15	—	—	—	—
	高技术产品出口额	100.0	3.0	2.2	1.4	0.5	100.0	0.5	21.4	43.9
		1	11	12	14	16	—	—	—	—
	高技术产品出口比重	92.4	40.5	22.4	21.3	16.2	92.4	16.2	38.6	31.5
		3	10	14	15	17	—	—	—	—
	注册商标数	100.0	38.3	41.3	14.4	5.1	100.0	5.1	39.8	37.0
		1	5	4	13	18	—	—	—	—

续表

项目		中国	巴西	印度	俄罗斯	南非	最高分	最低分	平均分	标准差
2009年	创新产出竞争力	72.5	16.1	16.6	11.6	3.8	72.5	3.8	24.1	27.5
		2	11	10	13	18	—	—	—	—
	专利授权数	66.4	1.3	3.1	17.9	0.7	66.4	0.7	17.9	28.0
		3	14	12	5	16	—	—	—	—
	科技论文发表数	72.7	9.4	13.5	7.9	1.5	72.7	1.5	21.0	29.2
		2	12	9	13	16	—	—	—	—
	专利和许可收入	0.4	0.4	0.2	0.4	0.1	0.4	0.1	0.3	0.2
		11	10	13	12	15	—	—	—	—
	高技术产品出口额	100.0	2.5	3.4	1.4	0.4	100.0	0.4	21.5	43.9
		1	12	11	14	17	—	—	—	—
	高技术产品出口比重	95.7	43.8	29.0	29.5	15.5	95.7	15.5	42.7	31.3
		2	10	14	13	17	—	—	—	—
	注册商标数	100.0	38.8	50.4	12.7	4.4	100.0	4.4	41.3	37.8
		1	5	3	13	18	—	—	—	—
2010年	创新产出竞争力	72.0	15.9	18.8	11.5	4.0	72.0	4.0	24.4	27.1
		2	11	9	14	18	—	—	—	—
	专利授权数	60.7	1.5	3.2	13.6	2.4	60.7	1.5	16.3	25.3
		3	15	12	5	14	—	—	—	—
	科技论文发表数	77.2	9.9	15.0	8.0	1.5	77.2	1.5	22.3	31.1
		2	11	7	13	16	—	—	—	—
	专利和许可收入	0.8	0.2	0.1	0.4	0.1	0.8	0.1	0.3	0.3
		10	12	14	11	15	—	—	—	—
	高技术产品出口额	100.0	5.1	6.2	3.1	1.0	100.0	1.0	23.1	43.0
		1	12	11	14	16	—	—	—	—
	高技术产品出口比重	93.2	36.5	22.5	29.0	13.6	93.2	13.6	39.0	31.5
		2	11	16	13	17	—	—	—	—
	注册商标数	100.0	42.1	65.5	15.2	5.6	100.0	5.6	45.7	38.4
		1	5	3	13	18	—	—	—	—

续表

项目		中国	巴西	印度	俄罗斯	南非	最高分	最低分	平均分	标准差
2011年	创新产出竞争力	75.2	16.6	19.1	11.3	4.8	75.2	4.8	25.4	28.4
		2	11	9	14	18	—	—	—	—
	专利授权数	72.2	1.3	2.1	12.5	2.1	72.2	1.3	18.0	30.6
		3	15	14	5	13	—	—	—	—
	科技论文发表数	78.5	10.1	17.4	8.1	1.6	78.5	1.6	23.1	31.5
		2	11	6	13	16	—	—	—	—
	专利和许可收入	0.6	0.2	0.2	0.4	0.1	0.6	0.1	0.3	0.2
		10	13	12	11	15	—	—	—	—
	高技术产品出口额	100.0	4.5	6.9	2.9	1.1	100.0	1.1	23.1	43.1
		1	12	11	14	16	—	—	—	—
	高技术产品出口比重	100.0	36.3	25.0	29.4	17.6	100.0	17.6	41.7	33.3
		1	11	16	13	17	—	—	—	—
	注册商标数	100.0	47.3	63.1	14.7	6.2	100.0	6.2	46.3	38.0
		1	4	3	13	18	—	—	—	—
2012年	创新产出竞争力	76.1	16.8	18.2	11.6	5.0	76.1	5.0	25.5	28.7
		2	11	9	13	18	—	—	—	—
	专利授权数	79.0	0.9	1.5	11.9	2.2	79.0	0.9	19.1	33.8
		3	15	14	5	12	—	—	—	—
	科技论文发表数	76.7	11.0	18.6	8.0	1.7	76.7	1.7	23.2	30.5
		2	11	6	13	16	—	—	—	—
	专利和许可收入	0.8	0.2	0.3	0.5	0.1	0.8	0.1	0.4	0.3
		9	13	12	11	15	—	—	—	—
	高技术产品出口额	100.0	4.6	6.5	3.7	1.1	100.0	1.1	23.2	43.0
		1	12	11	13	16	—	—	—	—
	高技术产品出口比重	100.0	38.4	23.4	30.2	18.5	100.0	18.5	42.1	33.2
		1	11	15	12	17	—	—	—	—
	注册商标数	100.0	45.7	58.8	15.6	6.4	100.0	6.4	45.3	37.3
		1	4	3	13	18	—	—	—	—

续表

项目		中国	巴西	印度	俄罗斯	南非	最高分	最低分	平均分	标准差
2013 年	创新产出竞争力	76.4	16.4	19.8	12.6	4.9	76.4	4.9	26.0	28.7
		2	11	8	13	18	—	—	—	—
	专利授权数	74.7	1.0	1.1	11.3	1.6	74.7	1.0	18.0	32.0
		3	15	14	5	13	—	—	—	—
	科技论文发表数	83.3	11.2	19.9	8.5	1.7	83.3	1.7	24.9	33.3
		2	11	6	13	16	—	—	—	—
	专利和许可收入	0.7	0.3	0.3	0.6	0.1	0.7	0.1	0.4	0.2
		9	13	12	11	15	—	—	—	—
	高技术产品出口额	100.0	4.2	8.5	4.3	1.0	100.0	1.0	23.6	42.8
		1	13	11	12	16	—	—	—	—
	高技术产品出口比重	99.5	33.9	27.9	35.3	18.1	99.5	18.1	42.9	32.3
		2	12	13	11	17	—	—	—	—
	注册商标数	100.0	48.0	60.8	15.4	6.6	100.0	6.6	46.2	37.5
		1	4	3	11	18	—	—	—	—
2014 年	创新产出竞争力	77.0	16.3	21.2	13.5	5.2	77.0	5.2	26.6	28.7
		2	11	8	13	18	—	—	—	—
	专利授权数	77.5	0.7	1.9	11.1	1.5	77.5	0.7	18.5	33.2
		2	15	12	5	13	—	—	—	—
	科技论文发表数	89.4	11.5	22.2	9.5	2.0	89.4	2.0	26.9	35.7
		2	11	6	13	16	—	—	—	—
	专利和许可收入	0.5	0.3	0.5	0.5	0.1	0.5	0.1	0.4	0.2
		10	13	12	11	15	—	—	—	—
	高技术产品出口额	100.0	4.0	8.6	4.8	1.1	100.0	1.1	23.7	42.7
		1	13	11	12	16	—	—	—	—
	高技术产品出口比重	94.3	38.2	30.5	41.3	20.3	94.3	20.3	44.9	28.8
		3	12	13	11	17	—	—	—	—
	注册商标数	100.0	43.2	63.6	13.7	6.0	100.0	6.0	45.3	38.3
		1	5	3	12	18	—	—	—	—

续表

项目		中国	巴西	印度	俄罗斯	南非	最高分	最低分	平均分	标准差
2015年	创新产出竞争力	82.0	16.8	21.9	14.9	5.0	82.0	5.0	28.1	30.7
		2	10	8	12	18	—	—	—	—
	专利授权数	100.0	0.9	1.8	11.3	1.2	100.0	0.9	23.0	43.2
		1	15	12	5	14	—	—	—	—
	科技论文发表数	95.8	11.4	24.0	11.3	1.5	95.8	1.5	28.8	38.3
		2	11	3	12	16	—	—	—	—
	专利和许可收入	0.9	0.5	0.4	0.6	0.1	0.9	0.1	0.5	0.3
		9	12	13	11	15	—	—	—	—
	高技术产品出口额	100.0	4.6	7.3	5.1	1.1	100.0	1.1	23.6	42.8
		1	13	11	12	16	—	—	—	—
	高技术产品出口比重	95.4	44.2	25.9	49.8	20.7	95.4	20.7	47.2	29.6
		3	12	14	10	17	—	—	—	—
	注册商标数	100.0	39.4	71.9	11.3	5.2	100.0	5.2	45.6	40.3
		1	5	3	13	18	—	—	—	—
2016年	创新产出竞争力	82.5	17.2	21.5	12.4	3.5	82.5	3.5	27.4	31.5
		2	10	8	13	18	—	—	—	—
	专利授权数	100.0	1.2	2.5	10.9	1.2	100.0	1.2	23.2	43.1
		1	15	11	5	14	—	—	—	—
	科技论文发表数	100.0	11.0	24.5	12.3	1.0	100.0	1.0	29.8	40.1
		1	12	3	10	16	—	—	—	—
	专利和许可收入	0.9	0.5	0.4	0.4	0.1	0.9	0.1	0.5	0.3
		9	11	13	12	15	—	—	—	—
	高技术产品出口额	100.0	4.6	6.5	2.9	0.4	100.0	0.4	22.9	43.2
		1	12	11	13	17	—	—	—	—
	高技术产品出口比重	94.2	46.3	20.7	35.3	13.2	94.2	13.2	41.9	31.9
		3	10	15	12	17	—	—	—	—
	注册商标数	100.0	39.5	74.1	12.7	5.3	100.0	5.3	46.3	40.4
		1	5	3	14	18	—	—	—	—

续表

项目		中国	巴西	印度	俄罗斯	南非	最高分	最低分	平均分	标准差
2017 年	创新产出竞争力	84.0	17.4	19.1	13.4	2.6	84.0	2.6	27.3	32.3
		2	10	9	13	18	—	—	—	—
	专利授权数	100.0	1.5	3.7	10.6	1.6	100.0	1.5	23.5	42.9
		1	14	9	5	13	—	—	—	—
	科技论文发表数	100.0	12.1	23.9	9.7	1.6	100.0	1.6	29.5	40.2
		1	11	3	13	16	—	—	—	—
	专利和许可收入	3.7	0.5	0.5	0.6	0.1	3.7	0.1	1.1	1.5
		7	13	12	11	15	—	—	—	—
	高技术产品出口额	100.0	5.2	7.8	4.7	0.4	100.0	0.4	23.6	42.8
		1	12	11	13	17	—	—	—	—
	高技术产品出口比重	100.0	45.8	21.0	42.3	9.9	100.0	9.9	43.8	34.7
		1	11	14	12	17	—	—	—	—
	注册商标数	100.0	39.0	57.6	12.4	1.9	100.0	1.9	42.2	39.1
		1	5	3	14	18	—	—	—	—

资料来源：世界银行世界发展指数：World Bank，2018，World Development Indicators 2018. Washington DC. Available at：http：//data. world bank. org/data-catalog/world-development-indicators/.

注：各国家对应的两行数列中，上一行为指标得分，下一行为指标在 G20 中的排名。这里的最高分和最低分分别是指金砖国家中的最高得分和最低得分。由于评价得分是基于 G20 中 19 个国家进行评价得到的，因此有时候最高分并不一定是 100 分，最低分也不一定是 0 分。如果出现最高分不为 100 分或最低分不为 0 分的情况，则说明发达国家中还有得分更高或更低的国家。

（一）金砖国家创新产出竞争力得分比较

2000～2017 年，金砖国家的创新产出竞争力水平上升迅速，平均分从 14.5 分波动上升到 27.3 分，上升了 12.8 分。此外，各国的创新产出竞争力水平差异很大。2000～2017 年，中国的创新产出竞争力得分远远领先于其他国家，排在金砖国家的首位；而南非的创新产出竞争力得分远远低于其他国家，一直排在金砖国家的最后一位。2000 年，中国的创新产出竞争力得分为 30.2 分，是第二名巴西的 1.87 倍，是最后一名南非的 6.81 倍；2017 年，中国的创新产出竞争力得分为 84.0 分，是第二名印度的 4.39 倍，是最后一名南非的 32.62 倍。各国间的得分差异越来越大，标准差由 9.8 上升到 32.3。

从得分变化情况来看，2000~2017 年，中国的创新产出竞争力得分上升最快，平均分上升了 53.8 分，印度上升得也相对较快，上升了 10.5 分，巴西和俄罗斯分别上升了 1.2 分、0.3 分，而南非下降了 1.9 分。

（二）金砖国家创新产出竞争力排名比较

从金砖国家内部各国创新产出竞争力的排位情况来看，2000~2017 年，中国的创新产出竞争力一直居于首位，而沙特阿拉伯则一直处于最末位。排位保持不变的国家有中国、墨西哥、沙特阿拉伯。印度、土耳其、阿根廷的排位分别上升了 3 位、2 位和 1 位，而印度尼西亚下降了 3 位，巴西、俄罗斯和南非均下降了 1 位。

从排位来看，2000~2017 年，中国的创新产出竞争力一直排在 G20 的前 5 位，尤其自从 2004 年后，一直排在第 2 位，排在许多发达国家之前，也一直处于金砖国家的首位。南非的创新产出竞争力基本上一直处于金砖国家的最末位，在 G20 中也基本上处于最后三位。印度的创新产出竞争力排位上升最快，上升了 6 位，中国上升了 3 位，而俄罗斯和南非分别下降了 2 位和 1 位，巴西的排位保持不变。

（三）金砖国家创新产出竞争力三级指标的得分及排名比较

2000~2017 年，金砖国家创新产出竞争力的 6 个三级指标的平均分均上升，其中科技论文发表数的得分上升最快，上升了 19.2 分；专利授权数、高技术产品出口额、注册商标数的得分上升得也比较快，分别上升了 18.5 分、18.1 分和 13.6 分；专利和许可收入、高技术产品出口比重的得分上升得比较慢，分别上升了0.9分和6.3分。由此可见，金砖国家创新产出竞争力的提高主要来源于科技论文发表数、专利授权数、高技术产品出口额、注册商标数等方面的提高。

从各国的情况来看，2000年，中国创新产出竞争力下属的6个三级指标中有3个指标的得分是最高的，有2个指标排在第2位。从2002年开始，中国创新产出竞争力下属的6个三级指标中有5个指标的得分是最高的；而从2010年开始，所有6个三级指标的得分都是最高的。与中国形成鲜明对比的是南非，2000～2017年的18年间，每年至少有4个三指标排在最末位，大部分年份有5个三级指标排在最末位，有些年份甚至所有6个三级指标均排在最末位。

通过以上分析可知，2000～2017年金砖国家创新产出竞争力的整体水平呈快速上升趋势，这主要是由科技论文发表数、专利授权数、高技术产品出口额、注册商标数的提高推动的，其余指标的贡献较小。但从各国的情况来看，要想有较高的创新产出竞争力，各个方面都应该有较好的表现，需要协调发展，某个方面的“短板”将极大地拖累了整体创新产出竞争力的得分和排名。

六、金砖国家创新持续竞争力比较分析

表1－6列出了2000～2017年金砖国家创新持续竞争力的得分和排位变化情况及其下属6个三级指标的得分和排名及其波动情况。

表1－6　　2000～2017年金砖国家创新持续竞争力评价比较

项目	中国	巴西	印度	俄罗斯	南非	最高分	最低分	平均分	标准差
创新持续竞争力的综合变化	13.8	29.6	-4.2	0.4	7.9	21.7	-3.4	9.5	8.5
	5	13	-2	-3	2	—	—	—	—

续表

项目		中国	巴西	印度	俄罗斯	南非	最高分	最低分	平均分	标准差
2000 年	创新持续竞争力	22.0	21.3	22.2	29.2	26.4	29.2	21.3	24.2	3.4
		16	17	15	12	14	—	—	—	—
	公共教育经费支出总额	5.5	3.9	3.0	0.6	0.6	5.5	0.6	2.7	2.1
		8	10	12	16	17	—	—	—	—
	公共教育经费支出占 GDP 比重	11.9	43.2	55.7	13.9	86.5	86.5	11.9	42.2	31.1
		17	13	8	16	3	—	—	—	—
	人均公共教育支出额	0.4	6.6	0.0	1.7	7.3	7.3	0.0	3.2	3.5
		17	14	18	16	13	—	—	—	—
	高等教育毛入学率	0.0	9.4	1.7	43.0	10.6	43.0	0.0	12.9	17.4
		19	16	18	7	14	—	—	—	—
	科技人员增长率	38.9	34.0	21.9	15.8	20.9	38.9	15.8	26.3	9.7
		2	6	11	15	12	—	—	—	—
	科技经费增长率	75.1	30.7	50.7	100.0	32.6	100.0	30.7	57.8	29.6
		2	17	9	1	16	—	—	—	—
2001 年	创新持续竞争力	22.6	17.8	18.7	29.7	20.0	29.7	17.8	21.8	4.8
		14	17	16	11	15	—	—	—	—
	公共教育经费支出总额	6.8	3.1	3.0	1.0	0.4	6.8	0.4	2.9	2.5
		7	10	11	16	17	—	—	—	—
	公共教育经费支出占 GDP 比重	13.9	26.3	36.6	12.3	51.3	51.3	12.3	28.1	16.3
		16	14	9	17	4	—	—	—	—
	人均公共教育支出额	0.8	5.1	0.1	2.3	5.8	5.8	0.1	2.8	2.6
		17	14	18	16	13	—	—	—	—
	高等教育毛入学率	0.0	7.7	0.0	47.1	8.9	47.1	0.0	12.7	19.7
		18	16	19	4	15	—	—	—	—
	科技人员增长率	38.9	34.0	21.9	15.8	20.9	38.9	15.8	26.3	9.7
		2	6	11	15	12	—	—	—	—
	科技经费增长率	75.1	30.7	50.7	100.0	32.6	100.0	30.7	57.8	29.6
		2	17	9	1	16	—	—	—	—

续表

项目		中国	巴西	印度	俄罗斯	南非	最高分	最低分	平均分	标准差
2002 年	创新持续竞争力	27.1	20.6	22.3	30.1	24.3	30.1	20.6	24.9	3.8
		13	17	16	12	14	—	—	—	—
	公共教育经费支出总额	7.8	2.6	3.2	1.6	0.3	7.8	0.3	3.1	2.9
		7	13	11	15	17	—	—	—	—
	公共教育经费支出占 GDP 比重	15.3	22.1	34.8	23.9	48.5	48.5	15.3	28.9	13.0
		17	15	10	13	4	—	—	—	—
	人均公共教育支出额	0.9	4.2	0.0	3.4	5.1	5.1	0.0	2.7	2.2
		17	13	19	16	12	—	—	—	—
	高等教育毛入学率	2.1	9.6	0.0	51.7	8.5	51.7	0.0	14.4	21.3
		18	15	19	4	16	—	—	—	—
	科技人员增长率	36.5	26.7	16.5	4.6	11.6	36.5	4.6	19.2	12.6
		2	6	11	17	16	—	—	—	—
	科技经费增长率	100.0	58.4	79.0	95.5	71.9	100.0	58.4	81.0	17.1
		1	18	12	3	16	—	—	—	—
2003 年	创新持续竞争力	13.5	15.5	10.4	22.3	27.7	27.7	10.4	17.9	7.0
		17	16	18	14	11	—	—	—	—
	公共教育经费支出总额	8.1	2.7	2.9	1.8	0.6	8.1	0.6	3.2	2.8
		7	13	12	14	17	—	—	—	—
	公共教育经费支出占 GDP 比重	9.5	20.7	18.6	19.0	47.0	47.0	9.5	23.0	14.1
		17	12	15	14	6	—	—	—	—
	人均公共教育支出额	1.0	4.4	0.0	4.2	7.5	7.5	0.0	3.4	3.0
		17	15	19	16	12	—	—	—	—
	高等教育毛入学率	4.2	11.5	0.0	55.1	8.1	55.1	0.0	15.8	22.4
		18	14	19	4	16	—	—	—	—
	科技人员增长率	20.8	29.0	8.3	1.3	3.2	29.0	1.3	12.5	12.0
		7	2	13	17	16	—	—	—	—
	科技经费增长率	37.2	24.8	32.7	52.4	100.0	100.0	24.8	49.4	30.0
		10	16	12	3	1	—	—	—	—

续表

项目		中国	巴西	印度	俄罗斯	南非	最高分	最低分	平均分	标准差
2004 年	创新持续竞争力	19.4	23.0	14.8	23.4	47.4	47.4	14.8	25.6	12.7
		17	16	18	15	3	—	—	—	—
	公共教育经费支出总额	7.4	3.2	2.8	2.3	0.9	7.4	0.9	3.3	2.4
		7	12	13	14	17	—	—	—	—
	公共教育经费支出占 GDP 比重	1.2	34.7	18.4	22.7	65.8	65.8	1.2	28.5	24.0
		18	12	16	14	4	—	—	—	—
	人均公共教育支出额	0.9	5.4	0.0	5.5	9.7	9.7	0.0	4.3	3.9
		17	16	19	15	12	—	—	—	—
	高等教育毛入学率	5.9	12.4	0.0	54.9	7.8	54.9	0.0	16.2	22.1
		17	14	19	4	16	—	—	—	—
	科技人员增长率	32.9	46.5	12.8	0.0	100.0	100.0	0.0	38.4	38.8
		5	3	13	18	1	—	—	—	—
	科技经费增长率	68.0	35.6	54.9	55.3	100.0	100.0	35.6	62.7	23.8
		4	10	7	6	1	—	—	—	—
2005 年	创新持续竞争力	27.5	30.7	30.3	25.5	24.8	30.7	24.8	27.8	2.7
		16	13	14	17	18	—	—	—	—
	公共教育经费支出总额	8.1	4.6	2.7	3.0	0.8	8.1	0.8	3.8	2.7
		7	10	14	13	17	—	—	—	—
	公共教育经费支出占 GDP 比重	0.0	61.6	15.6	35.5	83.2	83.2	0.0	39.2	33.7
		19	9	16	14	4	—	—	—	—
	人均公共教育支出额	1.1	8.0	0.0	7.5	10.3	10.3	0.0	5.4	4.5
		17	14	19	15	12	—	—	—	—
	高等教育毛入学率	7.4	14.0	0.0	56.8	8.1	56.8	0.0	17.3	22.6
		17	14	19	4	16	—	—	—	—
	科技人员增长率	85.5	0.4	100.0	2.1	0.0	100.0	0.0	37.6	50.6
		2	17	1	16	18	—	—	—	—
	科技经费增长率	63.0	95.4	63.5	47.9	46.7	95.4	46.7	63.3	19.6
		4	2	3	8	9	—	—	—	—

续表

项目		中国	巴西	印度	俄罗斯	南非	最高分	最低分	平均分	标准差
2006 年	创新持续竞争力	34.6	42.3	21.3	44.3	35.7	44.3	21.3	35.6	9.0
		14	11	18	10	13	—	—	—	—
	公共教育经费支出总额	9.9	6.0	2.7	3.9	0.6	9.9	0.6	4.6	3.5
		7	9	14	12	17	—	—	—	—
	公共教育经费支出占 GDP 比重	8.3	67.5	13.9	35.5	73.9	73.9	8.3	39.8	30.1
		17	6	16	14	4	—	—	—	—
	人均公共教育支出额	1.5	10.4	0.0	9.7	10.2	10.4	0.0	6.4	5.2
		17	12	19	14	13	—	—	—	—
	高等教育毛入学率	7.9	14.8	0.0	56.7	7.4	56.7	0.0	17.3	22.6
		16	14	19	4	17	—	—	—	—
	科技人员增长率	93.0	79.4	65.9	59.9	86.0	93.0	59.9	76.9	13.8
		3	7	14	17	5	—	—	—	—
	科技经费增长率	86.9	75.8	45.5	100.0	36.0	100.0	36.0	68.8	27.2
		3	5	9	1	11	—	—	—	—
2007 年	创新持续竞争力	32.6	33.9	14.0	31.6	21.5	33.9	14.0	26.7	8.7
		13	12	18	14	17	—	—	—	—
	公共教育经费支出总额	13.6	7.3	3.4	4.8	0.3	13.6	0.3	5.9	5.0
		6	9	14	10	17	—	—	—	—
	公共教育经费支出占 GDP 比重	18.1	70.8	13.9	35.5	70.8	70.8	13.9	41.8	27.7
		16	4	17	14	5	—	—	—	
	人均公共教育支出额	2.2	12.9	0.0	12.4	10.3	12.9	0.0	7.6	6.0
		17	12	19	13	15	—	—	—	—
	高等教育毛入学率	6.8	16.5	0.0	57.2	5.9	57.2	0.0	17.3	23.1
		16	13	19	4	17	—	—	—	—
	科技人员增长率	99.1	23.4	13.3	10.0	27.8	99.1	10.0	34.7	36.7
		2	11	13	15	10	—	—	—	—
	科技经费增长率	55.6	72.7	53.4	69.7	13.6	72.7	13.6	53.0	23.6
		4	2	5	3	17	—	—	—	—

续表

项目		中国	巴西	印度	俄罗斯	南非	最高分	最低分	平均分	标准差
2008年	创新持续竞争力	42.4	48.3	13.6	32.4	21.2	48.3	13.6	31.6	14.4
		11	7	19	13	17	—	—	—	—
	公共教育经费支出总额	18.6	9.6	3.1	6.9	0.0	18.6	0.0	7.7	7.1
		4	8	14	10	19	—	—	—	—
	公共教育经费支出占GDP比重	27.0	93.2	16.2	50.0	78.3	93.2	16.2	52.9	32.8
		16	3	17	14	6	—	—	—	—
	人均公共教育支出额	3.4	16.6	0.0	17.2	9.4	17.2	0.0	9.3	7.7
		17	13	19	11	16	—	—	—	—
	高等教育毛入学率	5.3	19.5	0.0	57.2	4.2	57.2	0.0	17.3	23.5
		16	13	19	4	18	—	—	—	—
	科技人员增长率	100.0	72.6	34.8	1.4	27.5	100.0	1.4	47.3	39.0
		1	2	12	17	14	—	—	—	—
	科技经费增长率	100.0	78.1	27.4	61.6	7.9	100.0	7.9	55.0	37.4
		1	5	15	6	17	—	—	—	—
2009年	创新持续竞争力	23.6	39.9	21.2	33.1	31.9	39.9	21.2	30.0	7.6
		17	11	19	13	15	—	—	—	—
	公共教育经费支出总额	21.9	9.9	3.8	4.5	0.0	21.9	0.0	8.0	8.5
		3	8	13	10	19	—	—	—	—
	公共教育经费支出占GDP比重	28.0	90.6	18.7	45.1	83.4	90.6	18.7	53.2	32.4
		16	3	18	14	5	—	—	—	—
	人均公共教育支出额	4.0	17.2	0.0	12.5	10.7	17.2	0.0	8.9	6.8
		17	11	19	14	15	—	—	—	—
	高等教育毛入学率	6.1	20.2	0.0	57.3	3.3	57.3	0.0	17.4	23.6
		16	13	19	4	18	—	—	—	—
	科技人员增长率	39.1	89.5	81.5	76.5	82.5	89.5	39.1	73.8	19.9
		17	3	12	15	10	—	—	—	—
	科技经费增长率	42.5	11.9	23.5	2.8	11.6	42.5	2.8	18.5	15.3
		2	10	5	17	11	—	—	—	—

续表

项目		中国	巴西	印度	俄罗斯	南非	最高分	最低分	平均分	标准差
2010 年	创新持续竞争力	20.5	38.4	21.4	26.5	22.0	38.4	20.5	25.8	7.4
		17	9	15	13	14	—	—	—	—
	公共教育经费支出总额	25.5	13.1	4.6	5.2	0.0	25.5	0.0	9.7	10.0
		2	7	12	11	16	—	—	—	—
	公共教育经费支出占 GDP 比重	30.1	96.0	22.3	44.7	98.4	98.4	22.3	58.3	36.4
		16	4	17	14	2	—	—	—	—
	人均公共教育支出额	4.2	20.7	0.0	13.8	13.0	20.7	0.0	10.3	8.2
		17	11	19	14	15	—	—	—	—
	高等教育毛入学率	6.0	21.7	0.0	56.5	1.6	56.5	0.0	17.2	23.6
		16	13	19	4	18	—	—	—	—
	科技人员增长率	55.5	76.1	100.0	37.4	18.0	100.0	18.0	57.4	32.1
		7	3	1	15	17	—	—	—	—
	科技经费增长率	1.9	2.9	1.8	1.1	1.1	2.9	1.1	1.8	0.7
		5	3	8	11	13	—	—	—	—
2011 年	创新持续竞争力	43.1	46.3	14.8	35.3	34.1	46.3	14.8	34.7	12.3
		9	6	19	12	13	—	—	—	—
	公共教育经费支出总额	34.8	16.1	6.0	7.8	0.2	34.8	0.2	13.0	13.5
		2	6	12	10	18	—	—	—	—
	公共教育经费支出占 GDP 比重	36.7	93.0	33.9	42.1	100.0	100.0	33.9	61.1	32.5
		15	2	16	14	1	—	—	—	—
	人均公共教育支出额	5.3	22.4	0.0	17.1	13.4	22.4	0.0	11.7	9.0
		17	11	19	13	15	—	—	—	—
	高等教育毛入学率	5.8	23.9	3.3	56.9	0.0	56.9	0.0	18.0	23.6
		16	13	18	5	19	—	—	—	—
	科技人员增长率	76.6	74.8	23.9	23.3	67.3	76.6	23.3	53.2	27.2
		3	4	13	16	5	—	—	—	—
	科技经费增长率	99.2	47.7	21.5	64.9	23.8	99.2	21.5	51.4	32.2
		2	7	12	4	11	—	—	—	—

续表

项目		中国	巴西	印度	俄罗斯	南非	最高分	最低分	平均分	标准差
2012 年	创新持续竞争力	44.7	38.0	18.4	35.6	33.5	44.7	18.4	34.0	9.7
		8	11	18	12	16	—	—	—	—
	公共教育经费支出总额	41.8	14.6	5.6	7.2	0.0	41.8	0.0	13.8	16.5
		2	7	12	10	19	—	—	—	—
	公共教育经费支出占 GDP 比重	29.4	82.6	15.5	12.9	100.0	100.0	12.9	48.1	40.4
		14	2	16	17	1	—	—	—	—
	人均公共教育支出额	6.6	20.4	0.0	16.2	12.9	20.4	0.0	11.2	8.1
		17	11	19	13	16	—	—	—	—
	高等教育毛入学率	8.5	25.4	4.9	56.5	0.0	56.5	0.0	19.1	23.0
		17	14	18	5	19	—	—	—	—
	科技人员增长率	81.8	85.2	69.1	63.8	81.4	85.2	63.8	76.2	9.3
		4	3	13	15	5	—	—	—	—
	科技经费增长率	100.0	0.0	15.4	57.0	6.7	100.0	0.0	35.8	42.2
		1	19	12	4	18	—	—	—	—
2013 年	创新持续竞争力	44.3	50.0	15.2	25.9	38.0	50.0	15.2	34.7	14.1
		8	4	18	16	12	—	—	—	—
	公共教育经费支出总额	48.4	15.1	6.1	8.0	0.0	48.4	0.0	15.5	19.2
		2	7	12	10	19	—	—	—	—
	公共教育经费支出占 GDP 比重	35.4	93.4	18.3	16.2	100.0	100.0	16.2	52.7	40.9
		14	2	16	17	1	—	—	—	—
	人均公共教育支出额	7.1	18.7	0.0	15.7	10.1	18.7	0.0	10.3	7.4
		17	11	19	13	16	—	—	—	—
	高等教育毛入学率	11.4	26.8	3.8	58.2	0.0	58.2	0.0	20.0	23.7
		15	14	18	6	19	—	—	—	—
	科技人员增长率	63.5	80.3	18.0	0.0	100.0	100.0	0.0	52.3	42.1
		5	3	14	18	1	—	—	—	—
	科技经费增长率	100.0	65.7	45.0	57.2	17.7	100.0	17.7	57.1	30.1
		1	5	14	11	18	—	—	—	—

续表

项目		中国	巴西	印度	俄罗斯	南非	最高分	最低分	平均分	标准差
2014 年	创新持续竞争力	44.5	55.1	28.4	29.5	36.8	55.1	28.4	38.9	11.1
		9	6	18	17	14	—	—	—	—
	公共教育经费支出总额	47.9	14.6	6.7	6.7	0.0	47.9	0.0	15.2	19.0
		2	7	10	11	19	—	—	—	—
	公共教育经费支出占 GDP 比重	29.4	96.4	20.2	18.2	100.0	100.0	18.2	52.8	41.7
		14	2	16	17	1	—	—	—	—
	人均公共教育支出额	8.0	20.7	0.0	15.3	10.4	20.7	0.0	10.9	7.8
		17	11	19	14	16	—	—	—	—
	高等教育毛入学率	21.5	30.2	5.8	59.0	0.0	59.0	0.0	23.3	23.3
		15	14	18	6	19	—	—	—	—
	科技人员增长率	64.3	94.3	53.4	52.5	51.7	94.3	51.7	63.2	18.1
		7	2	12	13	14	—	—	—	—
	科技经费增长率	96.1	74.1	84.6	25.7	58.6	96.1	25.7	67.8	27.3
		3	7	5	17	12	—	—	—	—
2015 年	创新持续竞争力	37.2	35.2	25.4	17.4	32.1	37.2	17.4	29.5	8.1
		9	10	15	18	13	—	—	—	—
	公共教育经费支出总额	50.8	10.5	7.0	3.7	0.0	50.8	0.0	14.4	20.7
		2	7	9	14	19	—	—	—	—
	公共教育经费支出占 GDP 比重	25.5	100.0	9.8	8.9	89.3	100.0	8.9	46.7	44.4
		14	1	16	17	2	—	—	—	—
	人均公共教育支出额	9.5	16.4	0.0	10.2	9.5	16.4	0.0	9.1	5.9
		16	12	19	15	17	—	—	—	—
	高等教育毛入学率	25.6	31.3	7.1	60.8	0.0	60.8	0.0	25.0	23.8
		15	14	18	6	19	—	—	—	—
	科技人员增长率	31.6	33.3	100.0	21.0	41.3	100.0	21.0	45.4	31.3
		6	4	1	16	2	—	—	—	—
	科技经费增长率	80.4	20.0	28.4	0.0	52.7	80.4	0.0	36.3	31.1
		2	18	17	19	8	—	—	—	—

续表

项目		中国	巴西	印度	俄罗斯	南非	最高分	最低分	平均分	标准差
2016 年	创新持续竞争力	44. 8	47. 4	30. 9	26. 8	38. 2	47. 4	26. 8	37. 6	8. 8
		10	9	16	18	13	—	—	—	—
	公共教育经费支出总额	50. 1	10. 3	7. 7	3. 4	0. 0	50. 1	0. 0	14. 3	20. 4
		2	7	8	14	19	—	—	—	—
	公共教育经费支出占 GDP 比重	28. 6	100. 0	13. 6	12. 7	89. 3	100. 0	12. 7	48. 9	42. 5
		14	1	16	17	2	—	—	—	—
	人均公共教育支出额	9. 9	16. 8	0. 0	9. 7	8. 8	16. 8	0. 0	9. 0	6. 0
		15	12	19	16	17	—	—	—	—
	高等教育毛入学率	27. 6	29. 6	6. 4	60. 5	0. 0	60. 5	0. 0	24. 8	23. 8
		15	14	18	6	19	—	—	—	—
	科技人员增长率	74. 6	83. 3	57. 5	29. 9	73. 6	83. 3	29. 9	63. 8	21. 1
		3	2	13	17	4	—	—	—	—
	科技经费增长率	77. 8	44. 5	100. 0	44. 5	57. 6	100. 0	44. 5	64. 9	23. 9
		6	13	1	14	11	—	—	—	—
2017 年	创新持续竞争力	35. 8	50. 9	17. 9	29. 5	34. 3	50. 9	17. 9	33. 7	11. 9
		11	4	17	15	12	—	—	—	—
	公共教育经费支出总额	52. 6	11. 4	8. 5	4. 1	0. 0	52. 6	0. 0	15. 3	21. 3
		2	7	8	13	19	—	—	—	—
	公共教育经费支出占 GDP 比重	27. 6	100. 0	13. 1	12. 3	92. 6	100. 0	12. 3	49. 1	43. 6
		14	1	16	17	2	—	—	—	—
	人均公共教育支出额	10. 3	18. 7	0. 0	11. 7	10. 3	18. 7	0. 0	10. 2	6. 7
		17	12	19	15	16	—	—	—	—
	高等教育毛入学率	32. 7	32. 2	7. 6	65. 7	0. 0	65. 7	0. 0	27. 6	25. 8
		14	15	18	6	19	—	—	—	—
	科技人员增长率	86. 7	97. 3	70. 9	72. 6	94. 7	97. 3	70. 9	84. 5	12. 2
		6	2	14	11	4	—	—	—	—
	科技经费增长率	4. 7	45. 8	7. 4	10. 6	8. 4	45. 8	4. 7	15. 4	17. 1
		7	2	5	3	4	—	—	—	—

资料来源：世界银行世界发展指数：World Bank，2018，World Development Indicators 2018. Washington DC. Available at：http：//data. world bank. org/data-catalog/world-development-indicators/.

注：各国家对应的两行数列中，上一行为指标得分，下一行为指标在 G20 中的排名。这里的最高分和最低分分别是指金砖国家中的最高得分和最低得分。由于评价得分是基于 G20 中 19 个国家进行评价得到的，因此有时候最高分并不一定是 100 分，最低分也不一定是 0 分。如果出现最高分不为 100 分或最低分不为 0 分的情况，则说明发达国家中还有得分更高或更低的国家。

（一）金砖国家创新持续竞争力得分比较

2000~2017年，金砖国家的国家创新持续竞争力水平呈波动上升趋势，平均分上升了9.5分。此外，各国的创新持续竞争力水平差异很大，排位变化也比较大。2000~2002年，俄罗斯的创新持续竞争力得分一直排在金砖国家的首位；但2003年被南非超过，随后巴西有多次排在首位，中国也有个别年份排在首位。2000年，俄罗斯的创新持续竞争力得分为29.2分，是第二名南非的1.10倍，是最后一名巴西的1.37倍；2017年，巴西的创新持续竞争力得分为50.9分，是第二名中国的1.42倍，是最后一名印度的2.84倍。

从得分变化情况来看，2000~2017年，巴西的创新持续竞争力得分上升最快，上升了29.6分，中国、南非、俄罗斯分别上升了13.8分、7.9分和0.4分，而印度下降了4.2分。

（二）金砖国家创新持续竞争力排名比较

从排位来看，2000~2017年，各国的排位变化较大，没有哪个国家的创新持续竞争力一直处于金砖国家的首位，相对来说，巴西的排位比较靠前，处于首位的时间更长，而印度的排位靠后的时间比较长。巴西的创新持续竞争力排位上升最快，上升了13位，中国、南非的排位分别上升了5位和2位，而俄罗斯和印度分别下降了3位和2位。

（三）金砖国家创新持续竞争力三级指标的得分及排名比较

2000~2017年，金砖国家创新持续竞争力的6个三级指标中，有5个三级指标的平均分上升，其中科技人员增长率的平均分上升最快，上升了58.2分；其次是高等教育毛入学率、公共教育经费支出总额的平均分分别上升了 14.7 分和 12.6 分；公共教育经费支出占 GDP 比重、人均公共教育支出额的平均分分别上升了 6.9 分、7.0 分。而科技经费增长率的平均分下降了 42.4 分。由此可见，金砖国家创新持续竞争力的提高主要来源于科技人员增长率、高等教育毛入学率、公共教育经费支出总额等方面的提高，而其余指标的贡献较小。

从各国的情况来看，2000 年，俄罗斯的 6 个三级指标中，有 2 个指标排在首位，其他指标的排位也比较靠前。2017 年，一些三级指标的排位有所下降，使得俄罗斯整体的创新持续竞争力排在第 15 位，下降了 3 位。而印度处于最末位的时间最长，2000 年，6 个三级指标中，有 1 个指标排在最末位，1 个指标排在倒数第二位，3 个指标排在倒数第三位，使得它整体的创新持续竞争力排在最末位。其他各年的情况也类似。

通过以上分析可知，2000 ~2017 年金砖国家创新持续竞争力的整体水平呈上升趋势，这主要是由科技人员增长率、高等教育毛入学率、公共教育经费支出总额的提高推动的，其余指标的贡献较小。但从各国的情况来看，要想有较高的创新持续竞争力，各个方面都应该有较好的表现，需要协调发展，某个方面的“短板”将极大地拖累了整体创新持续竞争力的得分和排名，比如中国。

第二章 金砖国家数字技术创新发展情况研究

2016 年印度果阿峰会，各国领导人首次提出加强金砖国家间数字经济的交流与合作，并在峰会期间通过了信息通信技术方面共同发展的纲领与行动计划。2017 年厦门峰会，中国作为主席国，倡议各国分享数字经济的发展经验和扶持政策，推动数字经济投资，并将“采取行动为数字经济繁荣和蓬勃发展创造条件”写入领导人宣言。2018 年约翰内斯堡峰会期间，五国签署了《在数字经济发展背景下开展分布式记账技术和区块链技术联合研究的谅解备忘录》，并讨论在金砖国家工商理事会框架内建立数字经济工作组。2019 年的巴西利亚金砖峰会，数字经济仍将作为四个主要议题之一进行讨论。

数字经济能够连续四届成为金砖国家峰会的重点议题，是具有多重背景的。金砖各国在过去几年间相继发布了数字经济的国家战略，把数字经济放在优先发展的地位。2016 年 G20 杭州峰会达成的《二十国集团数字经济发展与合作倡议》更是将数字经济推到了世界经济问题的风口浪尖上。同时，由于全球数字经济高速发展，新的经济形态不断涌现，金砖五国绝对不愿错过数字经济发展的机遇。

2016 年 G20 杭州峰会上达成的合作倡议对数字经济进行了如下界定：数字经济是指以使用数字化的知识和信息作为关键生产要素、以现代信息网络作为重要载体、以信息通信技术的有效使用作为效率提升和经济结构优化的重要推动力的一系列经济活动[①]。这一界定明确了数字经济概念的三个方面内容：一是数字经济与以往农业经济、工业经济的根本性区别是——数字化的知识和信息成为至关重要的生产要素；二是数字经济发展的基础与载体是现代信息网络；三是数字经济发展的动力是互联网、云计算、大数据、物联网、金融科技与其他日新月异的信息技术。

从该界定可以看出，数字经济的内涵已经从简单命名的新经济、互联网经济发展到多层次、广包容的概念，从关键生产要素、发展的载体到发展的动力，都显著区别于工业经济时代。美国经济学家托马斯·梅森伯格（Thomas Mesenbourg）最早将数字经济的外延分为三个层次：最底层的是数字经济的基础设施，包括软硬件、通信技术、网络和人力资源等；上面的第二层是局部、小范围的数字交易活动，例如互联网销售、消费和企业内部的数字流程；最上层是涵盖采购、生产、销售到配送的整个商业流程的数字化活动[②]。随着数字经济的发展与应用，美国思想家杰里米·里夫金（Jeremy Rifkin）在三个层次基础上提出还有一个完全存在于数字世界的"虚拟经济"[③]。

根据现有数字经济内涵与外延的界定，许多研究机构对全球各国数字经济的发展情况进行了统计分析与比较。总体来看，金砖国家的数字经济发展水平在全球处于中上水平，相对于工业经济的基础设施，金砖各国在数字经济的发展基础方面具有难得的比较优势。加上庞大的人口基数，金砖国家的数字经济发展潜力相比发达国家更是具有绝对优势[④]。目前，金砖各国对于数字经济的重视和投入程度不断增长，相比各国的发展战略和存在的问题，这更是金砖国家间开展数字经济交流与合作的基础。

---

① 《G20 杭州峰会通过〈G20 数字经济发展与合作倡议〉为世界经济创新发展注入新动力》，载于《中国日报》，http：//china. chinadaily. com. cn/2016 - 09/28/content_26926631. htm。

② Mesenbourg T L. Measuring Electronic Business：Definitions，Underlying Concepts，and Measurement plans ［J］. *US Bureau of the Census*，2001.

③ 杰里米·里夫金，赛迪研究院专家组译：《零边际成本社会——一个物联网、合作共赢的新经济时代》，中信出版社 2014 年版。

④ 唐杰：《全球数字经济发展现状分析及展望》，载于《经济研究参考》2018 年第 51 期，第 43 ~ 52 页。

一、金砖各国数字经济的发展现状

（一）当前金砖国家数字经济的规模和增长

由于数字经济的内涵和外延缺乏权威的界定，因此总体规模的测度及对 GDP 增长的贡献也很难统一衡量。目前，不同的研究机构根据不同的测量标准进行的估算差别较大。考虑横向比较的意义，本书借用中国信息通信研究院《G20 数字经济发展研究报告（2018 年）》中对金砖国家数字经济发展情况的统一标准测算进行比较（见图 2－1）。金砖五国中，中国的数字经济规模最大，超过 4 万亿美元，接下来是印度、巴西和俄罗斯，而南非数字经济的规模仅有 577 亿美元。如果从增速来看，相比 2016 年，俄

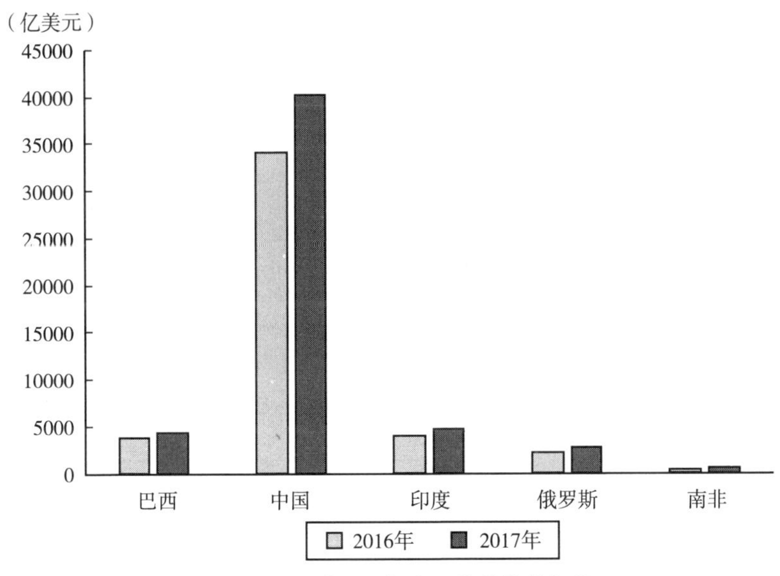

图 2－1　金砖五国数字经济的整体规模

资料来源：根据中国通信研究院《G20 数字经济发展研究报告（2018 年）》数据绘制。

罗斯数字经济的规模增长接近25%，位居五国之首，南非数字经济整体规模的增长也接近了20%，接下来是中国、巴西和印度，增速均超过15%。总体而言，金砖国家数字经济的规模差距较大，但发展速度都很快，2017年的平均增速高达18.8%，远高于发达国家8.5%左右的增速①。

（二）金砖国家数字经济发展水平

联合国国际电信联盟（ICT）在2016年发布的《衡量信息社会发展报告》中提出了用全球信息和通信技术发展指数（Information Communications Technology Development Index，IDI）来衡量全球各国的信息社会发展情况。本书结合IDI以及社会数字化应用程度来衡量金砖五国数字经济发展的整体水平。本书认为，需要从"数字化就绪程度""数字化普及程度""数字化运用程度"和"数字化运用能力"五个方面来综合考察各国数字经济的发展水平和潜力，具体的逻辑关系如图2-2所示。其中，数字化就绪程度主要由ICT的基础设施水平和覆盖度所决定，是数字经济的发展基础，它会影响数字化普及程度。数字化普及程度通过全体公民对数字基础设施的

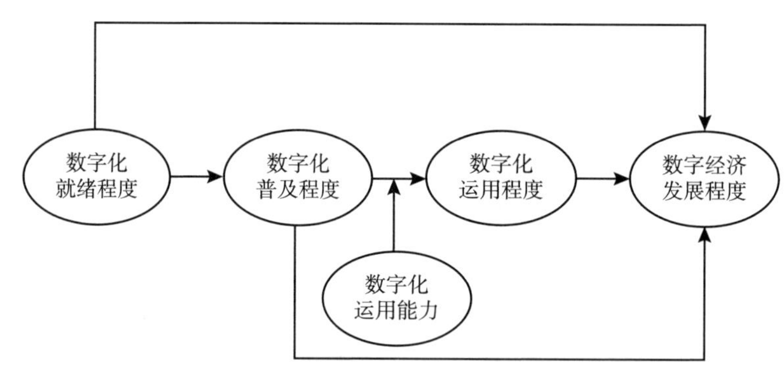

图2-2　数字经济发展程度构成的逻辑

资料来源：笔者根据相关资料整理绘制。

① 中国信息通信研究院：《G20数字经济发展研究报告（2018年）》，2019年。

应用和普及程度来衡量。数字化普及程度和数字化运用能力共同影响社会的数字化运用程度。数字化运用能力主要通过全体公民的平均受教育水平来衡量，而数字化运用程度则由社会经济和政治活动数字化的程度来衡量（见表2－1）。

表2－1　　2017年金砖国家数字经济发展水平

国家	ICT接入	ICT使用	ICT技能	电子政务	电子参与	互联网销售
巴西	80	57	71	51	37	39
中国	89	69	81	63	22	31
印度	137	144	121	107	27	76
俄罗斯	50	51	13	35	32	34
南非	90	95	93	76	76	63
平均值	89	83	76	66	39	49

资料来源：表格中数字均为金砖各国2017年的全球排名（2016年统计数据），其中ICT接入、ICT使用及ICT技能的数据来自联合国国际电信联盟（ICT）在2017年发布的《衡量信息社会发展报告》，电子政务和电子参与的排名来自联合国网站，互联网销售指数的排名来自世界银行网站的公开数据。

从当前的排名来看，金砖国家数字经济的发展水平呈现以下几个特点：

首先，看反映数字化就绪程度和数字化普及程度的两个指标ICT接入和ICT使用情况的综合排名。金砖国家总体处于全球中游水平。排名最高的俄罗斯，也仅列在第50位左右，而排名最低的印度则是全球ICT建设和使用情况的最为落后的国家之一。

其次，看反映数字化运用能力的ICT技能指标排名。金砖国家之间的差异较大。俄罗斯处于世界领先水平，巴西、中国和南非处于中游水平，印度仍然是金砖国家中排名最后的国家。

最后，看反映数字化运用程度的电子政务、电子参与和互联网销售三个指标的排名。金砖国家的整体排名处于全球中上游水平。其中，巴西、中国和俄罗斯的三项指标排名均处于世界前列。

（三）2012~2016年金砖国家数字经济发展动态

再从几个具体指标近五年的变化来看金砖各国数字经济发展的动态情况。

首先，ICT接入指数中所采用的“家庭网络接入比例”能够衡量各国数字网络建设的覆盖度水平的指标。如图2-3所示，近五年来，金砖五国的网络建设和覆盖水平都有明显提升，家庭网络接入的比例五年间平均提升了150%。其中，俄罗斯的家庭宽带接入比例最高达到69%，中国和巴西也接近了50%的覆盖水平，并且保持了较快的增长速度。南非与印度的家庭网络接入比例还比较低，但两国在近五年保持了260%左右的增长速度，体现出两国在数字基础设施的大力投入。

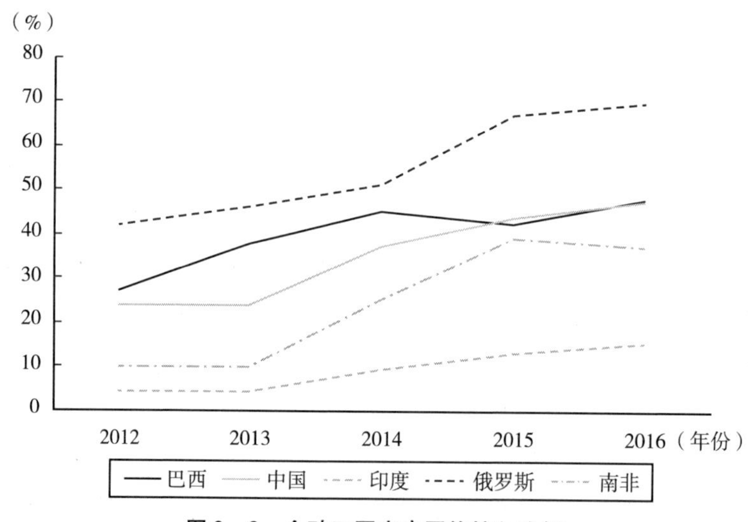

图2-3 金砖五国家庭网络接入比例

资料来源：世界银行公开数据库（https：//data. worldbank. org. cn/）。

移动数字时代，移动数字设备和服务才是主要的数字经济发展载体，

“每百人手机服务订购数”相比其他的数字设备更能够说明国家数字就绪程度。如图2－4所示，金砖五国中，除巴西略微下降外，其他几个国家在近五年的手机拥有数量方面呈现稳步增长，整体差距不大，五国民众都具有较好的移动数字设备的拥有率。由于数字经济的未来发展主要依托于移动数字设备和网络，所以该数据还在一定程度上反映金砖国家在数字经济的发展潜力方面并不落后于发达国家，均具有较好的数字经济发展潜力。

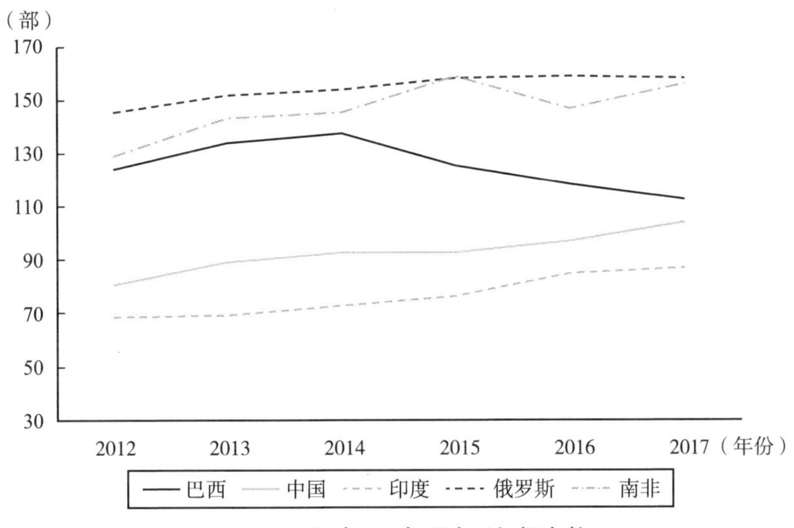

图2－4　金砖五国每百人手机拥有数

资料来源：世界银行公开数据库（https：//data. worldbank. org. cn/）。

其次，看数字化普及程度方面的指标，“互联网用户比例”可以比较准确地说明公众使用网络的总体情况。如图2－5所示，金砖五国互联网用户比例在近几年均呈现稳步快速增长，年平均增速达到31.3%。但是各国之间的差距仍然比较明显。其中，俄罗斯的互联网用户比例最高，达到76%，中国、巴西和南非的比例相近，且增速均超过20%。印度的互联网用户比例到2017年仅有34.5%，但发展势头良好，保持了60%以上的增速。

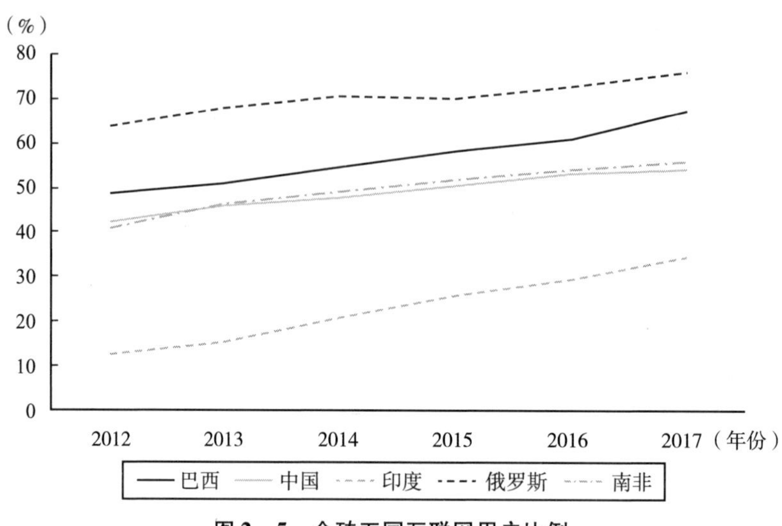

图 2－5　金砖五国互联网用户比例

资料来源：世界银行公开数据库（https：//data. worldbank. org. cn/）。

再次，看数字运用程度方面的指标。联合国从 2012 年开始，每两年公布一次全球各国的电子政务发展指数和公民电子政务的参与指数[①]。这两项指标能够在一定程度说明数字化在社会生活中的运用和参与情况，体现各国社会数字化的进程。如图 2－6 和图 2－7 所示，近年来金砖各国在数字化社会的打造方面不遗余力，成效显著。电子政务指数各国之间的差距已经不大，中国、巴西和印度的发展较为快速，俄罗斯和南非则保持较高的水平。在公众参与电子政务的程度方面，除南非的发展较为缓慢之外，其他四国的发展速度均较快，都达到了全球的领先水平。

① 电子政务发展指数（EGDI）评估了各国国家网站以及电子政务政策和战略如何在一般和特定部门提供基本服务。主要包括在线服务的范围和质量，电信基础设施的发展状况以及人机交互情况。电子政务参与指数（EPI）是 EGDI 的补充，体现的是在线服务促进政府向公民提供信息，与利益相关者的互动以及电子参与决策的流程。

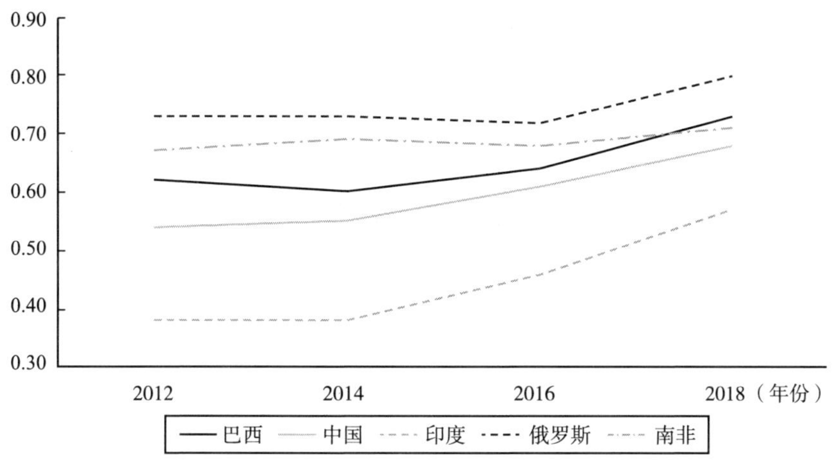

图 2-6 金砖五国电子政务指数

资料来源：联合国网站公开数据。

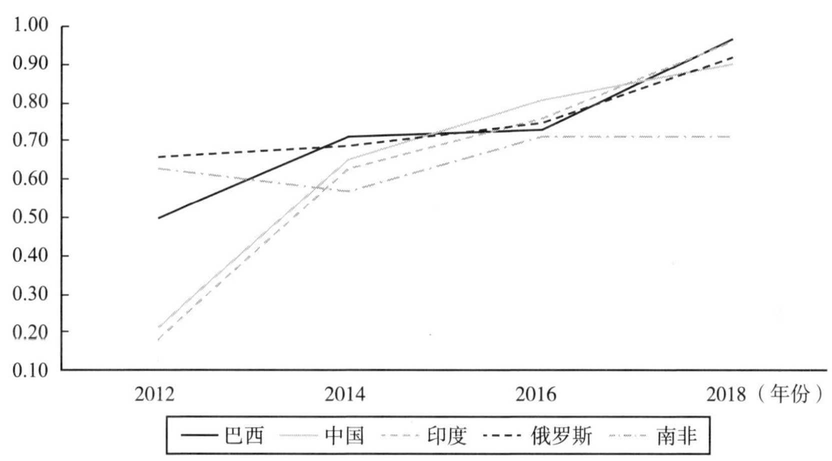

图 2-7 金砖五国电子参与指数

资料来源：联合国网站公开数据。

最后，看各国的高等教育毛入学率的指标，该指标能够反映各国公民数字化运用能力的指标，也能在一定程度上反映数字应用在普通公众中扩散的能力和潜力。如图 2-8 所示，中国在该指标上增速明显高过其他各国，近五年平均增速超过 45%，体现了中国政府在公民教育方面的投入，部分说明了中国在数字运用程度和普及程度方面快速增长的原因，也显示了中国未来数字经济发展的潜力。其他各国的增长基本停滞，但情况也有不同。其中，俄罗斯的高等教育毛入学率已经达到 82% 的较高水平，未来数字经济的应用和发展潜力不会受到影响，而印度和南非高等教育的毛入学率都只有不到 30% 的水平，未来数字经济在全社会的发展将会受到公众整体数字素养和数字化人才数量的制约。

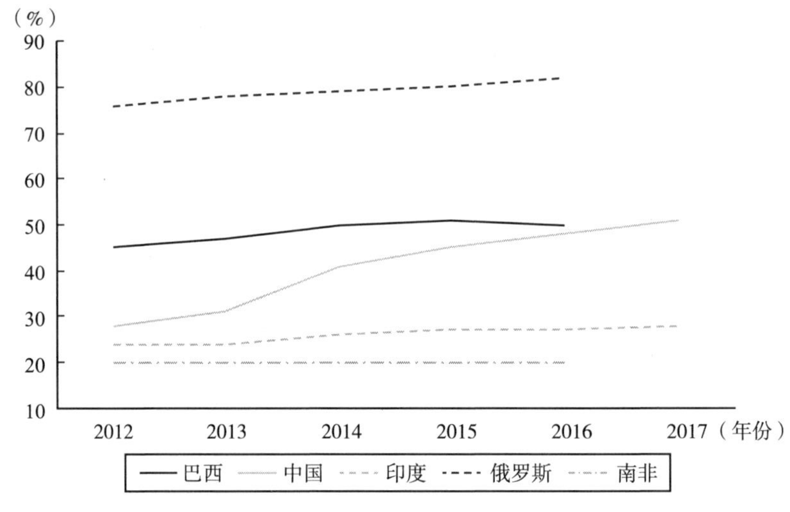

图 2－8　金砖五国高等教育毛入学率

资料来源：世界银行公开数据库（http：//data. worldbank. org. cn/）

二、金砖国家数字经济发展当前存在的问题

从上述金砖国家数字经济的发展动态可以发现，由于数字经济发展的势头迅猛，金砖各国政府虽然已经纷纷加大对数字经济基础设施和人力资源的投入，但在部分环节上还与数字经济发达国家有相当的差距。本部分将分别从共性和特性两个角度分别阐述金砖国家数字经济发展当前存在的问题。

（一）金砖国家数字经济发展存在的共性问题

1. 数字经济的战略布局落后于发展阶段

数字经济的发展已经进入数字网络阶段，在一些数字经济的发达地区甚至已经进入数字社会阶段，在这两个阶段中，数字经济发展的主要推动力已经从信息技术升级和数字硬件建设，转变到技术的应用环节[①]。随着数字网络的规模化和数字社会构建，经济活动创新的基本形式开始发生改变。创新不再局限于数字技术的范畴，而是更多依靠应用软件、零售网络、数字金融、电子政务、共享经济为代表的数字经济更高层次的商业模式创新。这些创新以近乎零边际成本的方式快速应用于数字社会，一方面提升传统商业活动的效率，另一方面反推数字技术的发展。而这些新的经济模式创新依赖的不仅是研发的投入而是理念革新以及具有较高数字素养的公众群体。比如流程的数字化、分布式制造、免费服务，还有遍布金融、旅游、教育、房地产、交通等各领域的共享经济。但是，目前金砖各国的数字战略仍然停留在促进数字技术的发展和加大数字设施和设备的投入层面，对数字经济内涵和外延的认识还未跟上数字经济前沿的理念革新。这些部分国家出台的数字战略没有涵盖第三层次和第四层次的数字经济活动，也就很难通过这些战略来实现数字经济的提前布局和潜力挖掘。

2. “数字鸿沟”依然明显

无论是从数字经济发展的基础设施还是从软件应用的水平看，金砖各国的数字经济发展存在多方面的不平衡。一方面，中国与印度的发展速度较快，整体规模较大，数字经济在国民经济和社会生活中的应用范围和影

① 唐杰：《全球数字经济发展现状分析及展望》，载于《经济研究参考》2018 年第 51 期，第 43 ~ 52 页。

响越来越大，而巴西、南非与俄罗斯的数字经济在国民经济中的占比还相对较小，影响有限，无论是数字经济的总体规模还是数字产业的发展水平与中国和印度的相比，都存在明显的“数字鸿沟”。另一方面，俄罗斯的数字基础设施和公众教育水平基础较好，数字经济增长的潜力不次于中国和印度，有较好的发展前景。相比起来，南非和巴西的原有经济发展路径较依赖资源，数字经济没有得到足够的重视，缺少发展的软硬件基础。同时，由于地区经济和教育发展的差距，中国、印度和南非三国内“数字鸿沟”相比俄罗斯和巴西更为明显。

3. 数字素养教育不足

数字经济的发展对全社会普通公民的数字素养和数字技能提出了更高的要求。只有公民的整体数字素养和数字技能得到提升，数字社会才能获得更广泛的数字数据，数字应用和数字网络还能获得足够的参与者来提升整体网络的使用价值。与发达国家相比，金砖国家公民的整体教育水平较低，而且内部差距较大，从而导致了数字经济发展过程中出现两方面的矛盾：一方面金砖各国通过加大对公共数字基础和服务的投入拉动整个社会的数字化建设。这从金砖各国公共服务和公共参与指数整体处于全球中上游水平就可以看出。但在金砖各国，能够熟练使用这些数字公共服务的用户数量和比例，却受到了整体公民数字素养的限制，而难以在短时间内快速提升。另一方面，部分高数字素养人群对数字网络和数字应用的需求不断增长，公众间的数字需求差距在不断扩大。不论是政府公共部门还是私营企业所提供的数字服务都要面临这样的需求分化。数字技术的持续创新和应用是由消费需求所驱动的，金砖国家的人口基数原本是数字经济发展的重要驱动力，但由于数字教育的不足，政府和企业正在失去这些数字人口所带来的市场红利。

4. 数字技术储备不足

金砖国家数字经济的显著特点之一是市场需求驱动数字创新。因此，各类数字应用的创新多，但基础技术的储备和创新少。尤其是中国和印度两国，凭借庞大的用户基数，国内数字经济在第三和第四层面的发展速度远超其他三国，甚至好于大部分发达国家。但由于在信息技术领域的发展较晚，数字核心技术的储备不足，比如在集成电路、底层软件、高端芯片等领域，都还远远落后于发达国家。在这些数字技术的核心环节要实现赶超，可能还需要数十年的快速发展和积累。这种核心技术的缺失使得金砖国家的数字经济发展存在较大的产业风险和安全隐患。发达国家一旦在核心技术环节釜底抽薪，整个数字社会的构建基础就会动摇，数字经济的发展就很有可能受到抑制。

5. 数字高端人才稀缺

数字经济所孕育的新企业和大型企业都是知识密集型企业，对于各类知识型人才和高端人才的需求量很大。随着数字基础设施和技术的逐步成熟，数字经济的进一步发展需要更多具有创新思维和创造性技能的人才。金砖国家的人才总量较为庞大，但高端人才稀缺。这一方面是由于数字经济本身的发展规律，导致产业不断集中，高端人才向国际大型企业流动，必然导致下游产业国家的高端人才稀缺。而且数字技术与应用的复合型人才将更为稀缺。另一方面，金砖国家的教育水平与发达国家相比差距很大，各国高等教育在培养数字人才方面还无法满足整个数字经济对人才的庞大需求，从而限制了金砖国家进一步追赶的脚步。

6. 数字经济导致就业两极分化

数字经济对就业结构的影响越来越明显，数字产业新生岗位会有明显的两极分化。一方面，越是简单、重复的劳动越会在很大程度上被技术和机器所取代，而越是复杂、非重复的劳动，尤其是创新性的劳动越会产生大的需求缺口。另一方面，具备数字相关技能和产业专业技能的复合型岗位将大量产生。数字技术将应用于社会的更多方面，原有的岗位将因为数字化和数字技术的应用而对岗位劳动者提出新的数字技能要求。金砖各国不得不面对的是数字技术和产业的发展导致就业破坏和创造效应的分化，以及因此导致的贫富差距进一步扩大的问题。数字技术对就业的影响很大程度上取决于各国的产业结构、技术水平和劳动力成本。数十年来全球化的发展，导致各国的产业结构出现了明显的分化，即便在金砖国家中也非常明显，俄罗斯、南非和巴西都拥有大量劳动密集型的资源依赖型产业，中国和印度都有大量从发达国家转移的低端加工制造业岗位，因此数字技术的革命产生的就业破坏效应对金砖国家的影响将是巨大的。技术和产业发展所创造的新就业岗位应更多地发生在具有核心技术、产业发展水平较高、劳动者综合素质较高的国家。目前来看，金砖各国在数字经济所创造的全球产业新的分工中将要面对的挑战要远大于机遇。

（二）金砖国家数字经济发展存在的特性问题

金砖五国由于历史、社会、经济等方面的原因，数字经济的发展存在各自不同的挑战和机遇，但总体上可以分为两类：一类是原有资源依赖型经济体的数字化转型问题，包括巴西、俄罗斯和南非；另一类是庞大数字市场的开发和利用问题，包括中国和印度。

1. 巴西：公民数字素养和数字人才储备不足

在衡量数字经济的大部分指标中（见表2－1），巴西基本代表了金砖国家的平均水平。巴西数字经济的基础设施较为完善，数字设备和应用的普及化程度较好，公民的整体数字技能水平较高，是全球最早普及移动网络设备的国家之一。如果从发展的角度看，在数字经济的几个主要评价部分中，巴西近几年在数字化运用程度方面停滞不前，这主要受限于国民整体教育水平的提升较为缓慢。根据德勤公司2019年在巴西开展的调查研究结论，目前限制巴西数字经济发展的主要因素一方面是在多个数字经济领域中都存在数字技能的供求缺口；另一方面是缺乏明确的政策来增加在数字人才方面的投入[①]。这部分是由于巴西国内长期以来资源的加工和出口缺少数字人才培养的产业基础。

2. 中国：数字治理水平落后于数字经济发展

在数字经济的整体发展水平方面，中国是仅次于美国的全球第二大国，并且在整体规模、数字产业化和产业数字化方面都保持了较高的增长速度。从上一部分中衡量数字经济的几个主要指标的变化来看，中国也保持了稳定而快速的增长。中国数字经济存在的主要问题有两个方面：一是国内的数字经济区域发展不平衡，东部沿海和西部内陆之间，城市和农村之间，无论是数字基础设施、数字化应用、公众数字素养方面的差距都比较大。二是相对于发展速度和规模而言，数字治理水平有待提升。中国数字经济发展的特点是规模大、速度快、渗透广。社会治理新规范建立和改革的速度远远不及数字经济发展和渗透的速度。比如数字数据共享所带来的个人隐私泄露问题，大量的社会数字信息的产权问题，数字知识产权的保护问题都将是中国政府所急需解决的。

3. 印度：数字经济发展的挑战与机遇并存

在衡量数字经济发展水平的大多数指标中，印度在金砖国家中都处于落后的位置，但得益于庞大的人口基数和世界前列的软件与信息服务产业，印度的数字经济规模在金砖国家中仅次于中国，并且呈现良好的增长势头。2018 年，印度已经拥有 5.6 亿互联网用户，超过美国成为全球第二大规模的互联网用户国家。据麦肯锡咨询的估计，到 2023 年，印度将拥有 7.5 亿 ~8 亿的互联网用户[②]。除了用户群体的优势外，印度的软件与信息

---

① Deloitte, *Insights about Digital Transformation and ICT Opportunities for Brazil* [C]. Brazil, 2019: https://www2.deloitte.com/content/dam/Deloitte/br/Documents/technology-media-telecommunications/ICT – insights-report-eng. pdf

② McKinsey GlobalInstitute, Digital India: Technology to Transform a Connected Nation, India, 2019: https://www.mckinsey.com/business-functions/digital-mckinsey/our-insights/digital-india-technology-to-transform-a-connected-nation.

服务产业占全球产业链总价值的1/3，占全球软件外包市场的55%份额[①]，处于绝对领先地位，从而在全球数字经济产业链中扮演了重要角色。印度数字经济发展面临的挑战和问题也与其两大优势紧密联系。首先是庞大的互联网用户群体能够享受到的数字服务差别很大。一方面是整体的数字基础设施比较落后，宽带接入的比例、水平和覆盖面在全球都处于落后水平；另一方面是用户群体的数字素养和技能差异很大，虽然具有全球前列的公众电子参与比例，但受限于整体公民的受教育水平，其中大量的数字用户仅仅具有最基础的数字使用和参与，比如政府的数字身份认证。其次是数字经济过于依赖软件与信息服务的出口，全球市场的动荡和逆全球化浪潮的出现将为印度数字经济的稳定发展带来严峻的挑战。此外，摩根士坦利和麦肯锡等国际咨询公司在印度的研究表明，数据安全和数字隐私也将是影响印度数字经济发展的关键因素[②]。

4. 俄罗斯：产业数字化程度拖累数字经济发展

从前述的数据分析来看，俄罗斯数字经济的综合发展水平在金砖国家中仅次于中国。巴西、俄罗斯和南非具有相似的国内产业结构，但俄罗斯具有最好的数字基础设施和国民整体素养，因此数字经济具有更好的增速和发展前景。俄罗斯数字经济的整体规模不足主要是由于俄罗斯经济长期依赖于资源出口，数字化对于产业结构和增长拉动的作用不明显，产业整体的数字化水平较低[③]，因此数字经济在GDP的占比较低。2017年7月，俄罗斯发布了《俄罗斯联邦数字经济规划》，对俄罗斯数字产业和数字内容产业的经济分类进行了重新界定，以期借此扩大数字经济的边界和规模，从单一的ICT基础产业向数字媒体、数字内容、电子商务和数字工业

---

① 杜振华：《印度软件与信息服务业的数字化转型及创新》，载于《全球化》2018年第6期，第74~90页。

② McKinsey GlobalInstitute, Digital India: Technology to Transform a Connected Nation, 2019, India.

③ 张冬杨：《俄罗斯数字经济发展现状浅析》，载于《俄罗斯研究》2018年第2期，第132~160页。

领域延伸。

5. 南非：政府对数字经济的重视和支持不足

南非数字经济发展的情况与问题和俄罗斯有许多相似之处，包括数字经济的整体规模较小，占 GDP 的比重还比较低，经济发展依赖于资源出口，产业数字化水平较低，数字经济的增速和数字产业化的发展较快。但与俄罗斯相比，南非的数字经济增长还受限于国家的基础设施水平较低，包括电力供应的不足，宽带网络建设的停滞，以及公众的整体数字素养水平。从高等教育的毛入学率和公众参与电子政务的程度，南非都处于金砖五国最后的位置。随着数字经济的进一步发展，公民数字素养的不足还将带来就业方面的重大挑战。除此之外，虽然南非政府在 2017 年也推出了首个国家数字经济战略《数字社会南非》，但根据埃森哲咨询公司 2016 年在南非的调查，超过 70% 的企业家和超过一半的跨国企业认为南非政府对创新和数字合作的支持是不足的①。从前述所对比的各国电子政务指数变化也可以看出，2012 ~2018 年，南非的电子政务发展基本处于停滞状态，增速在金砖五国中处于最后位置。无论是数字基础设施建设、公民的数字素养还是整体的数字营商环境问题，都反映的是政府对于数字经济的重视和支持程度不足，这将成为限制南非数字经济发展的桎梏。

三、发达国家数字经济发展的战略借鉴

全球数字经济的发展并不平衡，部分发达国家凭借在基础设施建设以及公民素养方面较大幅度的优势，在数字经济的布局、建设、融合和安全方面领先全球，也有部分新兴国家凭借在数字应用方面的大力推广取得了

① Accenture. Harnessing the Power of Open Innovation through Digital Collaboration [C]. South Africa, 2016: https://www.accenture.com/_acnmedia/pdf-28/accenture-harnessing-power-entrepreneurs-open-innovation-south-africa.pdfla=en.

在某些细分领域的成功，借鉴这些国家发展数字经济的经验，能够帮助金砖国家出台和实施符合数字经济发展规律的战略措施。

（一）优先投入数字基础设施建设

数字基础设施建设是发展数字经济的前提，因此数字经济发达的国家都将其放在发展数字经济的首位，建设的重点主要围绕宽带覆盖、速度和技术升级三个方面，并逐步将建设延伸到偏远地区。G20 汉堡峰会公报《塑造联动世界》充分体现了构建全球数字基础设施、数字政府、数据流动、政策监管等系统化数字生态体系的努力。这些国家对未来数年内基础设施建设的投入都设定了相应目标。例如，美国政府在 2009 年连续签署总投资超过 92 亿美元的宽带网络建设经费，2010 年的《国家宽带计划》提出，到 2020 年实现 1 亿个家庭接入 100 兆以上的高速宽带，同年推出《释放无限宽带革命》议案，计划了 60 亿美元的联邦拨款，以支持建设无线和宽带公共安全网络；目标到 2025 年实现 500 兆赫的商业无线宽带全覆盖；2016 年发起“全民联网”宽带，旨在向美国 2000 万低收入人群提供高速网络服务。英国政府 2009 年出台的《数字英国》中主要关注的就是基础设施建设的资金投入，目标是到 2017 年全国 95% 的地区覆盖 24Mbps 高速宽带。2017 年的《英国数字战略》更是拨款 4.4 亿英镑的经费，用于“打造世界级数字基础设施，使宽带接入变成公民权利，加快网络全覆盖、全光纤和 5G 建设”。加拿大计划从 2017 年开始，连续五年，每年投入 3.5 亿加元建设 28 万个家庭的宽带网络。法国政府为扩大宽带网络的覆盖面，采用的是对网络资费进行每月 35 欧元的补贴，还对偏远地区的运营提供额外的运营商补贴。意大利政府在数字经济的基础设施方面的特点是集中投入建设“超级宽带”“互联网平台”，联合高校和数字化创新中心，推进多个国家数字竞争力中心建设，使之成为一个连接企业、政府和社会资本的数字枢纽。

（二）前瞻性布局数字经济战略

发达国家在发展数字经济的浪潮中走在世界的前列，除了依靠其原有较好的数字技术、数字基础设施和国民的数字素养之外，关键是较早建立了数字经济国家层面的战略规划，对数字经济涉及的重点领域进行扶持。其中，美国在2010年就提出“数字国家”的概念，并从2012年开始实施“数字政府”战略。该战略着重强调了政府在提供高品质数字政府信息与服务、抓住机遇采购并管理数字设备和服务、开发政府数字信息以促进国家创新三个方面的内容。欧盟首个全面的数字经济战略是2010年公布的“欧洲数字计划”，提出七大战略目标，包括建立统一的数字市场、建立更好的信息化标准、增强网络安全、提高互联网接入速度、增加在ICT领域的研发投入、提高公众数字技能和发挥ICT技术的应用潜力。英国是欧洲最早开展数字经济布局的国家，在2009年就出台了“数字大不列颠行动计划”，并在后续两次升级该战略，2017年正式命名为《英国数字经济战略》。澳大利亚在2011年正式启动了《2020澳大利亚数字经济战略》，致力于在家庭宽带网络、企业商务网络、基础设施智能管理、医疗数字化和远程医疗、网络教育、电子办公及电子政务八大领域实现重点布局。在亚洲国家中，新加坡在2006年就宣布启动了《数字经济2015计划》，包括在数字技术增值、数字技术附加值、数字出口、数字新增就业、家庭宽带网络和儿童数字教育六大领域的建设目标。

发达国家的数字经济战略根据其自身的优势和特点有不同的关注点，比如英国的数字经济战略侧重于扶持和保护数字文化创新。日本的数字经济战略则强调将数字技术融入生活，侧重在数字政务、数字医疗、公民数字信息管理以及通过数字教育和人力资源建设领域加大投入。美国的数字经济战略更注重前沿和技术的攻坚，在云计算、大数据、人工智能等数字技术的前端领域进行了全面布局和出台了分支计划。欧盟的战略则力图解决欧洲市场碎片化和打造公平竞争环境的问题。

（三）推动数字技术与产业融合

数字技术的发展与应用是数字经济发展和产业数字化转型的动力所在，因此发达国家的数字战略布局十分注重数字技术与产业的融合。欧盟最早的数字产业扶持政策是2005年出台的《I2010战略》，其中将增加ICT研发投入和产业推广作为三大战略目标之一。随后2015年又发布了《欧洲数字议程》，更明确地制订了“打造统一数字市场”“加强信息技术的前沿研发与创新”和“改进信息技术等标准与互通性”三大技术与产业融合的行动计划。2016年，欧盟再次发布了《欧洲产业数字化规划》，启动总计500亿欧元的投资，帮助欧洲各国的产业充分实施数字化。澳大利亚政府2011年启动的《国家数字经济战略》提出产业转型时要培育数字化能力、展示商业数字信息，采用智能技术发展可持续的在线内容商业模式。日本政府于2017年发布的《“互连产业”：东京举措2017》详细阐述了日本发展数字产业的国家战略，提出要集中投入所有能够投入的资源，发展称为“互连产业”的数字经济，明确了“自动驾驶与出行服务、制造与机器人、生物科技与材料、重型工厂与基础设施安保、智能生活”。日本政府迅速通过立法确定五个重点发展的数字产业，并随后出台了包括特殊税制、投资促进和数据开发共享的配套政策与制度。

（四）重视数字安全建设

数字经济的安全问题涉及技术、隐私、经济和社会安定等多个层面，随着网络互联互通的程度不断加大，数字安全的威胁也不断增大，因此安全问题已经成为数字经济发达国家关注的重中之重。身份访问管理、数字安全服务、网络安全设备和基础设施保护将是安全领域发展最快的细分领域。从政府宏观管理的角度看，数字法规和数字安全事件是驱动未来数字安全产业发展的关键。比如美国在“斯诺登事件”后通过了《网络安全法》，成为全球范围首部规制网络信息安全较为完备的法律。主要关注网络安全信息共享的参与主体、共享方式及隐私保护规定等。随后，2016 年美国又推出《网络安全国家行动计划》，拨款 140 亿美元用于加强网络数据安全，从基础安全设施、安全人才培养等 5 个方面加强数字安全建设。2014 年，日本率先实施《数字安全基本法案》，并于 2015 年出台《国家数字安全战略》。2016 年英国开始修订新的《数字经济法案》，则重解决个人隐私泄露所导致的信息骚扰问题，打击潜在的网络犯罪行为。

除各国的立法外，数字经济的发达国家还逐步围绕网络空间的国际规则推出了各自的方案，美国及其北约盟国在 2013 年提出了首部网络空间国际法手册——《塔林手册》；2015 年，中国、俄罗斯等国共同起草制定了"信息安全国际行为准则"，并向联合国大会提交。

四、金砖国家数字经济发展的重点领域

目前数字经济已成为全球经济发展和增长的新动能。金砖国家应在促进五大使能技术和人工智能建设、促进产业数字化转型和支持创新创业、促进电子商务发展、推动电子政务发展等重点领域推进务实合作，为各国经济发展注入新活力。

（一）促进五大使能技术和人工智能建设

根据中国华为的研究报告显示，全球连接指数（GCI）得分每上升 1 分，将带动国家竞争力提高 2.1%，国家创新力提高 2.2%，国家生产力提高 2.3%。GCI 指数与 ICT 基础设施和使能应用直接相关，ICT 使能应用已经成为全球经济增长的新引擎。然而，中国、俄罗斯、巴西、南非和印度 GCI2018 得分分别为 51 分、46 分、43 分、42 分和 33 分，与排在第一位的美国的 78 分，仍有较大的差距。为此，金砖国家应加速宽带、数据中心、

云计算、大数据和物联网等五大使能技术和人工智能建设，不断提高网络速度和稳定性，扩大网络覆盖率；建设区域云和数据中心，为各行业获取数据和整合区域商业数据提供统一平台；配置公共设施工具箱，升级无线和固定网络，增加边缘计算节点，以支持物联网的全方位部署；积极投资和部署人工智能、机器学习以及智能机器人技术，推动跨行业的创新与研发合作。

加快宽带网络基础设施建设。金砖各国应统筹2G/3G/4G网络演进及协同，提升4G网络覆盖和应用水平，开展5G业务应用试点。扩大无线局域网（WLAN）覆盖，满足移动数据业务承载需求。有条件的国家应引入高速大容量光通信有线接入技术，推进光纤入户改造工程。优化骨干网互联架构和城域网结构，提高骨干网间互联带宽，提升网间访问质量和速度，增加地区之间的网络互通能力。加强宽带关键技术协同创新和产业化，推进新兴网络技术的开放式创新，形成一批高端宽带产品和宽带产业集群。推动宽带产业与云计算、大数据、物联网、智能终端等关联产业协同发展，增强对信息经济发展的支撑能力。推动宽带服务向基层延伸，提高农村、海岛地区、偏远地区宽带网络覆盖率，促进民众共享宽带发展成果。

引导云计算技术快速发展。金砖各国应根据各国资源禀赋、产业基础和技术需求，从技术研发、标准体系、产业组织等着手，引导云计算技术快速发展。强化新型虚拟化技术、超大规模分布式存储技术、计算资源管理技术、云计算软件技术等领域的自主创新，提升关键核心技术能力。各国应在应用中检验和完善标准，支持有条件的核心企业、产业联盟、标准组织制定发布高质量的云计算标准成果，积极参与云计算技术、管理、服务等领域国际标准的制定。支持软件和信息技术服务企业加速向云计算转型，推进基于云计算的工业云平台建设、政务信息化建设和创新创业。支持龙头企业联盟丰富服务种类，提高服务能力，创新商业模式，推动云计算产业生态体系建设。

强化大数据技术研发和数据中心合理布局。金砖各国应加强大数据获取、存储管理和处理平台技术研发，特别关注数据挖掘、分析与应用等算法和工具的优化。推动大数据在创新创业、政府管理和民生服务等方面广泛深入应用，支撑智能制造和工业转型升级。打造较为完善的大数据产业链，初步形成大数据产业体系。加强大数据安全技术产品和解决方案研发，推广大数据保护技术，建设国家数据安全保护体系。金砖各国应推进数据中心集约化建设，综合评估市场需求、能源、土地等诸多因素的影响，统筹布局超大型数据中心、大型数据中心、中小型数据中心。整合提升低小散旧数据中心，推进高水平云数据中心建设和数据中心专业化社会化服务。

加强物联网技术研发和融合应用。金砖各国加大传感器技术、体系架构共性技术、用户交互型操作系统、实时操作系统、物联网与移动互联网、大数据融合关键技术的研发力度，形成面向市场需求的物联网技术创新体系。加快制定传感器、仪器仪表、射频识别、多媒体采集、地理坐标定位等感知技术和设备标准。大力开展车联网、健康服务、智能家居等产业急需应用标准的制定，持续推进工业、农业、公共安全、交通、环保等应用领域的标准化工作。

金砖国家应把握人工智能发展前沿，立足国情和产业现实基础，通过顶层引导和区域协作，突破人工智能的核心技术基础，共同培育智能产品。加快研发成本低、精度高的智能传感器，发展面向云端训练、终端应用的神经网络芯片，构建人工智能开发框架、算法库、工具集等，建设开源开放平台，夯实人工智能产业发展的软硬件基础。发展智能控制产品，培育智能理解产品，在智能网联汽车、智能服务机器人、智能无人机、医疗影像辅助诊断系统、视频图像身份识别系统、智能语音交互系统、智能翻译系统、智能家居产品等领域率先取得突破。

（二）促进产业数字化转型和支持创新创业

随着数字经济的迅速发展，五大使能技术和人工智能技术向制造业、服务业、创业创新全面渗透，新业态、新模式不断涌现，重塑各行业的生产和服务模式。金砖国家应以此为契机，促进产业数字化转型和支持创新创业。

金砖国家应大力推进五大使能技术和人工智能技术与制造业的深度融合，实现生产的数字化、智能化、网络化和服务化。一是大力推进智能制造。鼓励有条件的制造企业发展智能控制系统，应用自检测、自校正、自适应、自组织能力强的高档数控机床和工业机器人，提高重大成套设备及生产线系统集成水平，分类开展智能车间、智能工厂、智能企业试点。二是发展个性化定制、众包设计、云制造等新型制造模式，提高对用户需求特征的深度学习和分析能力，优化产品的模块化设计能力和个性化组合方式，形成基于顾客需求的整体解决方案。三是打造网络化协同制造平台，增强人工智能指引下的人机协作与企业间协作研发设计与生产能力，形成专业化分工、虚拟运营、协同制造等新型组织形式。四是基于使能技术和人工智能推动制造企业服务化。制造企业依托制造业务积极发展信息技术等生产性服务业；制造企业积极发展与企业产品相关的服务业务，从提供产品向提供全生命周期管理转变、从提供设备向提供系统解决方案转变。

金砖国家应基于使能技术和人工智能发展服务业新业态和新模式，其典型发展模式主要有两种：一是通过基础平台与增值应用的分离，传统服务业在现有的基础业务业态上衍生出基于数据业务的增值业务业态。例如，中国金融业利用信息通信技术颠覆传统的金融渠道、数据和技术，重构金融服务模式，形成了大数据金融、第三方支付、众筹模式、P2P 网络借贷平台等新兴业态。二是促进了服务业"大"生产（基础平台）与"小"生产（增值应用）的有效分工，利用世界级平台把服务业从整体的小生产状态提升到世界级水平的社会化大生产①。例如，中国电子商务借助阿里巴巴等一批上市平台促进小而散的产品/服务提供商与消费者直接

① 姜奇平：《"互联网+"与中国经济的未来形态》，载于《人民论坛（学术前沿）》2015 年第 10 期，第 52~63 页。

互动，推动中国电子商务达到世界先进水平。

金砖国家应充分利用使能技术和人工智能推进大众创新、万众创业。一是金砖国家可利用使能技术加强各国国家产业创新中心、国家技术创新中心、国家科技园区等创新平台的互联互通，充分发挥创新平台资源集聚优势，提高资源配置效率，在更大范围、更高层次、更深程度上推进大众创业、万众创新，打造新引擎，壮大新经济。建设“互联网+”创新创业平台，积极利用互联网等信息技术支持创新创业活动，降低创新创业主体与资本、技术对接的门槛。二是金砖国家应鼓励企业与研发机构等通过互联网众包平台把部分研发任务分发和交付，推动产品技术的跨学科融合创新，促进企业成本降低和提质增效。引导有能力的个人和有条件的企业通过互联网众包平台实现知识内容的创造、更新和聚集，形成大众智慧集聚共享新模式。推动有条件的大中型制造企业通过互联网众包平台聚集跨区域标准化产能，满足大规模标准化产品订单的制造需求。三是金砖国家鼓励符合条件的互联网企业依法合规设立网络借贷平台，为投融资双方提供借贷信息交互、撮合、资信评估等服务，提高创业创新投融资透明度；企业通过互联网平台向社会募集资金，更灵活高效满足企业创新和再创业的融资需求，拓展创业创新投融资新渠道①。

（三）促进电子商务发展

截至2017年，中国电子商务交易额达29.16万亿元，其中商品、服务类电商交易额21.83万亿元，合约类电商交易额7.33万亿元。巴西电子商务市场是拉丁美洲最大的电子商务市场，2016年电子商务零售收入约为166亿美元，网购用户规模达6050万。俄罗斯公民2016年在中国网络商店大约花费26亿美元，中国的网络商店2016年占据俄罗斯跨境在线贸易

① 中华人民共和国国务院：《关于加快构建大众创业　万众创新　支撑平台的指导意见》，[EB/OL]. 2015：http：//www.gov.cn/zhengce/content/2015-09/26/content_10183.htm。

总额的52%。到2020年，印度电商市场规模将超过1000亿美元。可见，电子商务正为金砖国家贸易增长注入新的活力。①②

为此，金砖国家应加强电子商务问题的讨论与合作，大力促进电子商务发展。其一，推动金砖各国构建跨境电子商务合作基本框架，完善跨境电子商务合作机制。金砖各国通过协调国内、国际立法完善跨境电商国际规则，构建跨境电子商务合作基本框架。各国应将推动跨境电商发展纳入经济发展和对外投资贸易战略范畴，积极参与全球跨境电子商务交易规则交流和谈判，构建跨境电子商务的国际标准、规范和规则体系。通过多双边对话建立互利共赢的合作机制以及消除跨境电子商务进出口引发的贸易摩擦和纠纷的协商机制，推进区域电子商务合作与发展。其二，促进电子商务跨境贸易便利化。金砖各国联合建立跨境电商监管中心，不断完善跨境直购、网购保税备货的快速通关监管模式，实现口岸监管的前推后移、分类通关管理。同时，加快电子口岸结汇、退税系统与跨境电商物流系统的整合，打造高效快捷的跨境电商物流体系，不断提升跨境物流配送服务质量。其三，推进跨境电子商务平台化和规范化发展。各国应推进跨境电子商务规模化、标准化、规范化、集群化、专业化发展，围绕公共服务平台、外贸综合服务平台和交易平台，制定平台蓝图和远景规划，厘清平台运营架构，无缝链接平台各参与方，提升平台的价值创造能力。推动多方参与构建产品质量保障追溯体系和消费者权益保护机制，激发消费者更大的消费热情。其四，促进中小微企业发展。积极搭建区域电子商务交易平台，推动中小微企业利用跨境B2C电商开辟新的市场分销渠道，积极融入全球跨境贸易。推动中小企业通过跨境贸易不断提高其产品和服务的附加值，加强品牌建设，逐步改善中小企业在产业链中的分工地位，实现包容性贸易增长。

---

① 商务部电子商务和信息化司：《中国电子商务报告（2017）》，中国商务出版社2017年版。

② 中国互联网协会金砖国家数字经济研究中心：《金砖国家数字经济研究报告》，载于《互联网天地》2017年第9期，第11～27页。

（四）推动电子政务发展

金砖国家应面向以下重点领域，进一步推动电子政务发展。一是加强电子政务顶层设计，建立统一标准规范体系，分步实施、协调推进，形成“政府主导、社会参与、横向协同、纵向联动”的建设格局。统筹推进数据中心、政务服务平台和安全保障体系建设，推进基础设施、全业务和全流程的集约化建设、资源跨部门共享和业务应用协调发展，避免低水平重复建设和资源浪费，充分挖掘电子政务应用潜力，实现“一站式”服务。二是强化政府信息资源开放共享，着力打造开放政府。进一步理顺体制机制，建立健全政策法规，为数据开放提供制度保障；搭建数据开放平台，加快推进包括人口、法人单位、空间地理、自然资源等基础信息资源库和各类业务信息资源库建设，有序推进政府数据开放共享，提高公众在经济、民生、环境保护等领域的信息可得性；开放政府应用程序接口，鼓励公众对数据进行再利用、再开发，激发公众创新灵感，产生新服务，创造经济发展新机遇。三是利用新技术新应用强化政府服务。围绕政府治理体系和服务能力现代化建设，积极推动新技术新应用，综合运用大数据、云计算等新一代信息技术，实施云计算战略，积极推进政府云应用；挖掘大数据潜力，助力政府智慧服务和管理；借助移动通信和社交媒体，创新公共服务体系，拓宽电子政务服务领域和渠道，形成宽领域、多层次、广覆盖的服务格局，特别要提高最贫困地区居民，以及人口密度低的地区居民的服务覆盖率，实现为民众提供均等化服务。四是利用新技术新应用促治理和监督方式转变。金砖各国可应用新技术新应用大力推进社会治安防控体系建设，加快推进网格化服务管理，加快实现城乡视频监控一体化，使乡村网格化服务管理更便捷高效，社会治安基层基础更加扎实。金砖各国可应用新技术新应用进一步提高电子参与水平，通过民众广泛的电子参与不断提升行政管理部门的决策效率和决策质量；让监督无处不在，让腐败失去滋生空间。

五、提升金砖国家数字经济发展水平的策略

金砖各国应通过增强数字经济发展的协调性、拓展数字经济的融资渠道、培养数字人才和提升劳动者数字技能等举措，提升数字经济的发展水平。

（一）增强金砖国家数字经济发展的协调性

金砖国家作为二十国集团的成员国，应以G20杭州峰会通过的《二十国集团数字经济发展与合作倡议》为指导，科学制定本国数字经济发展战略，提升各国数字经济发展战略的协调性。一是金砖各国应形成公开、透明、包容、负责任的数字经济政策制定方式，既考虑各国发展情况、历史文化传统、国家法律体系和国家发展战略又兼顾所有相关方的利益，提升数字经济政策开放合作水平；在多利益攸关方的互联网治理模式下，积极开展国际合作，减少、消除或防止不必要的监管要求的差异，充分释放数字经济的活力。二是各国应协同推进数字技术创新、数据跨境流动、跨境电子商务和电子政务等领域的国际标准的开发和应用，这些国际标准应与世界贸易组织、国际电信联盟制定的国际规则保持一致，以提高其兼容性、拓展性和可用性，从而使信息通信技术真正成为效率提升和经济结构优化的重要推动力。三是总结各国在推进数字经济区域协调发展、各产业数字经济协调发展、缩小数字鸿沟的成功做法，以促进区域中心城市、中小城市和小城镇数字经济的协调发展，以优化各国产业结构，提升产业的融合创新水平和供给水平，以充分发挥数字经济在促进落实2030年可持续发展议程目标上的潜力。

（二）拓展数字经济的融资渠道

繁荣数字经济离不开资本的引导和支持。为此，金砖国家应该积极创新投融资模式，拓展发展数字经济的融资渠道，推进信息通信使能技术创新和基础设施建设、数字产业化、产业数字化。一是金砖国家推动金融机构积极创新金融产品和服务，开展动产融资业务，创新供应链融资、数字贸易融资等业务，依托各类跨境投融资工具研发面向数字经济的投融资产品，为数字经济的新模式、新业态提供融资便利。二是金砖国家可在《二十国集团/经合组织关于基础设施和中小企业融资工具多元化政策指南文件》框架下，促进信息和通信技术（ICT）基础设施融资工具多元化；逐步形成稳定的、多层次的自由便利融资机制，通过发行政府债券、设立境外基础设施投资基金等方式筹资 ICT 基础设施互联互通建设资金；充分应用公私伙伴关系（Public - Private - Partnership，PPP）以及衍生出来的建设—经营—转让模式（Build - Operate - Transfer，BOT）、移交—经营—移交模式（Transfer - Operate - Transfer，TOT）等形式，发挥政府的主导力量，把社会富余资金引向 ICT 基础设施互联互通建设，使社会投资和政府投资相辅相成；完善政府与社会资本合作项目风险分担机制，更好地识别、评估和防范 ICT 基础设施建设风险。三是金砖国家应加大金融领域的合作力度，构建开放、包容、均衡、普惠的金融合作框架，为各国金融机构提供务实的合作平台，共同研究跨区域金融合作的长远规划，开展更大范围、更高水平、更深层次的数字经济投融资合作。实行市场准入负面清单制度，推动金融服务业的高水平对内对外开放，设立跨区域多边金融机构，鼓励金砖国家在数字经济领域的相互投资。金砖国家新开发银行应积极为金砖国家 ICT 基础设施项目融资，为每个成员国制定了使能技术和人工智能创新的优先投资方向。

（三）培养数字人才和提升劳动者数字技能

数字人才是金砖国家发展数据经济的第一资源。为此，金砖国家应推动基础教育、高等教育、职业教育普遍开展数字知识和技能教育，逐步建立健全多层次、多类型数字人才培养体系。加快推进面向数字经济的理工科学科建设，扩大互联网、物联网、大数据、云计算、人工智能等数字人才培养规模。高等院校推进数字经济新兴领域研究机构的建设，深化使能技术和人工智能的研究，促进计算机科学、数据分析与经济学、法学、政治学、社会学和管理学等学科的交叉融合，支持各类别的创新创业项目以促进信息通信技术诀窍在经济社会领域的转化。职业教育应加大对信息技术实践的要求，满足现有职业和新业态不断变化的需求；普及编程教育，倡导学徒制，为数字经济储备技能人才。面向新成长劳动力、失业人员等群体，加大数字技能培训力度。引导企业用好用活教育培训经费，创造灵活和个性化数字进修的条件，强化员工进修的评估和认证，让员工掌握必备的使能技术和人工智能使用技能。大力发展“互联网 +”教学和技能培训，开发在线开放课程平台，推广微课程、线上线下混合式教学、在线直播等新型教学培训模式，方便劳动者随时随地利用碎片化时间学习。

六、中国数字经济发展实践及成功经验

在数字经济引领创新发展的背景下，中国的数字经济五大使能技术和人工智能得以迅速发展，数字经济渗透经济活动各个领域，数字经济与民生正逐步融合，数字经济倒逼政府提升治理能力。数字经济正成为中国创新经济增长方式的强大动能。2018 年，中国数字经济规模达到 31.3 万亿

元，按可比口径计算，名义增长20.9%，占GDP比重为34.8%[①]。中国数字经济发展实践将为全球经济可持续增长提供宝贵经验。

（一）五大使能技术和人工智能发展迅速

截至2018年12月，中国IPv4地址数量为33892.4万个，拥有IPv6地址41079块/320；中国域名总数为3792.8万个，其中“.CN”域名总数为2124.3万个，在域名总数中占比56.0%；国际出口带宽为894.7万Mbps，较2017年底增长22.2%；中国网民规模为8.29亿，互联网普及率达59.6%，较2017年底提升3.8%；其中，手机网民规模达8.17亿，网民中使用手机上网的比例由2017年底的97.5%提升至2018年底的98.6%。截至2018年第三季度末，全国行政村通光纤比例达到96%，贫困村通宽带比例超过94%。截至2018年3月，中国提交的5G国际标准文稿占全球的32%，主导标准化项目占比达40%，推进速度、推进质量均位居世界前列；2018年6月，首个5G国际标准正式公布，中国企业多项技术方案进入国际核心标准规范。人工智能芯片技术不断发展。截至2018年11月，中国人工智能相关专利申请量已超过14.4万件，占全球申请总量的43.4%，居全球首位；电气和电子工程师协会（IEEE）已经批准了7个IEEE标准项目，聚焦人工智能领域伦理道德标准研究。阿里巴巴、腾讯、华为等国内云计算服务商陆续参与Linux基金会、CNCF（Cloud Native Computing Foundation）基金会等开源基金会，并在2018年发布了“飞天2.0”“Redis5.0”等自主研发的云计算产品。中国的阿里云已经成为全球第三大公有云服务商，市场占有率仅次于亚马逊和微软。在《促进大数据发展行动纲要》等政策的指引下，中国已形成了以8个国家大数据综合试验区为引领，京津冀、长三角、珠三角和中西部四个聚集区域协同发展的

① 中国信息通信研究院：《中国数字经济发展与就业白皮书》（2019），https：//www.dx2025.com/newsinfo/1070719.html。

格局。阿里巴巴公司在 2018 年持续推进神经网络芯片研发，该芯片将运用于图像视频分析、机器学习等大数据计算和分析领域。2018 年，中国通信标准化协会正式发布《物联网异构标识服务技术要求》，该技术同时在物联网领域国际标准化组织（OneM2M）立项①。

（二）数字经济渗透经济活动的各个领域

中国数字经济正在全面渗透经济活动的各个领域，为中国经济发展注入新动力。一是数字经济助推传统产业转型升级。以制造业为例，基于信息物理系统的智能装备、智能工厂等智能制造正在引领制造方式变革；智能家电、智能汽车、可穿戴智能产品等智能终端产品不断拓展制造业新领域；协同设计、网络众包、大规模个性化定制、全生命周期管理、精准供应链管理、电子商务等正在重塑制造产业价值链体系。二是数字经济推动新业态与新模式层出不穷。以分享经济为例，形成了以滴滴、神州、优步为主要平台的交通出行分享；房屋住宿分享出现了以小猪短租为代表的 C2C 开放平台模式，以如途家网为代表的 B2C 开放平台模式，以“We-share 我享度假”为代表的“产权共享 + 换住共享”的二维共享模式；以猪八戒网、一品威客为代表企业的知识技能分享；以饿了么、阿姨来了、美团网、大众点评、海狸家、爱鲜蜂为代表企业的生活服务分享；以 P2P 网贷和网络众筹为主要形式的共享金融；以在线问诊、手术，线下诊所，互联网医院，“医疗分享 + 保险”为主要模式的医疗服务分享；以沈阳机床厂的创新系统和阿里巴巴的淘工厂为代表的生产能力分享。2018 年共享经济市场交易额为 29420 亿元，比上年增长 41.6%；平台员工数为 598 万，比上年增长 7.5%；共享经济参与者人数约 7.6 亿人，其中提供服务

① 中国互联网络信息中心：《第 43 次中国互联网络发展状况统计报告》［R］. http：//www.cnnic. net. cn/hlwfzyj/hlwxzbg/hlwtjbg/201902/P020190318523029756345. pdf。

者人数约7500万人，同比增长7.1%[①]。在电子商务领域，2018年中国电子商务交易规模继续扩大并保持高速增长态势，全年实现电子商务交易额31.63万亿元，同比增长8.5%；全国网上零售额9.01万亿元，同比增长23.9%；跨境电商进出口商品总额1347亿元，同比增长50%；农村网络零售交易额1.37万亿元，同比增长30.4%；全国快递服务企业业务量累计达到507.1亿件，同比增长26.6%；非银行支付机构网络支付为208万亿元，同比增长45.23%；电子商务从业人员达4700万人，同比增长10.6%；电子商务服务业营收3.52万亿元，同比增长20.3%[②]。

（三）数字经济与民生逐步融合

中国数字经济与民生正逐步融合，有效推进发展大数据医疗和基于"互联网+"的精准扶贫。数字经济在促进民生改善与社会和谐领域正逐步释放其潜力。在大数据医疗领域，中国医疗大数据应用市场规模从2014年的6.06亿元、2015年的8.44亿元、2016年的13.67亿元猛增到2017年的41.15亿。增长率超过200%[③]。预计到2020年，医疗大数据应用市场将达到390亿元。国务院办公厅印发的《关于促进和规范健康医疗大数据应用发展的指导意见》指出，2017年底，中国将实现国家和省级人口健康信息平台以及全国药品招标采购业务应用平台互联互通；到2020年，建成国家医疗卫生信息分级开放应用平台，建成100个区域临床医学数据示范中心，基本建立适应国情的健康医疗大数据应用发展模式，初步形成健康医疗大数据产业体系，推动健康医疗大数据产业新业态蓬勃发展。此外，中国政府借助新一代信息通信技术构建能实现精准识别、精准管理和

① 国家信息中心：《中国共享经济发展年度报告（2019）》，http：//www. sic. gov. cn/archiver/SIC/UpFile/Files/Default/20190301115908284438. pdf。

② 中国商务部电子商务和信息化司：《中国电子商务报告（2018）》，http：//images. mofcom. gov. cn/dzsws/201905/20190530100539785. pdf。

③ 国家互联网信息办公室：《数字中国建设发展报告（2017）》，http：//www. cac. gov. cn/2018－05/09/c_1122794507. htm。

精准帮扶功能的扶贫信息综合平台，为每位贫困户建档立卡，为贫困户提供专业化、精细化和标准化的帮扶手段与对策，追踪扶贫资源的利用程度，实现扶贫政策、扶贫资源与扶贫对象的无缝连接，开创贫困治理新模式。此外，中国政府通过利用电商平台销售农产品、利用“云服务”平台推动贫困人口远程就业、利用互联网众筹扶贫推动贫困人口创新创业等方式，实现扶贫的“输血”与“造血”同步。

（四）数字经济倒逼政府提升治理能力

数字经济催生的新产业、新业态、新模式，使得传统行政管理体制与监管制度遗留的老问题亟须解决，这倒逼中国政府深入推进简政放权、放管结合、优化服务改革，创新政府管理和服务模式。一是推进政府服务规范化、透明化。中央政府和地方政府积极取消和调整行政审批项目，推行行政审批标准化、模块化；全面推进政府部门权力清单和责任清单融合，推进重点领域政务公开，为数字经济发展营造了良好的环境。二是全面实施“互联网 +”政务服务模式。不断完善电子证照系统，推行“一口受理、部门分办、统一出件”的办理模式，形成线上线下功能互补、相辅相成的政务服务新模式。三是创新事中事后监管体制机制。数字经济推动政府借助新一代信息通信技术完善社会信用管理服务平台，实现监管信息共享，建成互联共享的监管“一张网”，为实现事中事后监管提供有力支撑；创新和加强市场监管能力，推行智能监管和精准监管。

总之，中国政府高度重视数字经济的发展，先后出台了《国家信息化发展战略纲要》《推动企业上云实施指南（2018～2020）》《工业互联网发展行动计划（2018～2020）》等一系列文件，为数字经济的发展提供了政策、技术等各方面的保障。中国数字经济发展的创新实践为全球经济社会数字化转型提供了中国经验和中国方案。中国将秉持同舟共济、互信互利的理念，在更大范围、更宽领域、更深层次上与其他金砖成员国携手推动数字经济的发展。

第三章 金砖国家科技创新合作与发展战略研究

科技创新是一国国家竞争力的核心，推动国际间科技创新合作与发展是提升国家核心竞争力的重要手段，也是实现社会经济健康和可持续发展的一个重要战略选择。当前，全球科技创新实力正悄然发生变化，世界创新版图不断重塑。以新兴市场国家为代表的广大发展中国家创新实力显著提升、创新合作需求与日俱增①。从整体上来看，在全球创新指数（GII）排名中，2018 年除中国挺进全球创新排名 15 强（第 14 位）外，其他金砖国际创新指数排名均排名在中后位置。虽然金砖国家在全球创新指数（GII）排名处于波动上升趋势，但整体科技创新水平远远低于发达国家水平②。当前，新一轮科技革命和产业革命蓄势待发，改革创新潮流奔腾向前，为金砖国家把握新工业革命机遇、提升国家综合创新竞争力、引领发展中国家发展提供了历史机遇。一方面，作为新兴经济体，金砖国家的合作正逐步从协商、交流转向协作、联合的关键阶段。尤其是科技创新的开放性与合作性赋予了金砖国家内部之间、金砖国家与外部其他国家协同合作、联合发展更大的空间与机遇。另一方面，作

---

① 曲如晓、杨修：《全方位加强国际科技创新合作》，载于《人民日报》2019 年 05 月 16 日 13 版。

② WIPO. Global Innovation Index. 2019 ［EB/OL］. https：//www. wipo. int/global_innovation_index/zh/2019/index. html.

为广大发展中国家利益的维护者和促进者，金砖国家科技创新合作的层次与水平也在一定程度上引领了发展中国家科技跨越式发展，影响其经济转型的质量和效益。因此，新时期金砖国家如何加强科技创新合作及其发展战略研究，进一步分析金砖国家科技创新合作的优先领域，对金砖国家深入参与全球科技创新治理具有重要的理论意义和实践价值。

一、金砖国家科技创新合作发展成效

科技创新合作是金砖国家开放创新与包容性发展之路建设的核心内容，也是金砖国家迈向强国的重要路径选择。当前，金砖国家积极主动全球科技创新网络，科技创新合作已取得显著成效，成为推动金砖国家科技创新及其经济增长的重要引擎。其中，金砖国家之间科技创新合作的项目数量、基地平台建设、科技人文交流和产业融合等方面呈现活跃态势。同时，金砖国家科技创新合作的机制和政策也日益完善。未来，金砖国家多边科技创新合作发展前景广阔，将进一步深化金砖国家之间及其与其他国家科技创新合作的深度与广度，以构建科技创新共同体实现多方共赢，共享金砖国家科技创新合作成果。

（一）金砖国家科技创新合作布局日益体系化

为贯彻落实《开普敦宣言》《巴西利亚宣言》《乌法宣言》《莫斯科宣言》《斋普尔宣言》《金砖国家政府间科技创新合作谅解备忘录》，高质量执行《金砖国家 2015 ~ 2018 年工作计划》《金砖国家 2017 ~ 2018 年科技创新工作计划》《金砖国家创新合作行动计划（2017 ~ 2020 年）》，金砖国家以政府间双边和多边国际科技合作协议为指南，纷纷推出了大量关于科技创新合作相关政策措施和工程（计划）项目，积极推动金砖国家科技人文交流、联合实验室与联合研究中心共建、技术示范与推广基地建设、科技园区合作和技术转移转化合作等各项联合行动，极大地提升了金砖国家科技创新合作的层次和水平。同时，金砖国家科技创新合作布局服务总体外交，通过不断创新政府间合作机制，积极参与并适时牵头实施国际大科学工程（计划），开放共享国际大科学工程（计划）的基础设施，推动形成深度融合的国际科技创新合作共赢新格局，实现科技创新合作与国家外交战略的有机融合。当前，金砖国家内部的企业、大学、研究机构等各类科技创新主体积极响应和协同联动国际科技创新合作，尤其是企业在金砖国家科技创新合作的作用和贡献正不断扩大，通过积极利用全球范围内的科技创新资源，实现多层次、宽领域、大范围的国际科技创新合作。此外，金砖国家科技创新合作越来越重视中长期的科技创新合作，强调创造更多中长期科技创新合作项目和机会，以更好地促进金砖国家科技人文交流与写作。可见，当前金砖国家科技创新合作总体布局的系统性、协同性、可持续性越来越高，共同推进金砖国家互联互通“创新之路”“开放之路”建设的局面已经形成。

（二）金砖国家技术转移转化合作迈向常态化

金砖国家对技术转移转化合作存在普遍共识，认为只有加快科技创新成果投入生产应用领域，才能促进国民经济持续发展、国际竞争力提升。近年来，金砖国家通过建立技术转移转化合作机制、培育技术转移人才、打造国际技术转移转化合作平台等方式，加快整合金砖国家政治、经济、创新等资源，为进一步推动金砖国家科技创新合作作出了重大贡献。2017 年，金砖国家技术转移与创新合作论坛首次提出金砖国家需要建立金砖国家技术转移中心；次年，金砖国家峰会的国家科技部部长会议上正式获得通过该议案，金砖国家跨国跨区域技术转移转化合作进入新阶段。2018 年，"金砖国家技术转移中心"正式落地中国昆明市，其通过搭建金砖国家技术转移转化的"桥梁"，助力金砖国家突破技术转移转化国界限制，尤其是突破发达国家技术封锁和国际产学研合作的痛点、难点，推动金砖国家之间技术转移机构的深入合作，以进一步拓展金砖国家技术转移转化渠道，并推进国际技术转移转化合作的常态化开展。作为金砖国家第一个国际技术转移中心，它的成立与运营是金砖国家技术转移转化合作迈向常态化的重要一步，其结合"政府补助"和"市场化运营"的模式，尤其强调企业"市场化运营"在其中的作用与贡献。随着金砖国家技术转移中心影响力和覆盖面不断提高，加快推进了金砖国家间双边、多边技术转移转化，推动金砖国家国际产能的深度合作，掀起了全球科技合作的新高潮。此外，金砖国家加快推进专业技术转移人才培养，也进一步促进了金砖国家科技创新合作与互联互通。可见，为了更好地实现科技创新在发展中国家经济发展的驱动作用，抓住世界经济发展的机遇，推动世界经济新旧动能的转换，金砖国家技术转移合作将迈向常态化。

（三）金砖国家科技金融合作机制走向制度化

经过 13 年的发展，金砖国家合作机制已经形成了以领导人会晤为引领，以安全事务高级代表会议、外长会晤等部长级会议为支撑，在经贸、财金、工商、农业、教育、卫生、科技、文化、智库、友城等数十个领域开展务实合作的多层次架构，逐步推动金砖国家合作由共识走向实践、由树状走向网状、由合作伙伴走向战略伙伴。当前，金砖国家还建立了新开发银行、应急储备安排、工商理事会、金砖国家智库理事会等合作机制，推动五国科技金融务实合作不断走深走实，并在国际上产生重要影响。随着金砖国家科技金融合作的逐渐深入，科技金融合作机制不断走向制度化。一是金砖国家科技金融支持体系呈现多元化。随着金砖国家在投资、贸易等方面密切依赖，金砖国家逐步建立了以市场为基础、以政策性金融和金融中介为主体、以法律手段为保障的科技金融支持体系（见表3－1）。其中除南非（银行主导模式）以外，巴西、俄罗斯、印度和中国均为政府主导模式科技金融支持体系。二是金砖国家新开发银行支持开展科技金融合作。作为金砖国家发起的多边金融机构，金砖国家新开发银行非常重视成员国在科技金融的合作与发展。2017年2月，金砖国家新开发银行副行长祝宪在首届科技金融国际峰会上强调，科技金融就是金砖国家新开发银行未来大力支持的领域之一①。2018年12月，金砖国家新开发银行副行长、首席风险官萨尔基斯在"第15届中国国际论坛"指出，截至2018年底，金砖国家新开发银行批准金砖国家的项目达80亿美元，其中主要涉及清洁和可再生能源领域。同时，其在2019年5月31日的"2019中国金融科技论坛"也表示，"在2021年，金砖国家新开发银行将会批准至少320亿美元的贷款以打造更多的合作伙伴关系"②。三是金砖国家积极主动成立科技创新资金合作工作组（见表3－1）。2016年，金砖五国成立了科技创新资金资助方工作组，签署了《金砖国家科技创新框架计划》及《实施方案》，决定在该框架下联合征集多边研发项目，该倡议旨在支持与促进来自至少3个国家的合作伙伴的合作，其中涉及自然灾害管理、水资源和污染治理、地理空间技术及其应用、新能源、可再生能源及能效、天文学、生物技术与生物医药（包括人类健康与神经科学）、信息技术与高性能计算、海洋与极地科学技术、材料科学（包括纳米技术）、光电学等10个科技创新专题领域。总体而言，金砖在完成产学研合作链，建立以企业和市场为主导的技术合作机制。

① 张实荐：《金砖国家新开发银行副行长祝宪：大力支持金砖国家成员国发展科技金融》，中国新闻网，http：//www. fj. chinanews. com/news/2017/2017－02－25/373960. html。

② 《2021年将批准至少320亿美元贷款》，新浪网，https：//finance. sina. com. cn/hy/hyjz/2019－05－31/doc－ihvhiqay2665584. shtml？cre＝tianyi&mod＝pchp&loc＝1&r＝0&rfunc＝100&tj＝none&tr＝12。

表 3－1　金砖国家科技金融支持体系与科技创新资金资助方工作组

国家	科技金融支持体系			科技创新资金资助方工作组
	政府财政支持科技金融的制度体系	金融中介	法律手段	
巴西	国家科学和技术发展基金（FNDCT）	国家经济开发银行、东北银行、小额信贷机构（MFI）体系、风险投资（包括科技资本化项目、科技创建项目等）	新信息技术法（第10176号法律）、"Lei do Bem"法（第11196法）	国家科学技术发展理事会（CNPq）
俄罗斯	科学和技术发展的优先体系、科技计划和科技基金	俄罗斯国家开发银行、俄罗斯外贸银行、俄罗斯纳米技术公司、俄罗斯开发银行、俄罗斯风险投资公司	《俄罗斯科学发展学说》《关于科学和国家科学技术政策联邦法》和《俄罗斯联邦2010年以前以更长期科技发展政策原则》	小型创新企业援助基金会（FASIE）教育与科学部（MON）基础研究基金会（RFBR）
印度	印度技术发展计划（Technology Benture Unit Scheme）、数字化身份认证（Aadhaar 项目）、普惠金融计划、"废钞运动"	小型工业开发银行（SIDBI）、东北开发融资公司、小额信贷、国家软件和产业风险投资基金（NFSIT）、印度机会风险基金（Opportunity Fund）	《信息技术法》《征收研究与开发税条例》	科技部（DST）
中国	国家科技计划（基金）	国家开发银行、商业银行、科技银行、小额贷款公司、科技风险开发性投资基金	《关于印发促进科技和金融结合试点实施方案的通知》等	科技部（MOST）国家自然科学基金委员会（NSFC）
南非	公共研发体系、国家创新咨询委员会（NACI）、国家研究基金会（NRF）、创新基金与科技计划、生物技术区域创新中心计划（BRICP）	南非储备银行、商业银行、人寿保险公司、邮政储蓄银行、单位信托基金、小额信贷机构等	《科学技术白皮书》《南非国家研究与开发战略》《南非储备银行法》《移动货币意见书》等	科技部（DST）国家研究基金会（NRF）

资料来源：中华人民共和国科技部，http：//www. most. gov. cn/tztg/201605/t20160527_125839. htm。

（四）金砖国家青年创新创业合作伙伴关系跃向新高度

2017 年 7 月 18 日，第五届金砖国家科技创新部长级会议通过了《金砖国家创新合作行动计划》，强调金砖五国将积极“推动建立青年创新创业合作伙伴关系”，尤其是“支持科技创新人才尤其是青年科学家、青年创业者之间的合作交流，分享创新创业最佳实践”等开展和推动多领域多层次的实际部署和行动，最终实现在金砖国家打造一个有利于金砖国家青年科技创新与创业实践深度融合的生态体系。新工业革命伙伴关系背景下，金砖国家青年创新创业合作伙伴关系跃向新高度。一方面，金砖国家科技创新创业伙伴关系工作组会议已形成长效工作机制（见表 3－2）。从 2017 年首届金砖国家科技创新创业伙伴关系工作组会议召开以来，近三届金砖国家科技创新创业伙伴关系工作组会议的议题逐步深入，尤其是生物医药、数字经济、人工智能等重点领域的创新创业合作，并形成了一系列严谨而系统的金砖国家创新创业合作体系。另一方面，金砖国家科技创新创业人才培养与引智工作初具成效。金砖国家支持人才在金砖国家的跨国流动，非常重视青年科学家和青年创新创业者的交流与合作。尤其是通过金砖国家间的联合研究和创新创业合作，充分发挥青年学者、青年创新创业者在金砖国家科技创新中的积极推动作用。除了通过开展“金砖国家青年科学家论坛”，加强金砖国家青年科学家、创新创业者的交流，建立可持续的研究伙伴关系。2019 年金砖国家还通过开展“金砖国家青少年创新驱动变革发展实践调研与最佳案例评选”，突破性地从青少年创新实践出发，从金砖国家的年青一代中挖掘、培养未来顶尖科技创新人才，建立长远的研究伙伴关系。最终，金砖国家对各项会议和会晤成果达成共识，进一步落实金砖国家领导人指示精神及第六届金砖国家科技创新部长级会议成果《德班宣言》，并确保推进金砖国家创新创业合作在年内取得实质进展。

表 3-2　　金砖国家科技创新创业伙伴关系工作组会议

会议	会议时间/地点	会议议题
首届金砖国家科技创新创业伙伴关系工作组会议	2017 年 4 月 9 日，印度南部城市班加罗尔	通过《金砖国家科技创新创业伙伴关系工作组会议议事规则》
第二届金砖国家科技创新创业伙伴关系工作组会议	2018 年 9 月 10 日，中国昆明	(1) 金砖国家科技创新创业伙伴关系工作组长效工作机制规划 (2) 建立面向金砖国家科技园区、创新孵化器和中小型企业的合作网络 (3) 金砖国家人才库建设 (4) 有效促进金砖国家的创新成果转化及有关人才培养
第三届金砖国家科技创新创业伙伴关系工作组会议	2019 年 5 月 13～14 日，巴西伊瓜苏	(1) 建立金砖国家科技园区、技术商业孵化器和中小企业网络（创新金砖网络） (2) 金砖国家技术转移中心建设 (3) 金砖国家青年科学家论坛（引入创新创业议题）

资料来源：笔者根据相关资料整理。

二、金砖国家科技合作的瓶颈与挑战

（一）科技合作水平有待于进一步提高

金砖国家在经过过去十年的合作与发展中，整体的合作水平呈现出逐渐深化的趋势，但受制于金融危机的影响，各国在发展过程中利益诉求不一样，因此，在后危机时代，金砖国家要进一步强化合作意识，明确合作领域，提升整体的科技合作水平。

1. 合作意识有待于进一步提升

金砖国家之间在人均 GDP、GDP 增速、文化程度、环境保护、营商环境等方面均存在着显著的差异，（见表3－3）这些差距的存在导致金砖国家在对待科技合作方面的态度显著不同。经济发展条件较好的国家，开放性程度越高，越期待通过科技合作的方式来提升科技水平，而经济发展较为落后的国家，文化程度较低的国家，在国际科技合作中的意识往往比较薄弱。例如，在传统的意识形态中，大部分的科研部门、高校以及企业等都认为金砖国家的科技合作主要集中于美国、日本以及西欧等一些发达国家和地区，对金砖国家之间的科技合作认识不够清晰，导致对部门与部门之间的合作重视程度不够。

表3－3　　金砖五国主要指标数据

国家	人均GDP（现价美元）	GDP增长率（%）	二氧化碳排放量（人均公吨数）	入学率，高等院校（占总人数的百分比）	营商便利指数（排名）
巴西	8920.76	1.12	2.61	50.49（2016）	109
印度	2015.59	6.98	1.73	27.54	77
中国	9770.85	6.6	7.54	51.01	46
俄罗斯	11288.87	2.25	11.86	81.82（2016）	31
南非	6339.57	0.62	8.98	20.48（2016）	82

注：二氧化碳排放量为2014年数据，入学率中巴西、俄罗斯、南非为2016年数据，中国、印度为2017年的数据，其他指标的数据均为2018年数据。

资料来源：世界银行公开数据库（https：//data.worldbank.org.cn/）。

2. 科技合作模式单一

科技合作模式侧重于探讨国与国之间的科研生产要素，包括人力、物力、资金、信息等的空间组织形式以及这些科研生产要素相互之间联系的紧密程度。从合作的主体来看，当前金砖国家之间的科技合作主要集中于政府间的科技合作，而事实上企业才是科技合作的真正主体，未来仍需进一步发挥企业在科技合作中的先锋带头作用。从合作的形式来看，当前，金砖国家之间的科技合作主要集中于两个经济体之间的合作，三边以及三边以上的科技合作较少，而从国际的发展趋势来看，未来迫切需要开展多边的科技合作。从合作的内容来看，当前金砖国家之间的科技合作模式主要集中于互访交流、产品的技术输出以及引进方面，而在一些基础研究、高新技术领域、人才培养方面所开展的合作与交流相对较少，总体合作的层次水平仍然有待于进一步的提高。

3. 合作机制不够完善

从本质上来讲，合作机制是由合作组织机制、磋商决策机制、投入保障机制、规制设计机制、考评问责机制以及争端仲裁机制等构成[①]，金砖机制是发展中国家的协调机制，目前金砖国家已经形成了由金砖国家领导人会晤、安全事务高级代表会议、外长会晤等多层次的沟通交流机制架构[②]。但该机制在运作过程中仍然面临着结构过于松散、尚未设立专门的委员会和秘书处统一协调各成员国之间的合作事务、成员国之间的合作机制也缺乏相应的法律约束力、成员国的退出与进入机制等问题，势必影响到金砖机构的稳定性。

（二）科技创新实力不足

金砖国家之间对科技合作的重视程度以及科技合作的水平在很大程度上受制于金砖各国的科技创新实力。根据各年度的全球竞争力报告显示，金砖国家的创新能力、科研机构质量、企业在 R&D 上的投入、高校与产业在 R&D 上的合作情况、科学家和工程师的可获得性等指标上，大致位于所评价经济体的中等偏上位置，与欧美国家还是有较大的差距，从而阻碍了金砖国家之间的科技合作。在创新能力方面，金砖五国的创新能力在所评估的经济体中大致位于中等偏上一点水平，其中，中国 2007～2018 年

---

① 林跃勤：《合作机制理论与完善金砖国家合作机制研究》，中国社会科学网，https：//www. sohu. com/a/205167900_718793。

② 新闻背景：金砖国家合作机制 . 新华网，2018 年 7 月 24 日，www. xinhuanet. com/world/2018 – 07/24/c_1123171294. htm。

创新能力的均值水平为4.198914，俄罗斯为3.614793，而同期美国的创新能力均值水平为5.593699，瑞典为5.69091，瑞士为5.890554，可见金砖国家的创新能力还有较大的提升空间（见表3-4）。在科研机构质量方面，金砖五国的科研机构质量在所评估的经济体中大致位于中等偏上一点水平，其中，南非的科研机构质量为4.679666，俄罗斯的科研机构质量为4.030824，而同期美国的科研机构质量为6.029628，瑞典为5.700258，瑞士为6.318305（见表3-5）。在企业在R&D的投入方面，俄罗斯位于平均水平偏下位置，其他四个金砖国家位于平均水平偏上一点的位置，其中，中国企业在R&D的投入指数为4.214481，俄罗斯为3.249228，而同期美国为5.584039，瑞典为5.62936，瑞士为5.993954（见表3-6）。高校与企业在R&D的合作方面，5个金砖国家均位于平均水平偏上一点的位置，其中，南非在高校与企业的R&D合作方面的分值为4.444914，俄罗斯联邦为3.591702，而同期美国为5.749555，瑞典为5.412386，瑞士为5.756003（见表3-7），在科学家和工程师的可获得性方面，南非略低于平均水平，其他四国略微高于平均水平，其中，印度为5.012882，南非为3.406642，而同期美国为5.520295，瑞典为5.331225，瑞士为5.118268（见表3-8）。由以上指标可以看出金砖国家在科技创新实力方面仍然有较大提升的空间，阻碍了金砖国家之间的科技合作水平。

表3-4　　2007~2018年金砖国家创新能力一览表

时间	巴西	中国	印度	俄罗斯	南非	美国	瑞典	瑞士
2007~2008年	4.032208	3.826808	4.009276	3.39679	3.656206	5.442825	5.879273	5.80315
2008~2009年	4.021128	4.195437	3.773638	3.427744	3.764681	5.530765	5.782587	5.86917
2009~2010年	3.902697	4.198546	3.644885	3.451312	3.616667	5.487045	5.7054	5.797608
2010~2011年	3.783554	4.174525	3.608056	3.494961	3.359282	5.282571	5.730089	5.704941
2011~2012年	3.785438	4.22895	3.60475	3.461162	3.375471	5.186793	5.689665	5.765213
2012~2013年	3.738288	4.102507	3.503008	3.284225	3.516534	5.22954	5.482879	5.840408
2013~2014年	4.018312	4.188814	3.956848	3.540482	4.119545	5.606825	5.467286	5.836341

续表

时间	巴西	中国	印度	俄罗斯	南非	美国	瑞典	瑞士
2014~2015年	4.095007	4.240976	4.02489	3.767174	4.325793	5.877081	5.500734	5.889631
2015~2016年	3.818166	4.195891	4.178023	3.767174	4.587799	5.944236	5.686605	6.011321
2016~2017年	3.852268	4.37543	4.55022	4.003204	4.996311	5.933865	5.882691	6.120113
2017~2018年	4.068366	4.46017	4.486024	4.168495	4.865625	6.009141	5.7928	6.158195
均值	3.919585	4.198914	3.939965	3.614793	4.016719	5.593699	5.69091	5.890554

注：创新能力的域值介于（1，7）之间，表3至表6的值也介于（1，7）之间，值越大，表示在该方面的竞争力越强。

资料来源：《GCI全球竞争力指数报告》。

表3-5　2007~2018年金砖国家科研机构质量一览表

时间	巴西	中国	印度	俄罗斯	南非	美国	瑞典	瑞士
2007~2008年	4.2594	3.976748	5.058264	4.23958	4.700381	6.126926	5.637731	6.215011
2008~2009年	4.325699	4.429279	4.838242	4.284456	4.701884	6.300478	5.673897	6.210702
2009~2010年	4.222828	4.427559	4.886831	4.21289	4.676329	6.180062	5.707328	6.187929
2010~2011年	4.188444	4.321956	4.695718	3.936046	4.699192	5.951648	5.922106	6.201941
2011~2012年	4.136873	4.312043	4.512605	3.841771	4.667188	5.826727	5.982212	6.267836
2012~2013年	4.115647	4.183872	4.445439	3.580228	4.623969	5.757287	5.642946	6.335438
2013~2014年	4.257831	4.303634	4.488522	3.704958	4.774673	5.954548	5.481033	6.277255
2014~2015年	4.031151	4.339201	4.00684	3.95823	4.717356	6.11235	5.476137	6.353713
2015~2016年	3.578263	4.240717	4.121607	3.95823	4.67248	6.098042	5.718376	6.444551
2016~2017年	3.594875	4.481382	4.591364	4.225746	4.850905	5.991562	5.800845	6.456869
2017~2018年	3.664532	4.632454	4.679811	4.396924	4.391965	6.026275	5.660226	6.550109
均值	4.03414	4.331713	4.575022	4.030824	4.679666	6.029628	5.700258	6.318305

资料来源：《GCI全球竞争力指数报告》。

表 3-6 2007~2018 年金砖国家企业在 R&D 上的投入一览表

时间	巴西	中国	印度	俄罗斯	南非	美国	瑞典	瑞士
2007~2008 年	3.844548	3.8957	4.150322	3.417807	4.199354	5.805795	5.705108	6.120293
2008~2009 年	3.865891	4.209466	3.913262	3.449271	3.972555	5.838604	5.832491	6.036266
2009~2010 年	3.788182	4.174207	3.601624	3.296353	3.60721	5.625429	5.901524	6.016105
2010~2011 年	3.834591	4.13616	3.593113	3.222708	3.514033	5.433577	5.975358	5.926265
2011~2012 年	3.805811	4.18739	3.654159	3.108455	3.556575	5.336275	5.849759	5.837872
2012~2013 年	3.613945	4.059059	3.533193	3.025033	3.496924	5.302135	5.454267	5.931004
2013~2014 年	3.603381	4.20242	3.552462	3.109054	3.515571	5.433377	5.303221	5.984309
2014~2015 年	3.529726	4.291202	3.778721	3.157565	3.410558	5.492538	5.359849	5.944329
2015~2016 年	3.286112	4.212695	3.91366	3.157565	3.845523	5.585453	5.434403	6.023132
2016~2017 年	3.230426	4.43887	4.34713	3.316923	4.184688	5.710823	5.520222	6.046339
2017~2018 年	3.389919	4.552126	4.540212	3.480775	4.280548	5.860422	5.586763	6.067583
均值	3.617503	4.214481	3.870714	3.249228	3.780322	5.584039	5.62936	5.993954

资料来源：《GCI 全球竞争力指数报告》。

表 3-7 2007~2018 年金砖国家高校与企业在 R&D 上的合作一览表

时间	巴西	中国	印度	俄罗斯	南非	美国	瑞典	瑞士
2007~2008 年	3.412627	4.13216	3.51289	3.172541	4.195761	5.64263	5.553966	5.576205
2008~2009 年	3.554582	4.505485	3.597774	3.562055	4.156585	5.847215	5.559388	5.628256
2009~2010 年	4.056029	4.567982	3.799849	3.761939	4.481473	5.902655	5.550324	5.700342
2010~2011 年	4.294704	4.586841	3.737712	3.668628	4.604759	5.788967	5.544143	5.707259
2011~2012 年	4.204632	4.529407	3.818499	3.486325	4.617989	5.710852	5.517746	5.776795
2012~2013 年	4.100966	4.372519	3.84885	3.418448	4.509502	5.631112	5.415479	5.933573
2013~2014 年	3.977598	4.414711	3.995484	3.641708	4.537301	5.742683	5.339424	5.841526
2014~2015 年	3.799057	4.401439	3.870731	3.63229	4.486681	5.849698	5.327007	5.789591

续表

时间	巴西	中国	印度	俄罗斯	南非	美国	瑞典	瑞士
2015～2016年	3.799057	4.401439	3.870731	3.63229	4.486681	5.849698	5.327007	5.789591
2016～2017年	3.245902	4.316239	4.535849	3.677748	4.441861	5.573333	5.16	5.8
2017～2018年	3.416134	4.389925	4.434947	3.854749	4.375456	5.706259	5.24176	5.772897
均值	3.805572	4.419832	3.911211	3.591702	4.444914	5.749555	5.412386	5.756003

资料来源：《GCI全球竞争力指数报告》。

表3－8　2007～2018年金砖国家科学家和工程师的可获得性一览表

时间	巴西	中国	印度	俄罗斯	南非	美国	瑞典	瑞士
2007～2008年	4.422935	4.164935	5.916651	4.866442	3.624638	5.60043	5.755594	5.641709
2008～2009年	4.406226	4.472249	5.668602	4.755141	3.365538	5.548357	5.622846	5.231122
2009～2010年	4.2354	4.613433	5.620573	4.435054	3.089414	5.603006	5.649369	5.287042
2010～2011年	4.046241	4.622369	5.151688	4.266049	3.272196	5.670031	5.78662	5.267114
2011～2012年	3.756771	4.630618	4.934048	4.048662	3.403178	5.529316	5.601604	5.108713
2012～2013年	3.480586	4.437976	5.038577	3.773159	3.36306	5.415423	5.422582	5.053078
2013～2014年	3.411288	4.459377	5.032914	3.796676	3.480697	5.345655	5.205042	4.899636
2014～2015年	3.308975	4.409803	4.360398	4.063671	3.540225	5.316883	4.876811	4.773001
2015～2016年	3.254099	4.473795	4.222879	4.063671	3.399498	5.417259	4.99686	4.836775
2016～2017年	3.44224	4.676823	4.567479	4.130011	3.396852	5.528406	4.88452	5.077339
2017～2018年	3.621621	4.679098	4.627894	4.252719	3.537765	5.748474	4.841632	5.125417
均值	3.762398	4.512771	5.012882	4.222841	3.406642	5.520295	5.331225	5.118268

资料来源：《GCI全球竞争力指数报告》。

（三）科技合作平台有待于进一步完善

社会支撑体系是金砖国家之间科技合作的重要保障，尤其是科技合作平台的搭建是金砖国家科技合作的基础。目前，金砖国家在科技合作平台搭建方面还存在以下需要改进的空间：

1. 资源信息共享平台不尽完善

信息资源的共享可以有效地降低交易成本，提升交易效率。金砖国家之间在科技合作上缺乏一些信息资源共享平台，导致国与国之间的信息交流不够及时，一些人才信息、领域信息等不能够及时共享，因此，迫切需要搭建完善的信息共享科技合作平台。从国家内部来讲，金砖国家之间的科技合作不仅仅涉及科技部门，还包括经济、金融、税务、海关、商检等诸多的部门，但是在实际合作过程中，各个部门之间的信息沟通和了解不够，导致各个信息部门多头对外，力量分散，尤其是我方对其他金砖国家的科技信息的掌握比较薄弱，缺乏获取信息的渠道，导致获取信息的准确性和及时性不够。

2. 中介服务机构不完善

高素质的中介机构的介入是科技合作顺利完成的重要保障。当前，在金砖国家现有的科技合作中，中介服务机构较少，即便是有设立了相应的中介服务机构，但是这些机构的信息来源渠道较窄，可以提供的中介服务不尽完善，导致在合作过程中往往出现政府或者企业合作热情高，但是最终却因为中介环节跟不上，而影响到一些项目的实际推进情况。

3. 人才交流合作平台有待于进一步完善

人才是金砖国家科技合作中的关键第一要素，人才要充分发挥出效能，需要有一个完善的人才交流合作平台，让人才可以在这个平台上充分发挥作用。当前，金砖国家之间的人才交流合作活动并不是特别活跃，迫切需要搭建一个合作平台，让更多的专家、学者、企业家可以在这个平台上实现其价值。另外，人才交流活动不活跃还受制于金砖国家科技合作过程中的复合型人才缺乏，这种复合型人才要求既有语言方面的技能，又有专业方面的素养，既了解金砖国家多国语言，又掌握科技创新领域合作的专业知识，但目前这方面的人才尚缺乏，与金砖国家整体的经济发展能力不相匹配，给金砖国家科技合作与交流带来不少困难。尤其是既懂多国语言，又懂得法律、经济、技术的复合型人才更是十分稀少。

（四）科技合作环境亟须进一步完善

金砖国家的科技合作与各个国家内部的科技体制以及科研环境紧密相关，随着国际科技合作的加速，在客观上对各个国家的市场竞争环境、法律环境、技术环境等提出了更高的要求。

1. 国家安全方面面临潜在的风险与威胁

随着金砖国家科技合作进程的加快，科技合作的领域也在进一步地拓宽，势必会涉及军事科技国际合作等一些敏感领域，另外，在科技合作中涉及一些信息处理平台，随着这些平台日益走向标准化，对国家安全也提出了一些新的挑战。

2. 语言文化的差异性

金砖国家各国在语言文化方面也存在较大的差异，以俄罗斯为例，中国老一代专家学者还有熟悉俄语的，但当前我国现有大多数学生以及科技工作者都是以学英语为主，出现了断层现象，导致在交流过程中存在着一定程度上的困难。

3. 科研环境建设相对薄弱

当前，金砖国家在科研环境的建设方面相对薄弱，例如，缺乏规范的科学评估机制，缺乏完善的合作效果评价体系，尤其是在知识产权方面，关于知识产权的政策保护方面还相对较为薄弱，科技合作人员对知识产权的重要性认识不足。

三、金砖国家科技创新合作的战略选择

（一）完善科技合作机制

金砖国家科技合作机制的完善具体来说，包括加强科技合作的顶层设计机制、建立沟通对话长效机制、完善科技合作动力机制以及约束监督机制四个方面：

1. 加强科技合作顶层设计机制

对外科技合作战略是一个国家总体战略的重要组成部分，因此，在科技合作战略制定过程中，要有顶层设计的意识，服从于国家整体战略发展的需要，根据国家科技战略发展的目标来确定与金砖各国的合作重点以及合作活动。同时，科技合作已不仅仅是某一个部门的事情，而是需要广泛调动一个国家内部的各个相关职能部门参与到科技合作的过程中，例如科技部、工信部、科学院、自然基金委、中国科协等相关部门根据国家科技战略的发展需要在科技合作方面进行统一的规划设计，提升了各个部门之间的相互协调能力。同时，在科技合作过程中，应该增强所制定的科技合作政策的针对性，针对不同国家制定不同的科技合作政策，从而提升政策的执行效果。

2. 建立沟通对话长效机制

一个国家的对外科技合作带有战略性、长远性以及政策性等特征，尤其容易受到国与国之间的政治关系的影响。同时，由于在合作过程中可能会涉及国家的安全、机密等敏感性问题，导致在合作过程中对于一些合作所取得的成果不能够准确地把握，因此，迫切需要加强科技合作的组织以

及战略协调，充分发挥政府部门的组织、引导、协调、推动作用。2017 年金砖五国正式成立了金砖国家科技创新创业伙伴关系工作组，截至目前，金砖国家已经召开了三届的金砖国家创新创业伙伴关系工作组会议，每年都围绕一些重要议题达成一系列共识，这就是沟通对话机制的具体表现。除此之外，金砖五国还可以倡导成立金砖国家科技合作协调委员会，定期召开科技合作高层论坛与会议，共同制定科技合作管理办法，形成金砖五国的科技合作管理制度。通过国与国之间高层领导的沟通与协调，推动优先发展领域的战略对接，强化金砖国家在各个层面的对话机制，包括领导人峰会、指导委员会、对话机制等。可以参照欧盟框架计划（FP）的做法，制订框架计划的目标，分阶段实施金砖国家的科技合作计划。

3. 完善科技合作动力机制

金砖国家科技合作的动力机制指的是各方是否有意愿进行合作，而这种意愿会受到各方利益分配、市场需求、政策推动以及科技水平等因素的影响。从本质上来讲，金砖国家之所以进行科技合作的主要原因主要有以下几个方面：内部原因主要是解决资源有限性的问题和经济发展的需要，政治联盟的需要，外部原因主要是因为国际大环境的推动，通过科技合作可以充分利用各自的资源禀赋和优势领域，形成优势互补的战略格局，使得科技合作的各个利益方能够从科技合作中获得更多的收益。但是受制于利益藩篱的影响，金砖五国在开展科技合作的过程中可能会面临着利益上的一些冲突，由此可能会影响其他合作方的利益所得，从而导致合作过程的中断。因此，在推动科技合作过程中，首先要解决的是动力机制的问题，要明确合作各方的利益驱动以及非利益驱动的因素，各个国家的政府可以通过出台相应的政策推动科技合作。

4. 完善科技合作动力机制以及约束监督机制

金砖国家科技合作的约束监督机制是指通过一些制度化、规范化的法律条文来约束合作各方的行为，从而有效地保证各方的权益。在科技合作过程中涉及政府、高校、企业、科研院所等主体的参与，在合作过程中需要制定各方的职责、权利、义务以及具体的实施细则，对于一些活动主体违背合约的行为可以通过相应的法律法规或者合同的规章制度进行约束和管理，从而促进金砖五国之间形成长效的合作。

（二）创新科技合作模式

金砖国家的科技合作模式包括推动合作方式多样化、推动参与主体多元化以及注重合作成果的产业化建设。

1. 推动合作方式多样化

探索适合金砖国家的科技合作之路，积极推动金砖国家之间的合作走向高级化、紧密化、高效化以及长远化。拓宽合作模式，注重开展一些跨区域的人才培养、项目合作方式。例如，在科技合作过程中，可以采取共建实验室或者科研中心的方式，金砖国家之间可以通过建立联合大学的方式作为科学研究以及人才培养的重要基地。可以通过共建联合基金会的形式，由金砖国家共同出资，拓宽研究经费渠道，对于一些合作前景较好的科技成果，政府可以通过建立专项科技合作资金，从资金、政策以及法规上支持和规范金砖国家之间的联合实验室以及科技园区的建设，解决科技合作过程中的资金投入不足等问题，保证科技合作经费额度，激发部门的科技合作热情。由于金砖五国都有自己的优势学科和研究领域，例如俄罗斯在航天科技领域、能源领域和军事领域，印度在生物医药以及材料化学等领域，巴西在航空工业，南非在汽车制造业方面都有显著的优势，因此，在科技合作过程中，正确认识金砖各国在科技合作中的长短之处，正确评价金砖五国科技总体水平，尤其是中国在对外科技合作中，要对其他金砖国家在科技领域的先进性给予充分肯定，交流和学习。充分挖掘各个国家的潜力，可以充分考虑各个国家的优势领域，采取有差异化、有针对性的合作策略以及合作模式。

2. 推动参与主体多元化

当前在金砖国家科技合作中的参与主体一般是以高校、科研院所等为主，而企业在科技合作中参与的成分较少，因此，在未来的金砖国家科技合作中，应该鼓励参与主体的多元化。其中，政府可以为金砖国家科技合作搭建平台，从法律和制度层面上保证科技合作的顺利进行，企业是科技合作的中流砥柱，充分发挥企业在科技合作中的技术优势、资金优势、管理优势或者市场营销优势。科研机构为国际科技合作培养科技创新人才。主体多元化的另一个层面的含义是积极推动三边或者是多边的科技合作，让金砖五国拧成一股绳，取得更大的成就。

3. 注重合作成果产业化建设

科技合作的终极目标应该是为了更好地推动科技成果的产业化，更好地实现科技成果的产业价值。因此，金砖各国之间可以通过设立和完善科技合作风险基金，支持科技成果的产业化建设。注重金砖国家之间科技园区以及高新技术企业之间的合作，可以考虑在科技园区内设立跨国高科技企业。对于中国来说，还应该加强与金砖国家在一些新兴交叉学科的合作与交流，积极拓宽科技合作局面，可以通过国家自然科学基金、“973”计划等推动中国对金砖国家的科技合作，支持中国的科学研究走向国际市场，实现“技—经—贸”一体化，提升我国产品出口金砖国家的市场份额。

（三）搭建科技合作平台

本着“平等互利、共建共享”的原则搭建金砖国家科技合作平台，通过搭建国际科技合作平台，促进金砖国家之间进行有效的科技协作。具体来说，包括信息共享与交流平台的完善、服务体系网络平台的完善、人才交流网络平台的完善等。

1. 完善信息共享与交流平台建设

早在2013年金砖国家领导人德班峰会上就将金砖国家信息共享与交流平台建设作为2013～2014年金砖五国共同推进的八项工作之一，经过近几年的建设，信息共享与交流平台已经基本建成，未来要进一步梳理金砖五国的法律法规和相关政策，及时发布金砖国家之间的科技政策以及项目申请审批流程等，进一步提高该平台的便利程度，成为可以为各国政府以及企业提供大量信息资讯以及政策性研究的重要网络智库。

2. 推动服务体系网络平台建设

完善科技中介的建设，提升科技合作经验，重点培育一些资信以及条件较好的中介机构，帮助熟悉合作国的各项法律、政策、文件，协助科技合作过程中一些重点项目的推进，为部门和企业提供全方位的服务，可以为项目的技术水平、市场前景、经济效益等做出充分的评估，减少企业对外投资的盲目性。通过设立智库的方式，强化对科技合作进行长期、持续的跟踪和研究，同时还可以应对科技合作中的紧急和突发事件提出预案和措施①。

3. 完善人才交流网络平台建设

在人才交流网络平台的建设方面，可以搭建金砖国家科技合作培训中心，为金砖五国培养使用技术人才，通过搭建留学生校友会网络，举办各类型的校友活动，获取更多的留学人才资源，完善海外人才专家资源库。在金砖国家科技合作过程中，可以通过互派专家以及科研人员等模式，倡导专家学者们开展更多的交流合作，进一步发挥专家学者的聪明智慧，尤其是可以充分发挥一些老专家之间沟通纽带的桥梁作用，通过“老带青”

① 霍光峰、张换兆：《中国科技发展国际合作战略的评价与建议》，载于《中国科技论坛》2010年第4期，第136～141页。

的方式，促进专家学者的相互融入。培养适合于科技合作的科技外事管理人才、善于参与国际合作的专业人才以及懂得语言与技术的服务性人才①。对于中国来说，可以通过科研院所、高校合作、大企业合作、共建研究中心、共同开发研究促进科技人才合作、通过聘请外专家来华讲学、通过设立合资企业等方式来引进人才。

（四）优化科技合作环境

国际科技合作的开展客观上对一个国家的市场竞争环境、创新创业环境、法律环境等提出了更高的要求。良好的科技合作环境是科技合作开展的重要保障和前提。因此，在金砖国家科技合作过程中要进一步优化科技合作环境。

1. 加强对知识产权的保护

金砖国家之间要进一步完善知识产权法律制度，建立和完善知识产权管理制度，加强对科技合作人员进行知识产权相关培训，提升对知识产权重要性的认识。2016 年，《金砖国家知识产权合作机制工作职责》正式在金砖国家经贸部长会议上通过，标志着金砖国家知识产权合作机制正式建立。2017 年在第七次金砖国家经贸部长级会议上正式批准了《金砖国家知识产权合作指导原则》，2018 年，金砖五国知识产权主管部门共同签署了《金砖五局关于加强金砖国家知识产权领域的联合声明》，力争在法律法规、能力建设、知识产权意识提升、培训、知识产权信息、知识产权国际论坛协调、金砖合作机制方面做进一步的交流与合作，这也是未来在知识产权保护方面的重点领域②。

---

① 陈喜荣：《中国巴西科技合作影响因素及前景》，载于《中共福建省委党校学报》2013 年第 1 期，第 105 ~ 110 页。

② 金砖五国签署知识产权合作联合声明　明确知识产权合作七大领域．新华网，2018 年 3 月 26 日。http：//www. xinhuanet. com/2018 – 03/26/c_1122594176. htm。

2. 提高对科技合作国家安全的认识

国际科技合作过程中也可能存在着潜在的风险，因此，在科技合作过程中金砖国家要对可能存在的风险有一个准确的评估，提升对国家安全的认识，注意防范和化解各种潜在的风险。例如在科技合作过程中，一定要非常清楚我们需要外方机构做什么，外方机构能够帮助我们做什么。通过建立国家技术安全管理清单制度，为核心技术的安全建立制度保障①。

3. 打造良好文化创新氛围

科技合作的背后反映出的是一个国家对开放创新的态度，从本质上反映了一个国家的文化创新的氛围，因此，金砖国家要从根本上重视文化的创新，形成“鼓励创新，宽容失败”的良好创新文化氛围，在全社会营造有利于合作发展的文化环境。要正视不同国家文化存在的差异性，找到文化的融合点，更好地促进科技合作。

---

① 我国将建立国家技术安全管理清单制度　以更有效预防和化解国家安全风险．新华社，2019 年 6 月 9 日。http：//www. inpai. com. cn/news/doc/20190609/23318. html。

第四章 金砖国家科技创新与教育进步的互动发展分析

在2016年金砖国家领导人厦门会晤中，金砖五国领导人一致强调，加强人文交流合作对促进发展并增进金砖国家人民相互了解、友谊与合作具有重要意义。科技创新与教育领域的合作，是金砖国家合作的第三支柱，是巩固金砖国家伙伴关系的重要基础。本章通过构建科技创新系统与教育进步系统评价指标体系，基于金砖五国的实际数据进行统计分析，回顾分析了过去十年金砖国家科技创新与教育进步的互动发展情况，进一步阐释了金砖国家科技创新与教育进步的变革趋势，并就如何加强金砖国家科技创新与教育进步的互动发展提出了相应的政策建议，为实现金砖国家科技教育领域可持续发展目标提供经验分享和实践参考。

一、科技创新与教育进步的互动关系

科技创新与教育进步是一种双向互动关系，二者相互依赖、相互渗透、相互促进。每次重大的科技创新有力地推动教育系统全面变革和发展，而这种变革和发展能够更好地适应科技创新的新要求，促进科技创新开拓新局面。

科技创新对教育进步的三大要素（教育者、教育对象、教育资料）施加影响和作用，从而带动教育全面进步。首先，科技创新促进教育者教育观念的改变和教育能力的提升。教育观念和教育能力很大程度上反映了一定时期科学技术的发展水平。每次重大科技创新都引发教育领域的重大变革，催生体现新技术思维的教育理念和教育模式，提升教育者的教学设计和组织能力、知识传播能力和师生交往能力。其次，科技创新能够提高教育对象的学习质量和学习机会。科技创新更深入地揭示了教育对象的身心和学习发展规律，促使教育活动更符合科学规律，并拓展教育对象的视野以及丰富教育对象的实践经验，从而提升教育对象的学习质量。此外，新兴科技在教育领域的广泛应用，有效地扩大教育资源的覆盖面，为更多的人提供接受教育的机会。再次，科技创新会渗透到教育的所有环节，为各环节教育资源的更新和发展提供必需的技术条件。新兴科技成果应用到教育系统，推动教育基础设施的兴建和改造、教学用具与器材的更替、教学内容的记载与表达方式的改变、教学内容的创新和课程体系的改革。

教育进步是科技创新的基础，教育进步应不断适应科技创新的新要求。首先，教育为科技创新提供了知识积累。任何新的科学技术的产生都是建立在前人科技成果之上。教育的重要职责就是把前人所创造的科学知识传授给下一代，使他们有所发现、有所创新，创造出更新的科学成果。现代科技创新活动涉及的各个学科相互交叉和渗透，现代教育正以大科学观为出发点，将科技教育视为一个统一的、综合的整体，软化已有学科边界，引导学生进行多学科知识的积累和整合。其次，教育培养科技创新所需的创新型人才。探究是连接教学与科学的桥梁，是创新意识的灵魂。现代教育在发挥知识继承功能的同时，更加重视对学生科学研究方法与探究精神的教育，更加重视培育现代科技创新人才应具备的关键能力——批判和解决问题能力、沟通交流能力、协作能力、创造能力。再次，教育为新的科技成果转化为生产力创造条件。科学技术转化为现实生产力需要将科学转化为技术、再将技术转化为直接生产力。这两个方面的转化都离不开教育的中介作用，即通过教育使劳动者知识化、科学化，掌握技术研发能力、市场调研能力和高质量的劳动技能等。为此，现代教育不仅聚焦于提升学生的科学素养、技术素养、工程素养和数学素养，还为学生提供一系列广泛的创新创业课程，培养学生的全球意识、金融、经济、商业和创业素质。

二、金砖国家科技创新与教育进步的互动发展状况

（一）科技创新与教育进步的动态评价分析

根据上述内容对科技创新与教育进步的理论分析，考虑数据的可获得性，并不断分析、筛选，同时征求专家意见，最终我们构建了科技创新系统与教育进步系统评价指标体系，如表4-1所示。

表4-1　　科技创新系统与教育发展系统评价指标体系

系统层	评价指标	指标权重	系统层	评价指标	指标权重
科技创新系统	R&D支出总额	0.11	教育进步系统	教育公共开支总额	0.12
	R&D支出占GDP比重	0.01		教育公共开支总额占GDP比重	0.04
	人均R&D经费支出	0.06		人均公共教育支出额	0.33
	每百万人R&D研究人员数	0.17		小学总入学率	0.01
	居民专利申请量	0.20		中学总入学率	0.03
	商标申请量	0.23		高等教育总入学率	0.30
	科技期刊文章数	0.18		小学生师比例	0.07
	知识产权使用费收入	0.05		中学生师比例	0.10

资料来源：世界银行世界发展指数：World Bank，2018，World Development Indicators 2018. Washington DC. Available at：http：//data. world bank. org/data-catalog/world-development-indicators/.

注：表中的指标权重由熵值法计算得到。

基于上述指标体系，运用熵值法对2005~2015年金砖国家的科技创新和教育进步状况进行动态评价，深入分析其动态变化趋势和特征。所有指标数据来源于世界银行发布的World Development Indicators 2018（World Bank，2018）。

熵值法是一种客观赋权法，能够客观反映指标信息，拥有比主观赋权法更可信、更精确的特点，因此本书选择熵值法对2005～2015年金砖国家的科技创新和教育进步进行评价分析。通过熵值法得到的各指标权重如表4－1所示，各级指标评价得分结果如表4－2和表4－3所示（具体计算过程略），由于篇幅所限，表4－2和表4－3只列出了2005年、2010年和2015年各级指标的评价得分，而图4－1和图4－2则更直观地展示了2005～2015年金砖国家科技创新和教育进步的综合得分变化情况。

表4－2　　　2005～2015年金砖国家科技创新评价与比较

年份、指标 \ 国家		中国	俄罗斯	印度	巴西	南非
2005年	R&D支出总额	0.30	0.08	0.07	0.09	0.02
	R&D支出占GDP比重	0.01	0.01	0.00	0.01	0.00
	人均R&D经费支出	0.04	0.09	0.01	0.08	0.08
	每百万人R&D研究人员数	0.14	0.54	0.02	0.10	0.06
	居民专利申请量	0.68	0.13	0.10	0.07	0.03
	商标申请量	0.81	0.06	0.11	0.12	0.03
	科技期刊文章数	0.57	0.10	0.12	0.08	0.02
	知识产权使用费收入	0.05	0.08	0.06	0.03	0.01
	综合得分	2.60	1.08	0.49	0.57	0.26
2010年	R&D支出总额	0.47	0.08	0.06	0.11	0.01
	R&D支出占GDP比重	0.02	0.01	0.01	0.01	0.01
	人均R&D经费支出	0.05	0.08	0.01	0.09	0.04
	每百万人R&D研究人员数	0.11	0.36	0.02	0.08	0.04
	居民专利申请量	0.87	0.09	0.09	0.06	0.01
	商标申请量	0.70	0.04	0.13	0.08	0.02
	科技期刊文章数	0.56	0.06	0.12	0.07	0.01
	知识产权使用费收入	0.21	0.10	0.03	0.05	0.03
	综合得分	2.99	0.82	0.46	0.56	0.18

续表

年份、指标 \ 国家		中国	俄罗斯	印度	巴西	南非
2015年	R&D 支出总额	0.78	0.05	0.06	0.08	0.01
	R&D 支出占 GDP 比重	0.03	0.02	0.01	0.02	0.01
	人均 R&D 经费支出	0.10	0.07	0.01	0.07	0.02
	每百万人 R&D 研究人员数	0.08	0.23	0.01	0.06	0.03
	居民专利申请量	1.15	0.05	0.05	0.03	0.01
	商标申请量	0.87	0.02	0.09	0.06	0.01
	科技期刊文章数	0.49	0.04	0.12	0.06	0.01
	知识产权使用费收入	0.07	0.05	0.03	0.04	0.01
	综合得分	3.59	0.52	0.38	0.41	0.11

资料来源：世界银行世界发展指数：World Bank，2018，World Development Indicators 2018. Washington DC. Available at：http：//data. world bank. org/data-catalog/world-development-indicators/.

表 4－3　2005～2015 年金砖国家教育进步评价与比较

年份、指标 \ 国家		中国	俄罗斯	印度	巴西	南非
2005年	教育公共开支总额	0.21	0.11	0.09	0.15	0.05
	教育公共开支总额占 GDP 比重	0.03	0.04	0.03	0.05	0.05
	人均公共教育支出额	0.09	0.44	0.05	0.47	0.60
	小学总入学率	0.01	0.01	0.01	0.01	0.01
	中学总入学率	0.02	0.03	0.02	0.04	0.03
	高等教育总入学率	0.20	0.74	0.11	0.27	0.18
	小学生师比例	0.09	0.10	0.04	0.08	0.05
	中学生师比例	0.09	0.18	0.08	0.11	0.05
	综合得分	0.73	1.64	0.43	1.17	1.03

续表

年份、指标 \ 国家		中国	俄罗斯	印度	巴西	南非
2010 年	教育公共开支总额	0.54	0.18	0.16	0.36	0.06
	教育公共开支总额占 GDP 比重	0.03	0.04	0.03	0.05	0.05
	人均公共教育支出额	0.12	0.39	0.04	0.57	0.38
	小学总入学率	0.01	0.01	0.01	0.01	0.01
	中学总入学率	0.01	0.01	0.01	0.01	0.01
	高等教育总入学率	0.14	0.45	0.11	0.24	0.11
	小学生师比例	0.08	0.07	0.03	0.06	0.04
	中学生师比例	0.11	0.21	0.07	0.10	0.07
	综合得分	1.04	1.37	0.46	1.40	0.73
2015 年	教育公共开支总额	1.54	0.19	0.31	0.42	0.07
	教育公共开支总额占 GDP 比重	0.02	0.03	0.03	0.04	0.04
	人均公共教育支出额	0.14	0.17	0.03	0.27	0.17
	小学总入学率	0.00	0.00	0.00	0.00	0.00
	中学总入学率	0.01	0.01	0.01	0.01	0.01
	高等教育总入学率	0.12	0.23	0.08	0.14	0.06
	小学生师比例	0.06	0.05	0.03	0.04	0.03
	中学生师比例	0.14	0.24	0.06	0.12	0.07
	综合得分	2.04	0.92	0.54	1.05	0.45

资料来源：世界银行世界发展指数：World Bank，2018，World Development Indicators 2018. Washington DC. Available at：http：//data. world bank. org/data-catalog/world-development-indicators/.

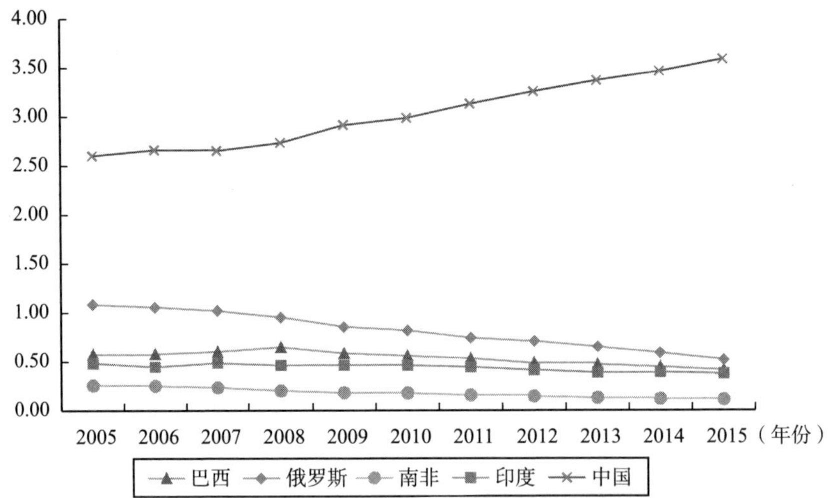

图4－1　2005～2015年金砖国家科技创新综合得分变化趋势

资料来源：世界银行世界发展指数：World Bank，2018，World Development Indicators 2018. Washington DC. Available at：http：//data. world bank. org/data-catalog/world-development-indicators/.

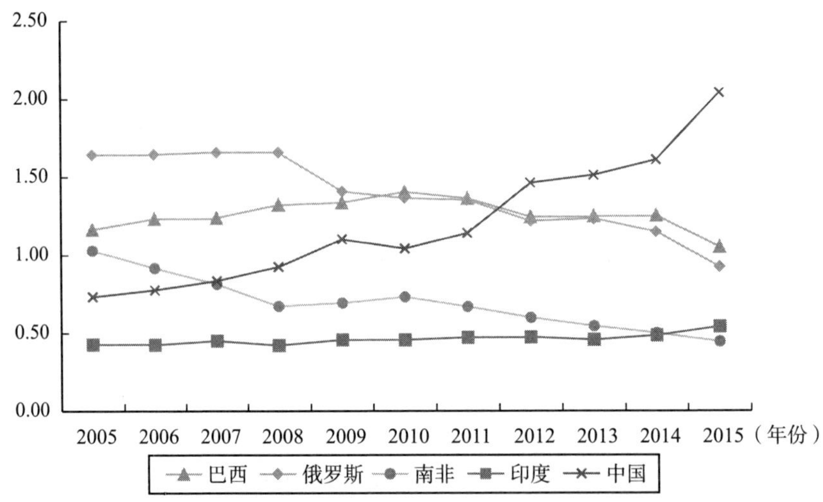

图4－2　2005～2015年金砖国家教育进步综合得分变化趋势

资料来源：世界银行世界发展指数：World Bank，2018，World Development Indicators 2018. Washington DC. Available at：http：//data. world bank. org/data-catalog/world-development-indicators/.

由上述图表可看出，中国的表现抢眼，科技创新的综合得分始终远高于其余金砖四国，而且增长迅速，由 2005 年的 2.6 分上升到 2015 年的 3.59 分，年均增长 3.26%，而其余四国的科技创新得分均呈下降趋势，与中国的差距越来越大。俄罗斯的科技创新得分虽然仅次于中国，但与中国的差距很大，而且下降速度很快，与巴西、印度和南非的优势在逐渐缩小。

中国在教育进步方面同样表现优异，2005 年仅为 0.73 分，仅高于印度，但 10 年间进步快速，到 2015 年已经达到 2.04 分，远高于金砖其余四国。俄罗斯在 2005 年的教育进步得分最高，但是下降速度很快，10 年间下降了 0.72 分，到 2015 年仅排在第三位，低于中国和巴西。南非的教育进步得分同样下降很快，2005 ~ 2015 年下降了 0.58 分。而巴西呈波动下降的趋势，2015 年比 2005 年下降了 0.12 分。印度的教育进步得分略微上升了 0.11 分，但仍然很低，2015 年仅比南非高 0.09 分（见表 4 - 3）。

（二）科技创新与教育进步的耦合协调分析

根据协同论原理，系统走向有序的关键在于系统内部各子系统间的协同作用（吴大进等，1990）。而耦合度描述了系统发展过程中序参量之间协同作用的强弱程度。本书把科技创新与教育进步两个系统通过各自的要素产生相互作用、彼此影响的程度定义为系统耦合度，建立耦合度模型来分析科技创新与教育进步的耦合一致性，反映两者之间相互作用程度的强弱和融合发展的程度。但是耦合度并无法反映两个系统协调发展水平的高低，单纯依靠耦合度进行判别有可能会产生误导，从而得出与事实不符的结论，对实际问题的指导意义不明显（生延超、钟志平，2009），必须引入耦合协调度模型才能衡量两个系统交互耦合的协调程度（熊建新等，2014）。因此，本书进一步建立了耦合协调度模型来分析科技创新与教育进步的耦合协调情况。

1. 耦合度和耦合协调度模型

首先，对科技创新系统与教育进步系统的综合得分采用归一化方法进行标准化处理，得到科技创新序参量 X 和教育进步序参量 X，如表 4－4 所示。

其次，建立耦合度模型。借鉴物理学中的容量耦合概念及容量耦合系数模型（曾繁清，叶德珠，2017），得到两系统相互作用的耦合度模型：

$$C=2\times(Y\times X_2)^{1/2}/(Y+X) \tag{4.1}$$

式（4.1）中，C 为系统耦合度，且值在 0 和 1 之间。

最后，建立耦合协调度模型：

$$D=(C\times T)^{1/2},\ T=\alpha f(Y)+\beta g(X) \tag{4.2}$$

式中，D 为耦合协调度，C 为耦合度，T 为科技创新系统与教育进步系统的综合评价指数；α、β 为待定系数，考虑到本书主要分析科技创新与教育进步的协调发展，科技创新与教育进步等重要，因此我们取 α = 0.5、β = 0.5。

2. 实证分析

基于耦合度模型和耦合协调度模型，计算得出 2005～2015 年金砖国家科技创新系统与教育进步系统的耦合度 C 和耦合协调度 D，具体数值和演化过程如表 4－4 和图 4－3，图 4－4 所示（具体计算过程略），并参考廖重斌（1999）的成果设定协调度等级评价标准，如表 4－5 所示。

从耦合度来看，除南非外，中国、巴西、俄罗斯、印度各年的耦合度都很高，2015 年均高于 0.9。其中，印度的耦合度始终最高，有些年份达到 1；而南非的耦合度则始终最低，一直没有超过 0.85，有些年份甚至低于 0.8；中国的耦合度上升明显，由 2005 年的 0.83 上升到 0.96。总体来看，金砖国家的科技创新与教育进步具有内在的耦合一致性，两个系统相互影响、相互依存，具有很强的相互协同作用（见表 4－4）。

从耦合协调度来看，中国的耦合协调度始终高于其余四国，而且上升非常迅速，也是金砖国家中唯一一个保持上升趋势的国家，由 2005 年的

0.53 上升到 2015 年的 0.74，由勉强协调状态上升到中级协调状态，逐年拉大与其余四国的距离。印度的耦合协调度基本上保持不变，稳定在 0.3 左右，处于轻度失调状态。俄罗斯的耦合协调度下降幅度最大，由 2005 年的 0.52 下降到 2015 年的 0.37，由勉强协调状态下降到轻度失调状态。南非的下降幅度也比较大，2005～2015 年下降了 0.11，由第四位下降到第五位，由轻度失调状态下降到中度失调状态。巴西的下降幅度较小，2015 年比 2005 年略微下降了 0.04，由濒临失调状态下降到轻度失调状态。综合来看，中国的科技创新与教育进步具有较强的耦合一致性，两者之间的融合发展程度较好，已经处于中级协调状态，而且继续保持相互促进的状态。而其余金砖国家的科技创新与教育进步均处于失调状态，还需要不断增强两者之间的内在相互作用，提高两者的协调性，促进两者的协同进化和融合发展（见表 4－4）。

表 4－4　2005～2015 年金砖国家科技创新系统与教育进步系统的耦合情况

国家、年份 \ 指标		科技创新得分	教育发展得分	科技创新序参量 X	教育发展序参量 Y	耦合度 C	耦合协调度 D
中国	2005	2.60	0.73	0.52	0.15	0.83	0.53
	2006	2.66	0.78	0.53	0.16	0.84	0.54
	2007	2.65	0.83	0.53	0.17	0.85	0.55
	2008	2.73	0.92	0.55	0.18	0.87	0.56
	2009	2.91	1.10	0.58	0.22	0.89	0.60
	2010	2.99	1.04	0.60	0.21	0.88	0.59
	2011	3.13	1.14	0.63	0.23	0.89	0.61
	2012	3.25	1.46	0.65	0.29	0.93	0.66
	2013	3.37	1.51	0.67	0.30	0.92	0.67
	2014	3.46	1.61	0.69	0.32	0.93	0.69
	2015	3.59	2.04	0.72	0.41	0.96	0.74

续表

国家、年份 \ 指标		科技创新得分	教育发展得分	科技创新序参量 X	教育发展序参量 Y	耦合度 C	耦合协调度 D
巴西	2005	0. 57	1. 17	0. 11	0. 23	0. 94	0. 40
	2006	0. 58	1. 23	0. 12	0. 25	0. 93	0. 41
	2007	0. 60	1. 24	0. 12	0. 25	0. 94	0. 42
	2008	0. 65	1. 32	0. 13	0. 26	0. 94	0. 43
	2009	0. 59	1. 34	0. 12	0. 27	0. 92	0. 42
	2010	0. 56	1. 40	0. 11	0. 28	0. 90	0. 42
	2011	0. 53	1. 36	0. 11	0. 27	0. 90	0. 41
	2012	0. 48	1. 25	0. 10	0. 25	0. 90	0. 39
	2013	0. 47	1. 25	0. 09	0. 25	0. 89	0. 39
	2014	0. 44	1. 25	0. 09	0. 25	0. 88	0. 39
	2015	0. 41	1. 05	0. 08	0. 21	0. 90	0. 36
俄罗斯	2005	1. 08	1. 64	0. 22	0. 33	0. 98	0. 52
	2006	1. 06	1. 65	0. 21	0. 33	0. 98	0. 51
	2007	1. 02	1. 66	0. 20	0. 33	0. 97	0. 51
	2008	0. 95	1. 66	0. 19	0. 33	0. 96	0. 50
	2009	0. 86	1. 41	0. 17	0. 28	0. 97	0. 47
	2010	0. 82	1. 37	0. 16	0. 27	0. 97	0. 46
	2011	0. 74	1. 35	0. 15	0. 27	0. 96	0. 45
	2012	0. 71	1. 22	0. 14	0. 24	0. 96	0. 43
	2013	0. 65	1. 23	0. 13	0. 25	0. 95	0. 42
	2014	0. 59	1. 15	0. 12	0. 23	0. 95	0. 41
	2015	0. 52	0. 92	0. 10	0. 18	0. 96	0. 37

续表

国家、年份		科技创新得分	教育发展得分	科技创新序参量 X	教育发展序参量 Y	耦合度 C	耦合协调度 D
南非	2005	0.26	1.03	0.05	0.21	0.80	0.32
	2006	0.25	0.92	0.05	0.18	0.82	0.31
	2007	0.23	0.81	0.05	0.16	0.83	0.30
	2008	0.20	0.67	0.04	0.13	0.84	0.27
	2009	0.18	0.69	0.04	0.14	0.81	0.27
	2010	0.18	0.73	0.04	0.15	0.79	0.27
	2011	0.16	0.67	0.03	0.13	0.78	0.25
	2012	0.14	0.60	0.03	0.12	0.79	0.24
	2013	0.13	0.55	0.03	0.11	0.78	0.23
	2014	0.12	0.50	0.02	0.10	0.79	0.22
	2015	0.11	0.45	0.02	0.09	0.80	0.21
印度	2005	0.49	0.43	0.10	0.09	1.00	0.30
	2006	0.45	0.43	0.09	0.09	1.00	0.30
	2007	0.49	0.45	0.10	0.09	1.00	0.31
	2008	0.46	0.42	0.09	0.08	1.00	0.30
	2009	0.46	0.46	0.09	0.09	1.00	0.30
	2010	0.46	0.46	0.09	0.09	1.00	0.30
	2011	0.44	0.47	0.09	0.09	1.00	0.30
	2012	0.41	0.47	0.08	0.09	1.00	0.30
	2013	0.39	0.46	0.08	0.09	1.00	0.29
	2014	0.39	0.49	0.08	0.10	0.99	0.30
	2015	0.38	0.54	0.08	0.11	0.98	0.30

资料来源：世界银行世界发展指数：World Bank，2018，World Development Indicators 2018. Washington DC. Available at：http：//data. world bank. org/data-catalog/world-development-indicators/.

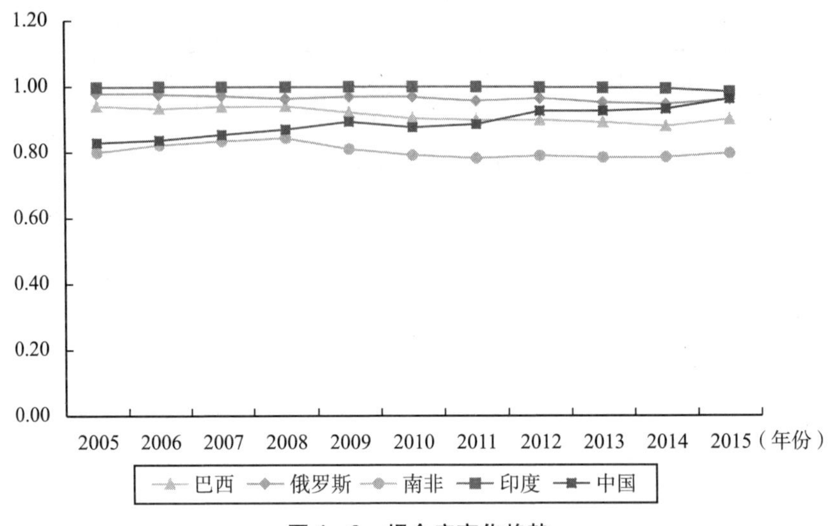

图4-3 耦合度变化趋势

资料来源：世界银行世界发展指数：World Bank，2018，World Development Indicators 2018. Washington DC. Available at：http：//data. world bank. org/data-catalog/world-development-indicators/.

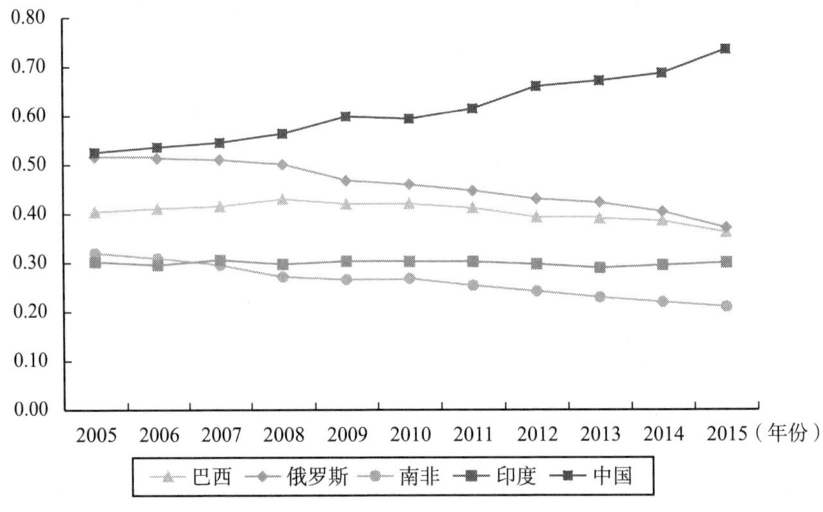

图4-4 耦合协调度变化趋势

资料来源：世界银行世界发展指数：World Bank，2018，World Development Indicators 2018. Washington DC. Available at：http：//data. world bank. org/data-catalog/world-development-indicators/.

表 4－5　　耦合协调度的等级评价标准

序号	协调度	协调等级	序号	协调度	协调等级
1	0～0.09	极度失调	6	0.50～0.59	勉强协调
2	0.10～0.19	严重失调	7	0.60～0.69	初级协调
3	0.20～0.29	中度失调	8	0.70～0.79	中级协调
4	0.30～0.39	轻度失调	9	0.80～0.89	良好协调
5	0.40～0.49	濒临失调	10	0.90～1.00	优质协调

资料来源：廖重斌：《环境与经济协调发展的定量评判及其分类体系——以珠江三角洲城市群为例》，载于《热带地理》1999 年第 2 期，第 76～82 页。

三、金砖国家科技创新与教育进步的变革趋势

科技创新与教育进步相辅相成、关系密切，加强科技创新与教育进步的互动发展，有利于形成高效的教育与科技创新体系，促进科技创新成果的有效产出与转化，同时也有利于提升教育尤其是高等教育的水平和质量，实现科技创新和教育进步的良性循环。从金砖国家科技创新与教育进步的互动发展情况来看，一方面，金砖国家教育国际化变革趋势明显，为科技创新发展提供了更加有力的人才保障；另一方面，金砖国家科技创新合作呈现制度化、常态化发展趋势，也对推动教育进步提出了更高的要求。

（一）金砖国家积极推动高等教育国际化政策走向，为科技创新合作提供了更加坚实的人才支撑

教育国际化是教育进步的重要体现，在全球高等教育国际化浪潮深入发展的背景下，金砖国家也积极推进教育国际化战略，大力实施教育国际化政策，以加快促进教育进步，提高教育质量，培养创新型高素质人才，

为科技创新发展与合作提供人才支撑。2016年，印度出台《国家新教育政策》（征求意见稿），首次在国家政策中提出要积极推进高等教育国际化，将印度建成"有知识的超级大国"。南非于2017年4月公布了《南非高等教育国际化政策框架》征求意见稿，提出了全面综合的教育国际化政策框架，推动开展国际研究合作，以提升高等教育的国际声誉和创新能力。巴西在2017年也公布了新的"科学促进发展"教育国际化计划，以培养具有创新能力的高素质青年人才为重点，鼓励加强研究合作与人才交流，推动高端教育国际化战略实施。俄罗斯则在2017年公布了"提升俄罗斯教育出口潜力"计划，把扩大国际学生规模和打造世界一流大学作为教育国际化战略的重点。① 中国在2010年颁布的《国家中长期教育改革和发展规划纲要（2010～2020年）》中就已经明确将国际化作为高等教育长期发展的战略，为提升教育国际化水平、增强国际创新合作创造了良好的政策环境。可以说，金砖国家推进教育国际化战略将有力地促进金砖各国的教育进步，有助于培养更多具有国际视野的创新型人才，加快推动金砖国家科技创新发展。

（二）金砖国家科技创新合作呈现制度化、常态化的发展趋势，进一步推动了教育进步

当前，金砖国家科技创新合作已经呈现制度化、常态化发展的趋势，已对金砖国家的教育进步与教育合作提出了更高的要求。2014年2月，金砖国家举行了首届科技和创新部长级会议，探讨通过科技创新领域的战略伙伴关系推动公平增长和可持续发展，并确定了金砖国家科技创新框架的主要合作领域，推动金砖国家科技创新合作迈向新阶段。此后，金砖国家还相继签署了《金砖国家政府间科技创新合作谅解备忘录》《金砖国家科

① 李建忠：《金砖国家教育的国际化力度》，载于《中国教育报》2017年12月8日，第5版。

技创新框架计划》《金砖国家创新合作行动计划（2017～2020）》等文件，进一步务实推动金砖国家间科技创新合作。尤其强调要面向基础研究领域和重大全球性问题，结合金砖各国发展战略需要、现实基础和优势特色，共同参与国际大科学计划和大科学工程，增强国际科技话语权。这就要求金砖国家要进一步推动教育进步，加强科技创新人才培养与引智工作，以全球视野谋划和推进人才战略，实行更加开放的人才政策。通过金砖国家大学联盟和网络大学等渠道加强教育合作，提升合作办学的规模、水平和质量，共同致力于金砖国家培养具有国际视野的创新型人才。

四、推动金砖国家科技创新与教育进步的政策建议

金砖国家科技创新与教育进步的互动发展不仅为金砖各国经济增长注入了新动力，而且也为全球提供了区域合作的样板和典范。在进一步推动金砖国家科技创新与教育进步中，要瞄准世界科教发展前沿，既要有顶层设计的总体设计，又要激活广泛的市场主体力量，要有顺畅灵活的传导互动机制，又要拓展广泛而持续的合作空间，致力于打造以金砖国家为中心，辐射带动更多国家参与的创新与教育命运共同体建设。

（一）加强顶层设计，统筹做好金砖国家科技创新与教育进步的战略规划

扩大和深化金砖国家政府间科技创新与教育进步的对话和磋商，统筹规划，科学布局，制定金砖国家科技创新与教育进步合作机制的总体规划方案，形成短期、中期和长期的目标，并上升到各国国际战略层面，使金砖国家在促进科技创新和教育进步方面有明确的时间表和路线图。利用每年金砖国家领导人会晤，开辟有关科技创新和教育进步的专场讨论，就合作中存在的难题进行协调，及时清除合作的障碍。充分发挥金砖国家科技

创新部长级会议和教育部长级会议的作用，围绕全球科技创新和教育发展的热点和难点问题制定议题，确定开展多边合作的优先领域，提出解决问题的相关方案和行动计划。此外，充分发挥金砖国家个体和整体的比较优势，建立区域联动合作机制，确保各项计划和行动落到实处。

（二）活跃主体交流，激发推动科技创新与教育进步的社会力量的积极性

企业、研究机构、大学是各国科技创新和教育进步的重要主体，政府部门应搭建平台、制定政策支持和鼓励金砖国家企业、研究机构与大学之间建立紧密的合作伙伴关系，完善产学研合作链，促进教育合作，共享教育资源。深化以企业为主导的产学研合作。积极鼓励社会力量更广泛地参与金砖国家间科技创新合作，推进基础性、前沿性和战略性技术研发合作和成果应用，发展产业技术创新战略联盟，建立产学研用结合、创新链和产业链衔接、大中小企业协作的协同创新机制。推进金砖国家的标准化组织、企业、行业协会在新兴产业标准制定方面开展合作，加强标准制定的信息互通，共同分享技术和经验。充分发挥金砖国家大学联盟的作用，开展金砖国家大学间教师互派，学生互换，学分互认和学位互授等，共同搭建人才培养和交流的平台，推进教育共同进步。

（三）创新互动机制，促进金砖国家科技创新与教育进步的交融提升

完善科技创新与教育进步的互动机制，发挥科技创新对教育进步的溢出效应以及教育进步对科技创新的推动作用，实现两者的协同提升。以金砖国家间共同搭建科研创新平台，开展双边或多边科研合作为依托，就当前全球面临的与人类发展和全球治理紧密相关的重大研究项目联合培养人才，促进更多的关于硕士、博士和博士后阶段的合作性项目的生成。把技

术创新精神融入金砖国家教育合作中，特别是在高等教育合作中营造追求真理、自由探索的学术氛围，培养创新所需要的科学精神、价值取向、思维方式和行为方式。面向科技创新需求，在教育合作中通过课程设置、教学环节等方面探索和改革，组织实施本科、硕士、博士等各阶段人才的订单式人才联合培养，真正推动金砖国家在合作中把科技创新和教育进步融为一体。

（四）开拓合作空间，实现金砖国家科技创新和教育进步链条的广覆盖

在纵向上加强从智库研究到创新成果产业化运用、从高等教育向全方位教育的全链条合作。加强金砖国家智库交流，为金砖国家科技创新和教育进步建言献策，把技术创新合作领域从以能源、新材料、交通等为主向互联网技术、数字技术、环境技术等创新领域拓展；加强由高等教育合作向基础教育和职业技术教育及培训延伸，由教育向联合科研、信息分享、人文交流拓展。在横向上瞄准全球科技创新和教育发展的前沿，加强中国“一带一路”、俄罗斯“欧亚经济联盟”等金砖各国国家发展战略中有关技术创新和教育发展合作内容的对接，共建联合实验室开展合作大项目，发挥金砖国家合作的辐射带动作用，通过金砖机制内的双边和多边科技创新合作，带动与中亚、南亚、南美、非洲等地区国家的合作，进一步建立南南科技创新合作联盟。

第五章 金砖国家加强绿色农业合作与共建可持续的粮食未来

粮食安全是人类赖以生存和发展的基础。金砖国家不仅地域广阔，更拥有众多人口。中国和印度作为人口最多的发展中国家，解决温饱问题的粮食需求巨大。而俄罗斯、巴西等国广阔的农业用地又为粮食生产与农业合作发展提供了厚实的基础。南非的绿色农业、有机农业发展迅速。在当前单边主义和贸易保护主义扩大的情况下，全球面临前所未有之大变局。金砖国家应加强合作，通过在农业绿色生产和绿色消费方面深入开展交流与合作，才能更好地应对新挑战，保障全球粮食安全并推进人类的可持续发展。

一、农业绿色发展与粮食安全

面对水资源短缺、耕地减少、生物多样性丧失、全球气候变化等生态环境恶化的严峻威胁，推进经济、社会和环境的可持续发展已成为全球各国发展的重要目标。农业作为以土地资源为生产对象的国民经济重要产业部门，在可持续发展中扮演着重要角色。全面分析全球农业发展现状和趋势，对研究未来农业发展道路具有十分重要的意义。

（一）全球农业发展现状和趋势

1. 自然资源数量和质量下降，生态系统的服务功能减退

由于人类活动、城市扩建、基础设施及工矿企业建设的影响，土地、水、森林、海洋捕捞和生物多样性资源日益匮乏。近年来，全球农业用地总面积趋于稳定并稍有下降（见图 5-1），农业用地的生产力有所提高，但是土地集约化和土地利用变化引起的土壤退化、土壤养分污染、生物多样化丧失以及温室气体排放率也仍在增加。由于不当灌溉引起土地盐碱化和土壤肥力下降，以及化学品滥用造成土壤污染和退货，使全球面临土壤保护的挑战。根据联合国环境规划署报告（UNEP，2012b），世界一些地区的传统集约型农业所引发的土壤侵蚀速度超过大自然的土壤再生速度100倍。由于土地的不可持续利用，全球约24%的土地质量及生产力在过去30年里持续下降。此外，为弥补已丧失生产力的退化土地所造成的损失，耕地的进一步扩张变得越发必要，这将进一步导致森林面积和草原面积的减少，将加剧全球气温上升和生物多样性丧失问题。

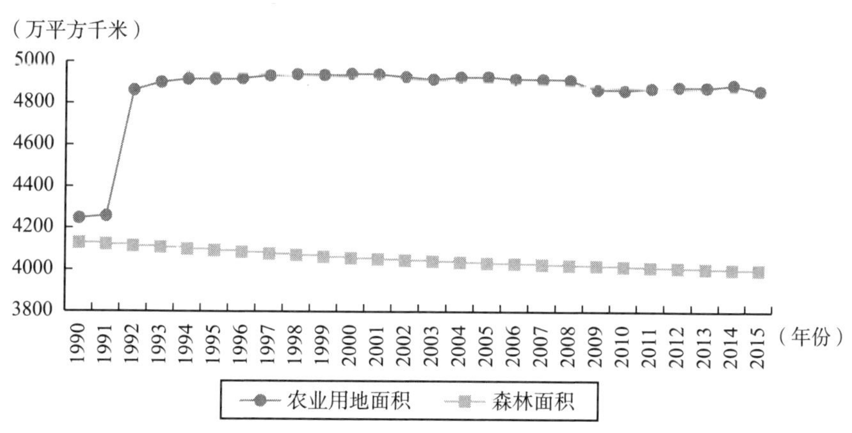

图 5-1　1990~2015 年世界农业用地面积和森林面积

资料来源：世界银行公开数据库（https://data.worldbank.org.cn/）。

近年来，包括中国在内的很多国家更加重视生态环境保护和生态文明建设，有效降低了污染排放量以及推进了污染防治措施。世界可再生内陆淡水资源总量有所回升（根据联合国粮农组织数据，2014 年和 1987 年该指标分别为42.8 万亿立方米和37.8 万亿立方米）。然而，随着人口的迅速增长，人均自然资源总量仍在持续下降（见图 5－2）。日益降低的自然资源数量和质量，导致生态系统服务功能减退，使农业生产的社会和经济成本上升，并且给可持续发展带来了持续挑战。发展兼顾日益增长的人口需求与环境效益的绿色农业是当前自然资源和环境限制下的必由之路。

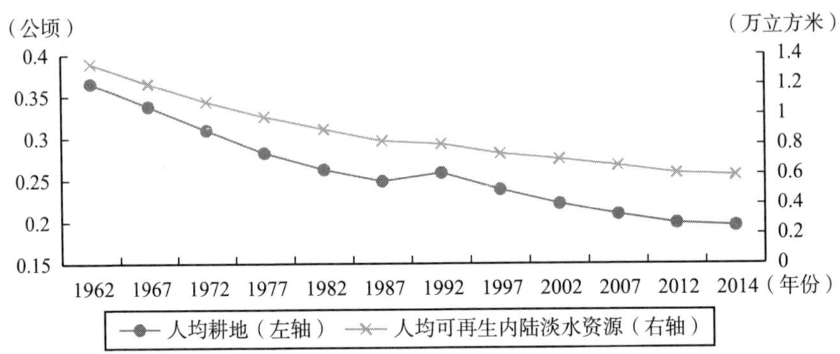

图 5－2　1962～2014 年世界耕地人均公顷数和人均可再生内陆淡水资源

资料来源：世界银行公开数据库（https：//data. worldbank. org. cn/）。

2. 传统农业向现代化农业转型升级

从传统农业向现代农业转变，是将工业要素投入农业来替代传统要素的过程。主要表现为以机械作业替代畜力和手工作业，以化肥等工业投入要素替代农家肥等来自农业自身的投入要素，依靠科学知识和实验的农业替代依靠经验的农业，以专业化的商品性农业替代产品自产自用为主的自给性农业。放眼全球农业发展趋势，几乎各个国家和地区都在致力于现代农业建设，农业现代化程度正逐年提升。农业机械化方面，世界拖拉机总数和每 100 平方千米耕地拥有的拖拉机数量均稳步增加（见图 5－3）。同时，每公顷耕地化肥消费量也在逐年递增（见图 5－4）。

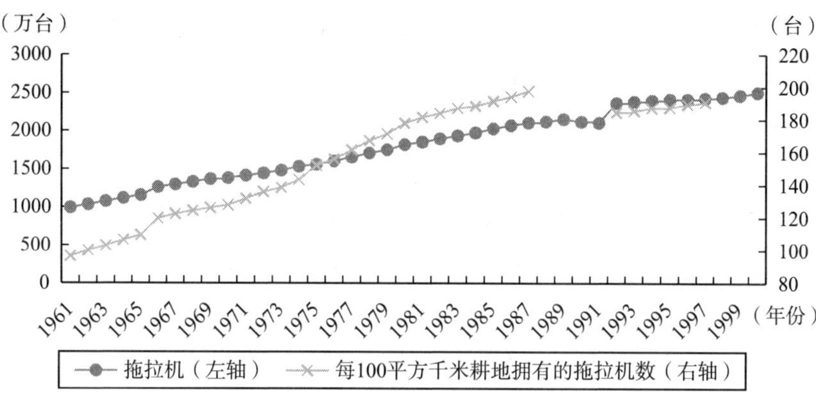

图 5－3　1961～1999 年世界拖拉机总数和每 100 平方千米耕地拥有的拖拉机数

资料来源：世界银行公开数据库（https：//data. worldbank. org. cn/）。

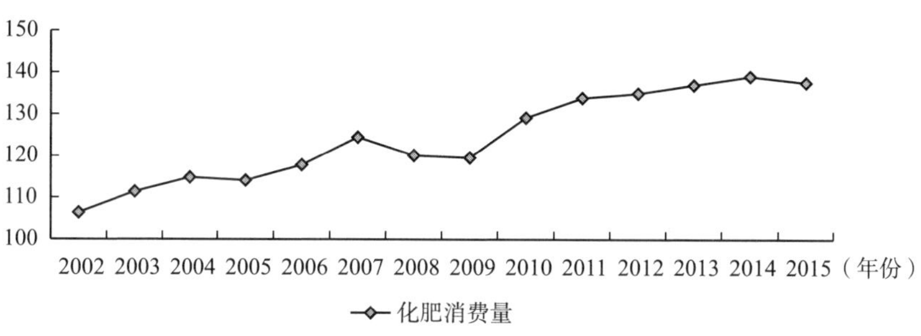

图 5－4　2002～2015 年世界每公顷耕地化肥消费量

资料来源：世界银行公开数据库（https：//data. worldbank. org. cn/）。

在农业现代化进程中，发达国家更着眼于抢占制高点，开发符合自身国情和资源禀赋的技术路线。归纳起来主要有三种模式：一是以美国、加拿大、澳大利亚等为代表的农业机械化模式，旨在提高劳动生产率；二是以日本、荷兰等为代表的生物技术化模式，旨在提高土地产出率；三是以法国、德国等为代表的农业机械化和生物技术化兼顾的模式。经过多年的发展，发达国家以科技为主导的农业现代化正在提质加速，其农业转向了以机械化、良种化、化学化、电气化、信息化为主要内容的全面农业现代化。发达国家利用农业科技优势，由本国农业市场向占领世界市场战略转移，由利用本国资源向利用别国资源战略转移，由石化农业向绿色战略转移①。而广大发展中国家更多的是立足国情学习借鉴已有成功经验，努力加快现代农业发展步伐，争取迎头赶上。

3. 农业科技创新发挥越来越重要的作用

在新一轮世界科技革命中，科技实力的竞争已成为世界各国综合国力竞争的核心。农业科技是科技革命的重点内容，已成为推动世界农业发展的强大动力。根据联合国粮农组织 2014 年统计报告，以 2005 年实际购买力计算，世界农业科技投入从 2000 年的 260.53 亿美元增长至 2008 年的 317.44 亿美元。根据目前可查询的最新数据，很多国家农业科技投入占农业预算比重超过 2%（见图 5－5）。

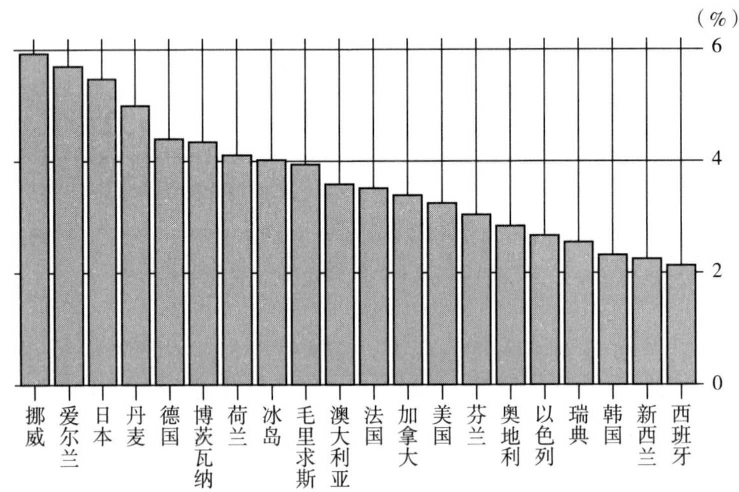

图 5－5　2008 年农业科技投入占农业预算比重最高的 20 个国家

资料来源：联合国粮农组织、国际粮食政策研究所。

农业科技进步有助于促进农业生产力的提高，是实现农业持续稳定发

① 《全球农业风向》，载于《农产品市场周刊》2016 年第 21 期，第 62～63 页。

展、确保农产品有效供给的根本出路，是突破资源环境约束的必然选择。

在全世界范围内，以农业生物技术和信息技术为特征的农业科技革命浪潮正在兴起。在生物技术方面，发达国家如美国、日本、德国等通过生产生物农药、动物疫苗、动植物生物调节剂、生物肥料、生物反应器等，推动了农业向优质、高效、无污染方向发展。同时通过分子育种、基因测序、转基因技术、生物质投入品等尖端农业生物技术加快技术研发和运用。发展中国家多选择以主要作物的高产品种和高产技术为突破口，发展灌溉技术和旱作技术，以解决大片半干旱、干旱和沙漠地区的农业生产问题。在计算机信息技术方面，现代农业通过利用遥感技术、地理信息系统技术、全球定位技术等，极大地提高了农业生产过程的可控程度。同时以互联网为媒介，将物联网、大数据、人工智能、机器人等技术整合运用，将网络科技深度融入农业生产经营决策、农业生产精细管理、农产品运输销售等各个环节，实现农业高度集约、高度精准、高度智能、高度协同、高度生态的4.0时代迈进。

4. 农业绿色发展是可持续发展目标下各国政府的重要战略

在未来的几十年里，农业将面临前所未有的多方面压力，包括全球人口增长30%，对日益稀缺的土地、水和能源资源的竞争日益加剧，以及气候变化带来的生存威胁。为养活预计在2050年将达93亿的人口和支持不断变化的膳食结构，据估算，粮食年产量需要从目前的84亿吨增至近135亿吨[①]。粮食和农业的可持续发展是保障后代生存和未来经济社会稳定的基础。联合国粮农组织提出可持续粮食和农业的五项原则为：（1）提高资源使用效率对可持续农业至关重要；（2）可持续性需要采取直接行动来养护、保护和加强自然资源；（3）不能保护和改善农村生计、平等和社会福利的农业是不可持续的；（4）提高人民、生态系统的抗灾能力是实现可持续农业的关键；（5）可持续粮食和农业需要负责任和有效的治理机制。

① 联合国粮农组织：《可持续的粮食与农业》. http：//www. fao. org/sustainability/background/zh/。

绿色是农业的底色，是农业可持续发展的成色，是世界各国农业发展的战略性、长期性目标任务。推进农业绿色发展，是加快农业现代化、促进农业可持续发展的重大举措，对保障食物安全、资源安全和生态安全，维系当代人福祉和保障子孙后代永续发展意义重大①。如第（3）点所述，发展中国家与发达国家农业技术水平存在较大差距，对于技术落后的发展中国家而言，实现原有的粗放型农业增长方式向绿色可持续增长方式的转变将面临更大挑战。

（二）农业绿色发展是未来粮食安全的保障

2015 年 9 月，联合国 193 个会员国一致通过了 2030 年可持续发展议程，是世界各国领导人与各国人民之间达成的社会契约。其中，"在全世界消除一切形式的贫困"和"消除饥饿，实现粮食安全，改善营养状况和促进可持续农业"是两个首要目标。实现粮食安全是上述目标关注的核心内容。根据联合国粮农组织的定义，粮食安全是指所有人在任何时候都拥有获得充足、安全和富有营养的粮食来满足其积极和健康生活的膳食需要及食物喜好所需的物质和经济条件。粮食安全已经与能源安全、金融安全并称为世界三大经济安全，是社会和谐、政治稳定、经济持续发展的重要保障，是全球经济治理的重要组成部分。

1. 粮食安全是实现 2030 年可持续发展议程重要内容

"国以民为本，民以食为天。"粮食是关系国计民生和国家经济安全的重要战略物资，也是民众最基本的生活资料。粮食不安全可能导致多种形式的营养不良状况发生，如儿童消瘦、发育迟缓、母乳喂养缺乏、超重、女性贫血和成人肥胖等。其形成机制如图 5－6 所示，粮食不安全将导致喂

---

① 关于创新体制机制推进农业绿色发展的意见．中国政府网，2017. http：//www. mof. gov. cn/zhengwuxinxi/caizhengxinwen/201710/t20171009_2717069. htm。

养不足，情绪忧虑，饮食紊乱等问题，从而致使粮食消费的不稳定性，以及营养物质摄取不足或不合理，最终引致各种形式的营养不良。

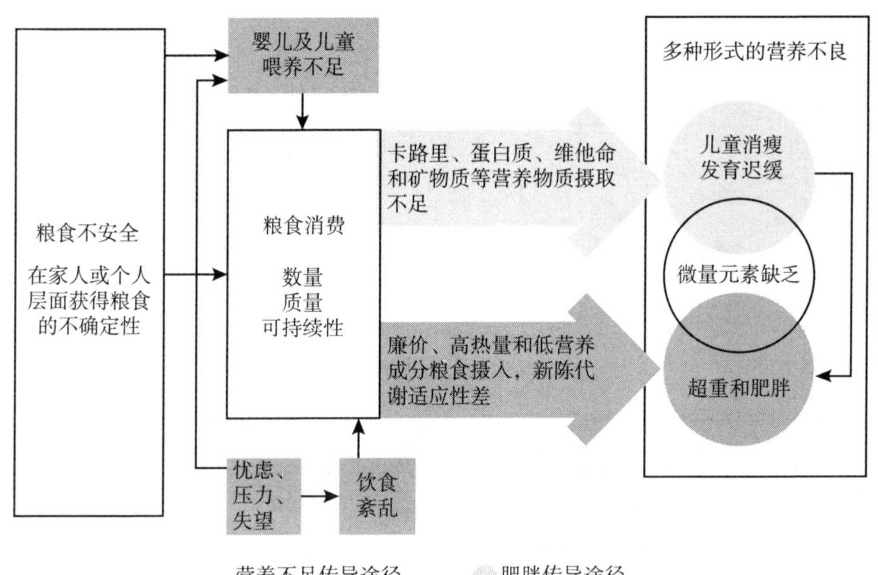

图 5－6 粮食不安全导致的多种形式的营养不良形成机制

资料来源：世界银行世界发展指数：World Bank，2018，World Development Indicators 2018. Washington DC. Available at：http：//data. world bank. org/data-catalog/world-development-indicators/.

2014 年以来，由于持续的地区冲突、极端气候及经济衰退等原因，世界营养不良人口数量连续增长。联合国发布的《2018 年世界粮食安全和营养状况》指出，2017 年全球食物不足人数约 8. 21 亿，占总人口比率达 10. 9%。其中非洲是营养不良人口比率最高的地区，达 21%，营养不良人口数超过 2. 56 亿。南美洲的情况也在持续恶化，营养不良人口比从 2014 年的 4. 7% 增长至 2017 年的 5%。亚洲营养不良人口比率恶化情况虽然有所减缓，但仍超过 5. 15 亿人，占比约 11. 4%。若不积极采取措施，到 2030 年实现消除饥饿的可持续目标将难以实现（见图 5－7）。

保证粮食安全和充足营养的粮食是一项基本人权。各国及国际组织需要注意儿童及妇女的粮食安全和营养，以防营养不良的代际循环，同时需要建立营养敏感的粮农系统，以提供安全和优质的食品，促进人们的健康饮食。

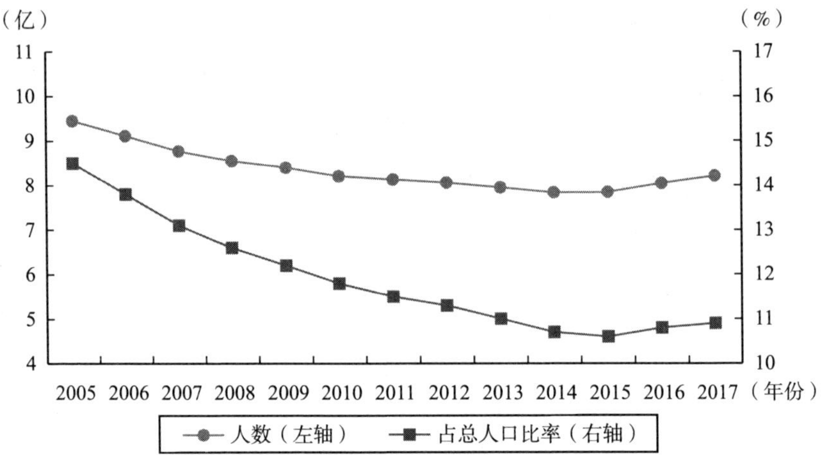

图 5－7　世界营养不良人口总数及占人口比率变化

资料来源：联合国粮食与农业组织（Food and Agriculture Organization of the United Nations）。

2. 农业绿色发展对粮食安全的意义及紧迫性

综上可知，在地球有限的承载能力下，庞大的饥饿人口数量和人类对自然环境的不当活动，对农业未来的发展提出了巨大挑战。2050 年世界人口总数将超过 90 亿。为满足日益增长的粮食需求和膳食结构变化，全球粮食年产量需提升 60%。同时，全球每年大约有 1/3 为粮食——约 13 亿吨，在整个供应链中的损失或浪费，造成了巨大的财政和环境成本。农业增长与消除饥饿与贫困联系紧密。包含种植业、畜牧业、渔业和林业的广义农业为大多数贫困人口提供了收入、就业、粮食和其他商品与服务。因此，在对减少贫困的效用方面，源自农业的 GDP 增长是其他非农业部门的至少两倍，在资源贫乏的低收入国家，甚至可以达到 5 倍。

由于对自然资源和环境的负面影响，目前大部分地区农业生产增长方式是不可持续的。全球大约有1/3的耕地退化，农作物遗传多样性丧失比率达75%，约22%的动物品种面临风险，超过一半的鱼类资源被过度捕捞，过去十年每年约有1300万公顷的森林被砍伐用作他途。因此，在人类对农业提供的粮食、饲料纤维和商品及服务的需求迅速增加的时候，最先面临的问题是自然资源日益稀缺和迅速退化。可以预见的是一些对农业依赖度高和人口高速增长的地区，将面临粮食不安全的问题。此外，未来自然资源竞争将会由于城市扩张、以牺牲森林为代价的农业扩张、工业用水、休闲用地原因进一步加剧；全球气候变暖和极端天气事件更为常见；越来越频繁的人员和货物流动以及环境变化带来的疾病和入侵物种可能威胁粮食安全。

面对快速变化的粮食需求和不确定的自然环境，各国需要从实际出发，坚持绿色可持续的农业发展道路，利用现代科技，协调好粮食需求和环境资源利用之间的关系，实现农业和生态环境的可持续发展。

（三）科技进步与合作是农业绿色发展的推动力

联合国粮农组织（2012a）以全球人口和收入增长趋势为基础预测，2050年全球农产品产量必须在2005～2007年的基础上增长60%。这一增长将主要来自作物单产的提高（对世界总产量增长的贡献率为80%）和复种指数的提高（贡献率10%），其余则来自土地面积的小幅扩大①。其中，作物单产和复种指数的提高都主要依赖于科技进步。据报道，发达国家的科技进步对农业经济增长的贡献份额已超过60%。

现代科技在农业生产中的应用水平是农业现代化的重要标志。农业绿色发展必须依靠科技进步，才能使以资源为基础的传统农业逐渐转变为以节约资源、摆脱资源约束为基础的现代农业。同时，加速农业科技进步，

---

① 联合国粮食与农业组织：《可持续农业发展促进粮食安全和营养：畜牧业起何作用》，2016年。

有助于大幅度提高农业生产能力，促进种植业、林牧渔业和农村第二、三产业的发展，加速农业和农村产业结构调整，实现农业资源的优化配置，走出一条产出高效、产品安全、资源节约、环境友好的农业现代化道路。

此外，发达国家与发展中国家科技水平存在较大差距，不同国家间的资源禀赋和农业发展水平也存在较大差异。各国间的这种差距越大，通过优势互补，进行技术合作和知识共享，共同推进科技进步，所能提升农业产出的潜能就越大，合作共赢的空间就越大。因此，摸索出可行的、能够实现合作共赢的农业技术合作模式与路径，将有助于推进全球农业绿色发展。

二、加强金砖国家绿色农业合作，保障粮食安全

（一）金砖国家人口众多，粮食消费需求量较大

1. 金砖国家人口众多

金砖国家总人口超过 32 亿，占世界人口总数的 42% 以上。如此规模的人口数量必然决定了其在全球粮食安全问题中的重要地位。中国和印度作为全球主要的发展中国家，不仅人口数量庞大，而且贫困人口众多。2018 年金砖国家的农村人口数量占全球的 45. 8%，高于人口总数占比，反映出金砖国家仍处在发展阶段。2018 年末全国农村贫困人口 1660 万人，[①]布鲁金斯学会相关报告称，截至 2018 年 5 月底，相关数据显示，印度则 7300 万人[②]。如此巨大的贫困人口，仅解决温饱就需会产生巨大的粮食需

① 张翼：《2018 年全国农村贫困人口减少 1386 万人》，中华人民共和国中央人民政府网，2019 年 2 月 17 日：http：//www. gov. cn/xinwen/2019 – 02/17/content_5366306. htm。

② 全球经济数据：“2018 年 5 月底尼日利亚贫困人口为 8700 万人、印度 7300 万人”，全球经济数据网，2018 年 6 月 28 日：http：//www. qqjjsj. com/show107a20017。

求（见表5－1）。

表5－1　　2018年全球和金砖成员国人口构成情况　　单位：百万人

国家	总人口	农村人口	城市人口
巴西	210.9	28.3	179.9
俄罗斯	144.0	36.2	104.7
印度	1354.1	875.7	449.9
中国	1446.8	588.4	865.3
南非	57.4	18.4	36.1
全球	7632.8	3375.8	4187.0

资料来源：联合国粮食与农业组织（Food and Agriculture Organization of the United Nations）。

2. 金砖国家的粮食消费与需求量巨大

以玉米、大米、黄豆和小麦四种国际粮食市场占有具有重要地位的主要谷物为例，根据联合国粮农组织的统计数据：2017年全球玉米、大米、黄豆和小麦的消费需求总量分别为1542.28百万吨、721.53百万吨、545.08百万吨和1187.21百万吨，其中金砖国家玉米、大米、黄豆和小麦的消费需求总量分别为547.68百万吨、389.9百万吨、267.92百万吨和450.35百万吨，分别占全球玉米、大米、黄豆和小麦消费需求总量的35.51%、54.03%、49.15%和37.93%。整体来看，金砖国家对于粮食的消费需求量巨大，在全球需求中的占比也比较大（见表5－2）。

表5－2　　2017年全球及金砖国家主要谷物总消费需求情况　　单位：百万吨

国家	玉米	大米	黄豆	小麦
巴西	107.70	9.38	125.76	13.81
俄罗斯	14.24	0.99	5.88	100.08
印度	29.85	130.99	12.03	113.66
中国	377.29	247.49	124.25	222.80

续表

国家	玉米	大米	黄豆	小麦
南非	18.60	1.05	—	—
全球	1542.28	721.53	545.08	1187.21

资料来源：联合国粮食与农业组织（Food and Agriculture Organization of the United Nations）。

（二）金砖国家农业生产资源潜力巨大

1. 金砖国家拥有广阔的农地资源

土地是农业生产的基本投入要素之一，更是农业生产赖以生存的基础。金砖国家不论是从领土面积来看还是从各类用地面积来看，都相对丰富。表5－3是2016年全球及金砖成员国的各类土地面积。从表中可知，2016年全球分别有13008757千公顷陆地、4869619千公顷农业用地、3995825千公顷森林用地和1592755千公顷耕地，其中金砖国家拥有3834599千公顷陆地、1306362千公顷农业用地、1597408千公顷森林用地和530342千公顷耕地，分别占了全球总量的29.48%、26.83%、39.98%和33.30%。

表5－3　2016年全球及金砖成员国的各类土地面积　单位：千公顷

国家	陆地面积	农业用地面积	森林用地面积	耕地面积
巴西	835814	283546	492554	87546
俄罗斯	1637687	217722	814889	124722
印度	297319	179721	70860	169463
中国	942470	528532	209864	135698
南非	121309	96841	9241	12913
全球	13008757	4869619	3995825	1592755

资料来源：联合国粮食与农业组织（Food and Agriculture Organization of the United Nations）。

2. 金砖国家拥有较为丰富的淡水资源

除土地之外，淡水资源是农业生产中的重要要素。世界银行的统计数据显示，2014 年全球共有淡水资源 428099.6 亿立方米，其中有金砖国家拥有 14276.8 亿立方米的淡水资源，占全球总量的近 33.35%。其中，2014 年全球淡水资源最丰富的国家是巴西，淡水资源总量达到 56610 亿立方米，占全球淡水资源总量的 13.2%（见表 5－4）。

表 5－4　　2014 年全球及金砖成员国淡水资源总量情况　单位：10 亿立方米

国家	水资源总量
巴西	5661
俄罗斯	4312
印度	1446
中国	2813
南非	44.8
全球	42809.96

资料来源：世界银行公开数据库（https：//data.worldbank.org.cn/）。

（三）金砖国家也是农作物产量大国

根据联合国粮食与农业组织的统计数据，2016 年全球主要谷类作物小麦、玉米、黄豆和大米的总产量分别为 756.74 百万吨、1092.22 百万吨、340.27 百万吨和 505.04 百万吨。其中，金砖国家的小麦、玉米、黄豆和大米的总产量分别达到了 232.55 百万吨、342.53 百万吨、148.18 百万吨和 263.42 百万吨，分别占全球产量的 30.73%、31.36%、43.55% 和 52.16%（见表 5－5）。

表 5－5　　2016 年全球及金砖成员国主要谷类作物产量　　单位：百万吨

国家	小麦	玉米	黄豆	大米
巴西	4.26	97.84	119.00	8.38
俄罗斯	0.01	0.08	3.70	0.66
印度	98.51	28.72	10.93	111.52
中国	129.77	215.89	14.55	142.86
全球	756.74	1092.22	340.27	505.04

资料来源：联合国粮食与农业组织（Food and Agriculture Organization of the United Nations）。

（四）金砖国家是全球粮食贸易的主要国家

受农业生产资源与生产技术的影响，金砖国家既是农产品的主要生产者，也是农产品的主要消费者。在全球农业贸易中表现为，金砖国家既有农产品的主要出口国，也有农产品的主要进口国，构成了全球粮食进口与出口的主要支撑。表 5－6 是根据联合国粮农组织 2017 年的统计数据绘制的全球及金砖国家谷类粮食供给（包括了当年的生产和年初库存）、消费、供给盈余/缺口（供给减去需求）、进口以及出口的数据。从表 5－6 可以看到，就全球范围内来看，2017 年谷类粮食总供给 1747.58 百万吨，而消费总需求为 1376.77 百万吨，供给盈余 370.81 百万吨，全球所有国家谷类粮食进口总量 192.73 百万吨，出口总量 195.65 百万吨。而金砖国家当年的谷类粮食总供给为 615.3 百万吨，消费总需求为 405.3 百万吨，供给盈余 210.01 百万吨，进口总量为 20.82 百万吨，出口总量为 46.25 百万吨。其中，中国为粮食主要进口国，2017 年粮食进口占全球粮食进口总额的 9.74%。巴西、俄罗斯为主要粮食出口国，分别占全球总额的 15.98% 和 6.02%。这种金砖国家间的进出口状况，反映出各国存在农产品贸易的巨大空间。

表 5－6　　2017 年全球及金砖成员国谷类粮食供需及进出口情况　单位：百万吨

国家	供给	需求	供给盈余/缺口	进口	出口
巴西	110.03	62.52	47.51	1.37	31.26
俄罗斯	49.42	30.01	19.41	0.21	11.77
印度	48.15	45.32	2.83	0.27	0.78
中国	388.30	254.61	133.69	18.78	0.11
南非	19.40	12.84	6.57	0.19	2.33
全球	1747.58	1376.77	370.81	192.73	195.65

资料来源：联合国粮食与农业组织（Food and Agriculture Organization of the United Nations）。

事实上，如果细化到谷类粮食内部各个分类，进出口对于各个国家保证粮食需求的关键作用将更加凸显。表 5－7 给出了 2017 年金砖国家各主要谷类作物的供给能力和消费需求情况。可以看到，在黄豆这一农产品中，中国缺口最大为 81.4 百万吨，而巴西盈余最多，为 76.1 百万吨，两国在该农产品贸易上存在巨大的合作空间。

表 5－7　　2017 年金砖成员国主要谷物粮食作物的供需情况　单位：百万吨

国家	小麦			玉米			大米			黄豆		
	供给	需求	缺口	供给	需求	缺口	供给	需求	缺口	供给	需求	缺口
巴西	7.3	11.8	－4.5	106.8	59.1	47.8	8.7	8.2	0.5	125.5	49.4	76.1
中国	219.1	120.4	98.7	374	230.6	143.4	241.7	143.1	98.5	29.1	110.5	－81.4
印度	112	95.2	16.8	29.8	27.3	2.5	131	98.7	32.2	11.9	11.6	0.3
俄罗斯	99.8	43.7	56.1	14.1	7.1	7	0.8	0.8	0	3.9	4.5	－0.6
南非	1.8	3.4	－1.5	18.6	12.2	6.4	0.1	0.9	－0.8	—	—	—

资料来源：联合国粮食与农业组织（Food and Agriculture Organization of the United Nations）。

（五）金砖国家是全球绿色农业发展的重要推动力

1. 金砖国家拥有丰富的现代化农业生产经验

金砖国家中既有中国、印度这样传统的农业大国，更有俄罗斯、巴西这样的现代农业生产国。表 5 -8 是 2012 ~2016 年间全球及金砖国家单位土地面积的谷类作物产量，从统计数据可以看到：首先，样本区间内除个别国家以外，绝大多数国家的单位土地面积的谷类作物生产能力都有了不同程度的提高。从全球范围来看，单位土地面积的谷类作物产量从 2012 年的 3625. 3 千克每公顷上升到了 2016 年的 3966. 8 千克每公顷，年均增幅维持在 2. 3% 左右。其次，2016 年，金砖国家单位土地面积的谷类作物生产能力存在差距。其中，中国与巴西单位产出高于全球平均水平，其他国家低于全球平均水平，反映出各国农业生产技术与农业要素应用状况的不同，因此，加强农业技术合作，有助于金砖国家整体提高单位面积产出。

表 5 -8　　2012 ~2016 年全球及金砖成员国谷类作物单位产量

单位：千克/公顷

国家	2012 年	2013 年	2014 年	2015 年	2016 年
俄罗斯	1858. 7	2240. 7	2443. 7	2391. 3	2650. 4
印度	2963. 5	2969. 9	2960. 4	2856. 7	2992. 8
南非	4239. 6	4040. 9	4894	3536. 7	3809. 5
全球	3625. 3	3832. 1	3906. 3	3923. 2	3966. 8
巴西	4584. 5	4826. 4	4640. 4	5000. 7	4180. 8
中国	5825. 2	5894. 2	5891. 9	5981. 5	6029. 2

资料来源：世界银行公开数据库（https：//data. worldbank. org. cn/）。

2. 金砖国家拥有较为较强的绿色农业创新实力

对于任何一个领域而言，创新都需要人才和资金的支持。根据美国科学基金会出版的《科学与工程指标（2016）》① 中的统计数据，当前全球研发活动主要集中在北美、欧洲和东亚地区的部分国家。以研发总支出为

① National ScienceBoard（NSB）. 2016. *Science and Engineering Indicators* 2016. Arlington VA：National Science Foundation.

例，从地区来看，2013 年全球研发总支出约为 1.67 万亿美元，其中美国、加拿大和墨西哥的北美地区研发总支出约为 4929 万亿美元，以欧盟为主的欧洲地区的研发总支出约为 3670 万亿美元，以中国、日本、韩国和印度为主的东亚和南亚地区约为 6600 万亿美元。从国家个体来看，全球研发总支出排名前九的国家分别为美国、中国、日本、德国、韩国、法国、俄罗斯、英国和印度，可以说金砖国家中既有传统农业生产技术较强的国家，也有绿色农业创新研发投入较大的国家。各国对于农业领域的大量研发投入与经费支出将为其未来进一步的绿色农业创新奠定了强大的基础。

综上所述，无论是农业产出还是绿色农业科研创新投入，抑或是生产要素投入，都存在较大差异。这些显著甚至较大的生产差异为金砖国家之间提供了广阔的合作空间，通过技术购买、转让或是合作生产等形式，有助于实现金砖国家之间乃至金砖国家与其他国家之间在农业生产和消费上的优劣互补，从而推动农业绿色发展、保障金砖国家，乃至全球粮食的安全。

三、金砖国家加强绿色农业合作保障粮食安全面临的挑战与困境

从前述分析可知，加强全球绿色农业发展技术的创新与合作，可以最大限度地实现全球农业绿色发展和粮食可持续供给。金砖国家既有人口最多、粮食需求量较大的国家，也有耕地资源丰富、耕作技术较为成熟的国家。因此，加强绿色农业合作，对保障粮食安全，推进农业可持续发展具有重要意义。金砖国家需以全球化的视野来定位发展目标，增强互信，谋划发展机遇，通过互利合作，实现农业资源的全球优化、高效配置，在推动农业绿色发展的进程中，提高农业收益的同时，保障各国粮食的可持续安全供给。

当前，农业合作在金砖国家中蓬勃发展。以中俄农业合作为例，中国

有广大市场，俄罗斯有丰富农业资源，双方可以优势互补，互利双赢。近年来，双方在农产品贸易方面，中俄双边贸易保持了快速增长。据海关统计，2018 年，双边农产品贸易超 50 亿美元，同比增长 28.2%，创历史新高；其中，中国自俄罗斯进口 32.1 亿美元，同比增长 51.3%。2019 年 1~5 月，中俄农产品贸易达 21.8 亿美元，同比增长 1.9%。[①] 俄方希望到 2024 年把对华农产品出口额提高到 95 亿美元。[②] 中国已经成为俄罗斯农产品出口主要目的地。可以说，合作共赢的绿色农业合作，不仅能够实现互惠互利，推动全球农业生态改善，而且包含技术的绿色科技合作，对保障粮食安全也具有积极意义。然而，当今世界单边主义、贸易保护主义的出现，垄断利益维护下的技术贸易壁垒，发展中国家发展与生态困境，以及利益引导下农业结构的不合理性，都在一定程度上阻碍了金砖国家，乃至全球的绿色农业合作与粮食安全供给。

（一）发达国家的贸易保护主义冲击现有农业合作格局

全球化促进了生产要素的全球流动，有助于实现资源最优配置和利用效率最大化。因此，从市场化经济发展的逻辑而言，全球化应当是一个非常合理的、必然的发展趋势。这一趋势对于金砖国家中的农业企业而言意味着"走出去"就能获取更广阔的发展空间。通过与各国深入开展绿色农业合作，不仅可以提升公司业务在该领域的领先优势，同时也为所在国的农业转型升级和绿色农业发展带来了重要契机。双方的合作也为保障粮食安全提供了积极的条件。

然而，近年来，受欧美政治和经济形势的影响，贸易保护主义不断涌现。从国际形势看，当今世界正处在百年未有之大变局中。贸易保护主义

---

① 于佳欣：《商务部：愿与俄方在市场原则基础上挖掘大豆合作潜力》，新华网，2019 年 8 月 1 日：http：//www. xinhuanet. com/2019 -08/01/c_1124827067. htm。

② 强勇，栾海："中俄农业合作前景广阔" 新华网，2018 年 7 月 11 日：http：//www. xinhuanet. com/fortune/2018 -07/11/c_1123110526. htm。

的再次抬头使自由贸易理念被边缘化，严重冲击着当前全球农业合作格局。这不仅影响了绿色农业技术的创新与合作，更影响到了国际农业合作收益，从而在一定程度上抑制了全球农业的正常生产。

作为世界人口大国，中国的农业资源禀赋并不占优势，是全球最大的农产品进口国。随着生活水平的提升，中国人对优质农产品的需求旺盛，直接推动了中国农业对外开放的新格局。有专家形容，中国农业的国际合作特别是农产品进口“势头强劲”“后劲十足”，也为全球农业大国所看好。然而受中美贸易摩擦的影响，中美农产品贸易受到冲击，健康发展的农业合作态势受到影响。但却为金砖国家的农业合作带来了机遇，当前，大豆已成为中俄农业合作的先行者。在政策保障上，2019 年 6 月，国家主席习近平访问俄罗斯期间，两国签署了《关于深化中俄大豆合作的发展规划》，中俄元首特别强调支持两国企业开展大豆等农作物生产、加工、物流与贸易全产业链合作。在市场份额上，中国是俄罗斯大豆的主要买家，俄罗斯分析机构 APK – Inform 公司数据显示，2019 年 6 月，俄罗斯大豆出口 6.4 万吨，比上月增长 35%。在俄罗斯 2018 ~ 2019 农业年度（2018 年 7 月 ~ 2019 年 6 月），中国已成为俄罗斯大豆主要出口国，占出口总额的 93%。[①] 同样，中国巴西的大豆贸易合作也取得快速发展，2016 年 10 月 ~ 2017 年 5 月，中国从巴西进口的大豆份额仅 30%，约为美国的一半。在一年前中国开始调整关税后，美国大豆出口遭受打击，巴西很快占据了中国进口需求的 45%。根据美国农业部对外农业服务局的最新数据，目前巴西大豆占中国进口大豆份额约 75%，而美国仅为 10%。[②] 以金砖国家农业合作为代表的新农业合作格局正在形成。

① 廖伟径：《俄罗斯全境大豆出口中国“开绿灯”中俄农业合作不断走深走实》，中国经济网，2019 年 8 月 6 日：http：//intl. ce. cn/sjjj/qy/201908/06/t20190806_32818453. shtml。

② 世界农化网中文网：《巴西大豆占中国进口大豆份额飙升至 75% 美豆跌至 10%. 世界农化网》，2019 年 7 月 16 日：http：//cn. agropages. com/News/NewsDetail—19080. htm。

（二）利益冲突限制了农业合作的深入开展

当今世界，许多科技问题带有区域性乃至全球性特征，对于农业而言，更是如此，生态与环境、自然资源利用与保护、灾害防治和动植物疾病防治等，需要多国参与才能解决，全球科技呈现科学研究大合作、多元文化大碰撞和技术创新大发展的趋势，农业科技资源在全球范围内的流动和配置加速进行，科学研究的规模越来越大，多学科大规模交叉、相互渗透的特点日益突出。① 近年来，中国和以色列的农业技术合作就是这一特点的充分体现。两国近年经贸关系发展迅猛，科技创新交流日益升温。双方在现代农业技术方面的深入交流不断深入，以色列的先进农业技术被中方引进和运用，在农业产业规划布局、高效节水灌溉、水肥一体化、农业自动化、土壤改良等方面，为中方实现改进提高和良性发展提供了助力。②这一合作不仅推进了中国绿色农业发展，推动了粮食高效产出，也为以色列先进农业技术再创新与开发，找到了更广阔的发展空间，提供了更高效的农业资源。由此可见，为推进农业绿色发展，维护全球粮食安全，世界各国，尤其是金砖国家理应引领，并加大农业科技创新与合作。然而，受维护自身垄断利益的驱使，一些国家在进行绿色农业合作时，时常限制先进绿色农业科技的输出与合作，为技术贸易设置了重重壁垒。此外，由于国际经济秩序、地缘政治等原因，一些国家间存在缺乏政治互信，通过贸易壁垒、绿色壁垒，乃至政治介入，来限制创新要素、绿色农业技术向其他国家流动的问题。抑或是在合作中附加各种条件，使得双方合作进程受到影响，直接阻碍了农业科技的国际交流与合作。

---

① 杨旖旎、李玉荣：《全球化背景下加强我国农业国际科技合作工作的思考》，载于《农业科技管理》2014 年第 6 期。

② 王炯：《农业科技结出中以"一带一路"合作新硕果》，载于《光明日报》2018 年 6 月 16 日，第 4 版。

（三）发展中国家解决贫困与温饱，使农业绿色发展受到影响

对于当前广大发展中国家而言，解决发展与温饱问题仍然是各国政府关注的头等大事。在饥饿与贫穷的双重压迫下，推动农业绿色转型，实现粮食安全与可持续供给，对广大发展中国家而言，仍是巨大的挑战。据悉，联合国粮食及农业组织、国际农业发展基金会、联合国儿童基金会、世界粮食计划署和世界卫生组织联合编制了2018年《世界粮食安全和营养状况》报告，旨在为国际社会提供有关消除饥饿和改善营养等方面的信息。报告指出，2017年世界饥饿人口数量上升至8.21亿，相当于全球人口每9人中就有一人处于饥饿状态。[①] 其中，非洲仍是饥饿问题最严重的地区。

在贫困方面，尽管各国都在极力减贫，但仍存在较多的贫困人口。金砖国家中也是如此，据世界银行数据显示，2017年贫困人口比例，按国家贫困线衡量的（占人口的百分比），中国为3.1%，俄罗斯为13.2%，尽管所占比例不是很大，但考虑到这些国家庞大的人口基数，贫困人口数量依然巨大。2017年末，尽管中国比上年末贫困人口减少了1289万人，但仍然有3046万农村贫困人口。[②] 在饥饿的压力下，各国农业发展的重心必然是极尽可能地增加粮食产量。为了维持粮食产出，无论是化肥、农药等的不合理使用，还是土地资源的过度利用，都是难以避免的无奈选择。在这种农业发展中，是很难顾及农业绿色转型的，也不会更多关注到粮食的生产质量，以及农业资源的可持续利用问题的。这种只顾眼前，涸泽而渔的生产方式，必然会影响到农业绿色发展，也无法实现可持续的粮食安全供给。在这种情况下，即使企业拥有先进的农业绿色科技与粮食生产技

---

① 李洁：《联合国报告：全球每9人中就有一人挨饿》，新华网，2018年9月12日：http：//www.xinhuanet.com/world/2018-09/12/c_1123418722.htm。

② 周锐：《2017年中国农村贫困人口减少1289万人》，中国新闻网，2018年2月1日：http：//www.chinanews.com/gn/2018/02-01/8438681.shtml。

术，也无法有效地与广大发展中国家进行对接合作。对于多数国家而言，贫困人口多集中在偏远的农村地区，在贫困的限制下，这些农村劳动力资源自身的科技素质较弱，学习技能与劳动态度也很难适应现代农业生产的需求。这为国际农业合作带来了很大的障碍，由于贫穷地区广大的农业劳动力无法满足技术输出方的要求，那么双方农业技术合作与交流的效果就会受到影响，合作带来的收益也十分有限，绿色农业技术合作的积极性就会减弱，合作难以走向深入。

（四）利润优先引导下的农业生产结构不利于粮食安全供给

为推进农业结构优化升级，尽快摆脱贫困，无论是广大发展中国家，还是一些金砖国家，调整种植产业结构和布局，加快发展经济作物，以便产生了较大的社会和经济效益，成为其合理而又必然的选择。以中国为例，2016 年中国粮食播种面积 113034 千公顷，比上一年减少了 309 千公顷。而茶园与果园面积均有所增加，分别从 2015 年的 2791 千公顷和 12817 千公顷，增加到 2016 年的 2902 千公顷和 12982 千公顷[①]。需要指出的是，这种农业生产结构调整尽管在一定程度上提高了农业收益，但不断减少的粮食种植面积，必然会影响到粮食生产与安全。

同样，作为微观经营主体，企业实施农业技术合作的目的是为了盈利。因此，国际农业企业在“走出去”的过程中，实施农业科技创新与合作，其动力也是获取更高收益。所以，他们选择的合作项目，更多的是收益较高的农业服务领域，或者经济作物合作项目，单纯的粮食合作项目较少。尽管不能以此断定国际农业合作就会降低粮食产量，但这种以利益引导下的农业生产合作，必然在一定程度上对粮食生产安全造成相应冲击。据联合国粮农组织网站消息，该机构 20 日发布最新一期《作物前景与粮食形势》报告。报告预测，2018 年全球谷物产量为 25. 87 亿吨，为三年内

---

① 资料来源：《中国统计年鉴（2017）》计算得出。

最低，比上年创纪录的高位水平下降2.4%。[①] 因此，保障粮食种植面积，保证粮食安全可持续供给，依然是各国需要关注的重点。

四、金砖国家加强绿色农业合作保障粮食安全的思路与对策

（一）以“命运共同体”理念为指引，推进金砖国家绿色农业合作，保障粮食安全

尽管当前国际贸易与合作正受到“逆全球化”的冲击，但贸易全球化是不可逆转的世界潮流。哪怕个别国家逆潮流一意孤行，只会使经济全球化更加曲折，而不会改变经济全球化的大势。正如习近平主席在世界经济论坛2017年年会开幕式上的主旨演讲中所指出的那样，想人为切断各国经济的资金流、技术流、产品流、产业流、人员流，让世界经济的大海退回到一个一个孤立的小湖泊、小河流，是不可能的，也是不符合历史潮流的。[②] 对于国际绿色农业合作而言，更是如此。农业生产，尤其是涉及生态与环境、农业资源利用与保护、灾害防治和动植物疾病防治等问题，在一定程度上具有全球性影响。为此，金砖国家应率先力行，以全球命运共同体的理念为指引，加强农业技术合作与创新，共同应对绿色发展与粮食危机，推动2030年可持续议程目标的实现。

中国在中非合作论坛北京峰会上提出，以打造新时代更加紧密的中非命运共同体为指引，支持非洲在2030年前基本实现粮食安全。这其中包

---

① 联合国粮农组织：“2018年全球谷物产量或为三年最低”. 中国证券网，2018年9月21日：http：//news. cnstock. com/news，bwkx－201809－4276012. htm。

② 王一鸣：《美国打贸易战改变不了我国所处的历史机遇期》，载于《求是》2018年第19期。

括：支持非洲在2030年前基本实现粮食安全，同非洲一道制定并实施中非农业现代化合作规划和行动计划，实施50个农业援助项目，向非洲派遣500名高级农业专家，培养青年农业科研领军人才和农民致富带头人等。联合国粮农组织驻肯尼亚代表加布里埃尔·如加勒马表示，这些举措不仅将增强非洲地区的粮食自给能力，还将帮助当地农业发展，带动就业，进而提高非洲人民的生活水平。①

由此可见，各国通过全面扩大国际农业合作与交流，促进农业投资便利化、农产品贸易自由化。通过搭建平台、科技合作、海外试验示范园区建设、农业科技人才培养等多种方式，积极推动国际合作，必可为全球农业创新和可持续发展贡献智慧。只要金砖国家共同携手，应对单边主义与贸易保护主义，以全球命运共同体理念为指引，以全球视野、世界眼光，扎实开展国际农业科技交流与合作，推进现代农业合作，打造农业绿色发展，共同推进科技创新，必然能够保障未来粮食的可持续安全。

（二）构建合理的合作利益分配机制，推进国际农业合作走向深入

推进绿色农业合作，需要构建牢固的合作基础，减少或消除分歧，增强互信，增进共识。而牢固的合作基础有赖于共同的意愿以及合理的利益分配机制。从前述分析可知，推进农业绿色科技创新与合作，金砖国家间存在较强的合作意愿，因此，构建合理的合作利益分配机制，成为推动国际农业合作走向深入的关键。

合理的合作利益分配，一方面是遵循市场化原则，保证合作双方获取应有的收益，维护双方合作的积极性；另一方面，合作应本着减少贫困的原则，让合作利益更多地留在落后地区。农业绿色科技创新与合作的双

---

① 王小鹏、李琰：“专访：中国行动对非洲实现粮食安全至关重要——访联合国粮农组织驻肯尼亚代表如加勒马”新华网，2018年9月10日：http：//www. xinhuanet. com/world/2018 –09/10/c_129950627. htm。

方，要跳出单纯追求利益最大化的思维，把互利共赢作为出发点，要树立长远利益与全球整体的观念，把优势互补作为开展合作的基本目标，不断追求创新的和谐，实现双方利益的可持续增长。为此，金砖各国应本着推动全球农业绿色发展，实现粮食可持续安全供给的理念，摒弃垄断利益维护理念，在合作共赢核心理念指导下发展出互助、互惠、共赢的利益共享机制，使参与其间的国家真正实现“双赢的目的”，从而来维护合作的持续开展，推动绿色农业合作走向纵深。同时，要充分发挥绿色科技的最大作用，推动农业绿色发展，保障粮食安全供给，真正实现绿色农业国际合作的整体效益。

（三）完善发展中国家的农业发展基础与条件，提升农业技术合作收益

《2030年可持续发展议程》的落实，意味着发展绿色农业成为方向。绿色农业发展，因其生态整体性特征，必然涉及更广泛的区域，乃至全球。因此，发展绿色农业，推进农业国际化合作是必然趋势。为此，应进一步加强各国及国际组织间的农业科技合作，继续加强各国间先进农业技术的交流与引进，鼓励各国，尤其是发展中国家与国际跨国涉农企业开展农业科技合作。提升农业资源利用效率，保护农业生态环境，保障粮食安全。

激励先进农业企业与发展中国家的绿色农业合作，必须坚持以市场为导向，以微观经济企业为合作主体，这是经济运行规律的要求，也是推进农业技术合作深入开展与可持续合作的要求。因此，合作要坚持市场化运作，保证合作收益。除此之外，由于广大发展中国家农业技术落后，生产条件有限，人力资源无法适应合作中的劳动要求，短期难以保障双方绿色农业合作的收益。为此，金砖国家可建立专门机构，增进沟通与合作，加强技术援助与资金资助，保障合作初期项目的运行。待其逐步获得生存能力时，再逐步退出让位与市场机制。同时，广大发展中国家也要支持农业

科技成果创新和推广，建立完善的农业科技成果产权保护体系，让科技创新企业能够享受到科技成果转化的收益。同时还应加强农业基础设施建设，通过技术培训，提高劳动力素质，为合作打造良好的基础条件，降低绿色农业的合作成本，提升双方的合作收益与整体效益。

（四）加大科技支撑，调整绿色农业生产结构，保障粮食可持续安全

优化农业结构，发展绿色农业时，一定要跳出粮食生产和农业结构调整相互影响的思维定式，探索出粮食生产和农业结构调整二者协调发展、相互促进的新路。保证农业结构调整与稳定粮食生产规模相互促进，一定规模数量的粮食必不可少，通过调整优化粮经作物生产结构，实现粮食作物、经济作物和饲料作物三元种植业结构协调发展。要实现上述协调发展，就必须加大科技创新与科技支持。科技创新驱动是实现可持续发展的保障，因此，在保障粮食安全方面，也应通过科技支撑，实现在农业结构调整扎实推进的同时，促进粮食生产加快发展，使粮食生产技术、品质、潜力进一步提升，使粮食产业布局、区域布局、产品结构更加科学合理。通过整合金砖各国农业现代化业务，深入挖掘市场潜力，提供农业绿色发展的技术产品和相关技术服务，推动传统农业绿色转型，在促进了农业增效、农民增收的同时，不断提升粮食产量。金砖国家应引导各国在粮食品种改良上的合作，通过提升谷物生产率，来保障粮食种植收益，维护粮食种植积极性。

第六章 金砖国家投资合作现状与前景展望

一、金砖国家投资合作的现实背景

国别之间的投资合作在很大程度上受国际经济环境和全球投资形势的影响，金砖国家之间的投资合作的发展亦受制于此。当前，全球经济和投资发展环境尚不明朗，诸多因素制约了跨国投资合作的进展。尽管相比于其他国家，金砖国家经济增长速度略快，为投资合作提供了支撑，但逆全球化态势的出现和全球跨国投资的低迷也构成了影响金砖国家投资合作的不利因素。

（一）全球经济复苏缓慢

2008 年全球金融危机爆发后，全球经济经历了一段时间的复苏，尤其是发展中国家在 2010 年经济增长率一度接近 8%，增加了总体资本需求，这也为全球投资合作增长创造了良好的条件。然而，近年来全球经济增长略显疲乏，经济增长率多年来持续下滑，2017 年虽略有提升但仍不足以带动经济复苏（见图 6 - 1）。经济增长乏力也导致投资需求受到了较大影响，各国效益良好的项目也相应减少，对投资的高需求难以维系。这在一定程度上影响到跨国投资合作的市场机会，继续增加投资规模将会使风险扩大，因而在这一阶段，企业以消化已开展项目并谨慎寻找高质量项目为主，注重跨国投资的长远布局。根据国际货币基金组织《世界经济展望》预测，2018～2019 年全球经济增长率为 3.7%，也未见明显复苏，主要在于对政策不确定性的预期，包括贸易壁垒增加、货币政策不稳定以及新兴市场整治风险加剧等。这意味着全球跨国的规模增长在未来仍面临阻力，不确定因素较多。

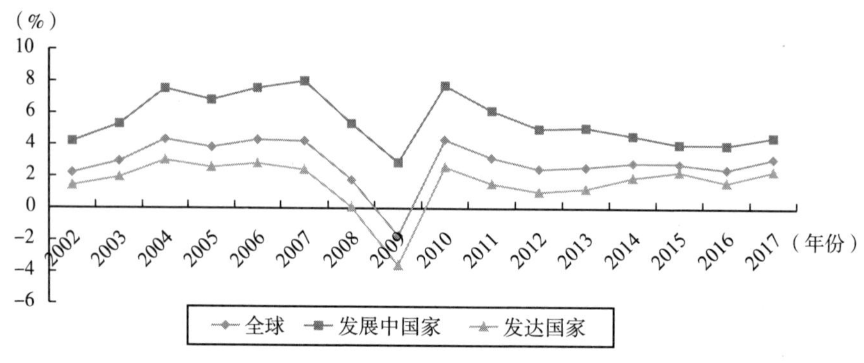

图 6－1　全球经济增长率

资料来源：国际货币基金组织：《世界经济展望》。

近年来，金砖国家的经济增长也出现了分异（见表 6－1）。进入新常态以来，中国经济更为注重结构调整，GDP 增速有所放缓，基本稳定在 6.5% 上下；尽管遭遇中美贸易摩擦，但在国内改革深化的情况下，中国经济增速预期仍可保持稳定。在享受国内人口红利和经济改革措施取得成效的背景下，印度成为金砖国家甚至全球经济增长最快的国家；尽管有较多国际机构对印度的快速增长表示质疑，但仍无法改变印度经济增速领先全球的事实。在全球能源价格的波动影响下，俄罗斯和巴西的经济在 2016 年出现了缩收，但很快出现复苏势头，并保持稳定的正向增长率。在五国中，南非的经济增长表现较差，为了推动长期经济增长，南非政府将政策重点布局能源产业。金砖国家经济增长表现的分异为彼此之间的投资合作创造了空间，各国均需要引入互补性的资本创造新的经济增长点。

表 6－1　2016～2019 年金砖国家经济增长率　单位：%

国家	2016 年	2017 年	2018 年	2019 年（预测）
中国	6.4	6.5	6.5	6.6
印度	7.1	6.7	7.4	7.8
俄罗斯	－0.2	1.8	1.7	1.5
巴西	－3.5	1.1	1.9	2.1
南非	0.3	0.9	0.9	0.9

资料来源：国际货币基金组织：《世界经济展望》。

（二）全球跨国投资锐减

全球经济增长乏力也对跨国投资合作产生了影响，2017 年全球对外直接投资流量减少了23%，从 2016 年的 1.87 万亿美元减少至 1.43 万亿美元（见图 6－2）。根据联合国贸发委发布的《2018 年世界投资报告》分析，2017 年全球对外直接投资规模下降的原因主要在于跨国并购的减少，但同时已宣布的绿地投资规模也大幅度减少，说明未来对外直接投资增长也存在困难。这些现象表明了对外直接投资增长受阻是全球面临的共同问题，全球经济基本面不足以支撑过快的国际投资流动。对于国内资本短缺的发展中国家而言，可以利用的外部资金来源包括国外贷款、官方发展援助和外国直接投资等，其中来自发达国家的对外直接投资一直是最重要的来源，并能有效抵御外部经济和进入冲击。因此，发达国家直接投资流出量的大幅下降势必会影响发展中国家的经济增长，其中部分金砖国家仍处在外资需求中，在这种情况下需要加强彼此之间的投资合作进行弥补。

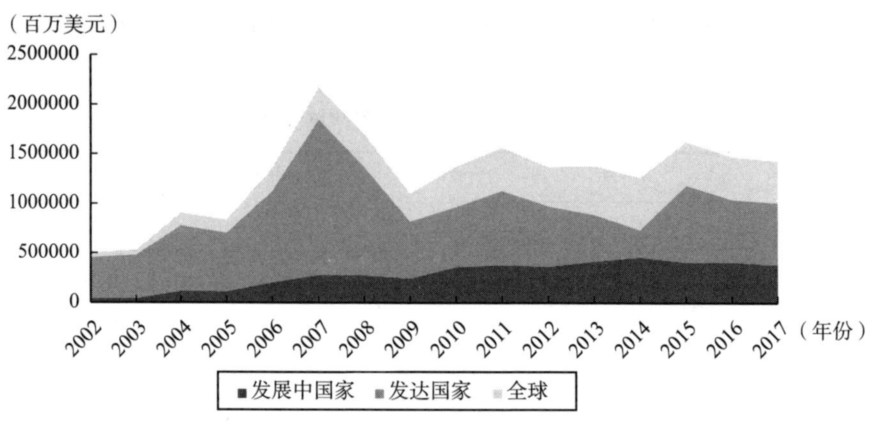

图 6-2　全球外国直接投资流量规模趋势

资料来源：根据联合国贸易发展委员会相关数据整理。

金砖国家也呈现出与全球对外直接投资流量相同的趋势（见图 6-3），流出量和流入量均在 2017 年出现了下降，尤其是流出量减少幅度较大。在总体上，金砖国家仍是对外直接投资流入量大于流出量，但流出量在前几年快速增长，尽管这种差额在前几年逐步缩小，但随着 2017 年流出量规模的大幅下降又开始扩大。这是因为由发达国家主导的全球经济形势影响了

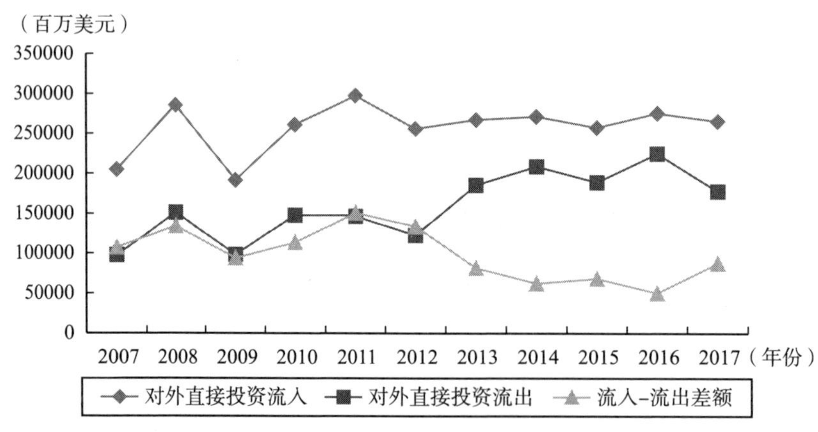

图 6-3　金砖国家对外直接投资流量规模

资料来源：根据联合国贸易发展委员会相关数据整理。

金砖国家对外直接投资的良性发展，阻碍了跨国公司资本在全球范围内的配置效率。这也迫切需要金砖国家内部实现更为充分的投资合作，以此应对全球跨国投资锐减产生的不利影响，保障资本的有效配置推动金砖国家经济增长。

（三）国际投资保护兴起

20 世纪八九十年代，自由主义经济理念在全球盛行，因此各国在对外经济领域主要以鼓励为主，较少对贸易和投资进行限制，允许外国资本进行本国市场开展竞争。进入 21 世纪后，外资限制政策开始逐步增多，国际投资保护逐渐开始形成。尤其是 2008 年全球金融危机爆发后，西方发达国家经济陷入低迷，各国出于政治目的和为了保护本国产业纷纷增加外资进入的限制，导致国际投资保护行为在全球蔓延并强化。在国际机构的协调下，尽管此后国际投资保护行为有所缓和，但仍远高于金融危机爆发之前。然而，2016 年以来，逆全球化态势开始形成，以美国为首的西方发达国家违背经济全球化发展规律，进一步加强对商品和资本跨国流动的限制。发达国家以安全和技术审查为由频繁出台限制外资进入的政策，并肆意扩大审查范围，限制措施往往偏离合法依据，导致近年来国际投资保护呈现出无序增长的势头。图 6－4 绘制了 21 世纪以来各年全球促进型和限制性外资政策占总投资政策比重的演变趋势，从中可以发现近十余年来全球国际投资保护从加剧到缓和再到加剧的总体发展趋势。

毋庸置疑，国际投资保护的兴起严重影响了全球跨国投资的发展，尤其是对外直接投资新近崛起的金砖国家。相比而言，金砖国家跨国公司作为国际化的后起之秀，虽然开展对外直接投资业务的速度较快，但由于经验匮乏的原因抵御国际经济环境波动风险的能力也较差。国际投资保护产生了投资政策的不确定性，使金砖国家跨国公司面临更大的经济风险，一方面会导致金砖国家对外直接投资项目受阻，另一方面因激励下降减少了金砖国家的潜在对外直接投资。在这种背景下，国际投资保护阻碍了金砖国家资本的合理配置过程，不利于金砖国家跨国公司参与全球生产价值链以及竞争实力的提升。逆全球化趋势的出现导致国际投资保护难以在短期内缓解，因此需要金砖国家内部消除投资保护行为，通过内部的投资合作促进对外直接投资的有效配置，实现生产的有效互补和价值链的有序分工。

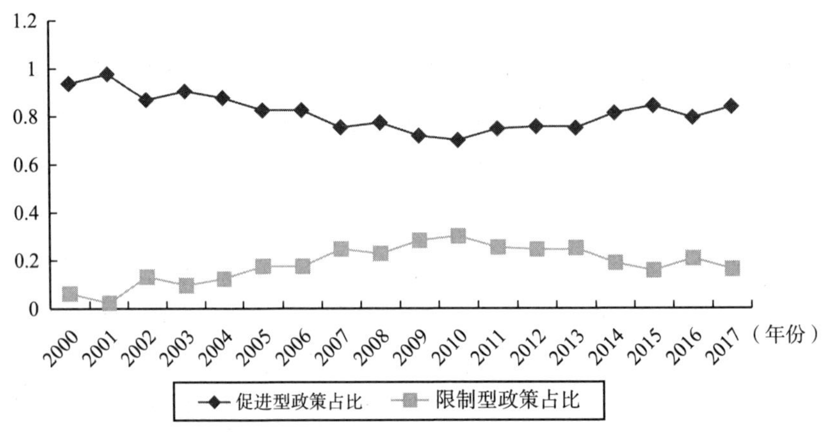

图 6－4　全球促进型和限制型投资政策对比趋势

资料来源：根据联合国贸易发展委员会，*World Investment Report* 相关数据整理。

二、金砖国家投资合作现状与特征

近年来，金砖国家的经济总量在世界经济中所占的份额不断提升，国际经济地位和作用也越发重要。但是，由于经济发展战略和结构特征不同，金砖各国在投资合作上的表现存在较大的差异。其中，中国无论在吸引外资还是对外直接投资上均领先于金砖各国，并在全球位于前列，但是中国与金砖国家之间的相互投资仍显发展不足。类似地，其他金砖国家也存在相互投资较小的现状，这是因为金砖国家之间缺乏针对性的投资激励措施，凸显出金砖国家之间投资合作发展的巨大潜力空间。

（一）金砖国家投资合作总体状况

作为新兴经济体，金砖国家在投资合作上也有较大的需求，由于近年来各国的经济发展存在较大的差异，因此在吸引外商直接投资和对外直接投资流出上也存在较大区别。金砖国家的长期经济增长预期优于西方发达国家以及其他发展中国家，因此更能吸引外资的进入，这也大大推动了金砖国家投资合作的总体表现。但是，由于经济波动的影响，各国在外资进入维度的投资合作也大相径庭（见图6－5）。中国作为金砖国家中经济发展最为稳定且势头最为良好的国家，在吸引外资上一直保持领先地位，虽然增速在近年来受国际经济形势恶化的影响有所下降，但总量仍遥遥领先于其他金砖国家。巴西吸引外资规模在金砖国家中仅次于中国，不同的是，在过去几年外资流入规模下降趋势较为明显，这是因为巴西经济受资源价格不稳定影响，从而影响投资收益率所导致。类似地，俄罗斯吸引外商直接投资流入规模的波动性也较大，这也跟俄罗斯经济发展的不稳定因素有关。印度吸引外商直接投资规模在经历一段时间的增长后，也于2017年受国际经济形势的影响出现下降，但下降幅度不大，仍显示出较为平稳

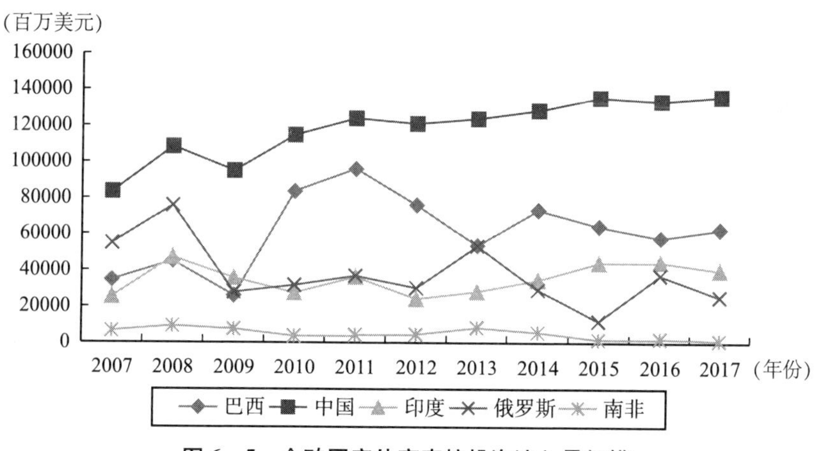

图6－5　金砖国家外商直接投资流入量规模

资料来源：根据联合国贸易发展委员会相关数据整理。

的态势，这与印度近年来经济快速增长存在密切关系。受经济发展不景气因素影响，南非吸引外商直接投资的规模较小，并且在近年出现了下降趋势。总体上，可以发现金砖国家投资合作在吸引外商直接投资上仍存在较大的波动，一方面需要通过寻找稳定的经济增长点以更进一步吸引投资，另一方面也应探索实现外资引入的长效合作机制。

经过多年的经济增长后，金砖国家的综合实力开始增强，企业竞争力也随之不断提升，逐步成为全球跨国投资的主要推动者，对外直接投资规模也开始增长（见图6－6）。其中最为典型的是中国，过去十余年中国对外直接投资流量规模呈现出飞速增长，目前已稳居世界前三位。但是，中国对外直接投资规模在2017年出现大幅度下跌，这一方面与全球跨国投资整体下降有关，另一方面也与中国主动调整将对外直接投资战略从量向质调整有关。在其他金砖国家中，俄罗斯的对外直接投资较为起伏，并于2014年后出现较大幅度下降，这是因为在经济不景气的影响下，俄罗斯跨国公司的资金能力和竞争实力均有所减弱，导致开拓国际市场的动机减弱。虽然印度的经济发展在近年来表现强劲，但由于经济起步较晚，国内经济仍对资本有很大的需求，因而对外直接投资随着经济发展反而有所减少。巴西和南非的对外直接投资流出规模较少且存在较大波动起伏，这是

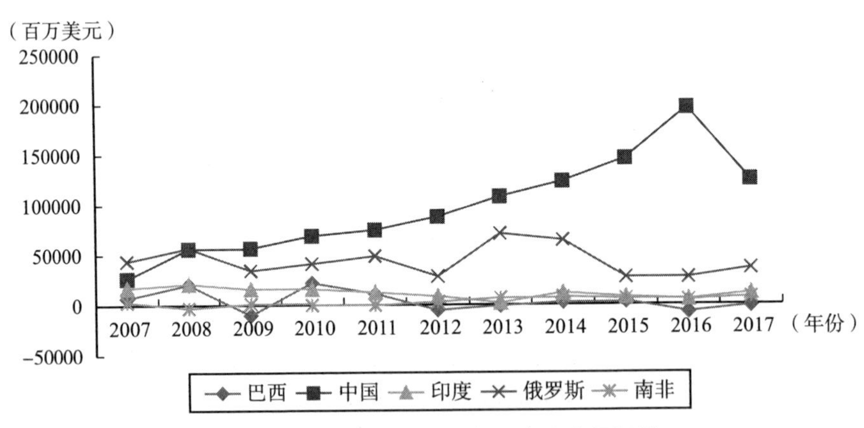

图6－6　金砖国家对外直接投资流出量规模

资料来源：根据联合国贸易发展委员会相关数据整理。

因为这两个国家跨国公司的国际竞争实力较弱，难以在国际经济形势不稳定的情况下占据较大的国际市场。从对外直接投资流出量中可以发现，除了中国外，其他金砖国家的投资合作能力仍需进一步提高。因此，金砖各国在提高经济竞争实力开拓国际市场与其他国家开展投资合作的同时，也应构建金砖国家内部相互投资合作的有利环境和政策保障。

（二）中国对其他金砖国家投资合作状况

在金砖国家中，中国是投资合作发展最为迅速且表现最为良好的国家，其中吸引外商直接投资常年仅次于美国位列全球第二位；对外直接投资规模经过十几年的快速增长也已稳居全球前三位。尽管如此，中国与其他四个金砖国家之间的投资合作存在较大的差异，并且仍有较大幅度的空间可待进一步发展。在对外直接投资方面，俄罗斯在金砖国家中是我国最大的投资合作伙伴国，2017 年我国对其的直接投资流量规模达到了 15.48 亿美元，占对四个金砖国家直接投资总额的近 60%，这是因为中国与俄罗斯之间历来有良好的经贸合作关系，以及“一带一路”倡议的带动。中国对其他三个金砖国家的直接投资规模存在较大的波动，尤其是对南非的起伏最大，存在多年流回量大于流入量的负投资额现象。总体上，中国对金砖国家的直接投资规模仍显不足，尽管曾在 2008 年占总对外直接投资额的 9.5% 多，但在 2012 年一度跌至仅占 0.5%，到 2017 年仅占总额的 1.6%。另一方面，尽管中国对外直接投资总规模在 2017 年出现一定幅度的下降，但对金砖国家的投资规模却出现小幅度的增长，反映出了中国与金砖国家投资合作存在较大的稳定性（见表 6－2）。

表 6－2　2007～2017 年中国对金砖国家直接投资流量规模状况　单位：万美元

年份	巴西	印度	俄罗斯	南非	全球	“金砖”占比
2007	5117	2202	47761	45441	2650609	0.037924
2008	2238	10188	39523	480786	5590717	0.095289

续表

年份	巴西	印度	俄罗斯	南非	全球	"金砖"占比
2009	11627	-2488	34822	4159	5652899	0.008512
2010	48746	4761	56772	41117	6881131	0.022002
2011	12640	18008	71581	-1417	7465404	0.013504
2012	19410	27681	78462	-81491	8780353	0.005018
2013	31093	14857	102225	-8919	10784371	0.012913
2014	73000	31718	63356	4209	12311986	0.013993
2015	-6328	70525	296086	23317	14566715	0.026334
2016	12477	9293	129307	84322	19614943	0.012001
2017	42627	28998	154842	31736	15828830	0.016312

资料来源：历年《中国对外直接投资统计公报》。

在吸引外商直接投资方面，中国与其他金砖四国之间的合作也存在较大差异，各年的波动也较大。从2007~2017年累计额看，中国从印度吸引的外商直接投资规模位居金砖国家首位，但跨年间的增减起伏也较大，这跟印度近年来经济快速发展存在一定相关性。中国从吸引南非的外商直接投资规模在四个金砖国家中较少，这是因为南非近年来经济发展势头较弱，资本输出实力不足。相比于中国吸引外商直接投资总量，从金砖国家吸引的外资规模仍显过小，所占比重从2007年的0.25%一度降到2013年的0.07%，尽管又再次增长到2017年的0.22%，但仍无法与金砖国家的经济体量形成相应的比例。这种现象的原因在于金砖国家属于新兴经济体，企业国际化程度仍显不足，同时也反映出了中国与金砖国家在引进外资上仍存在较大的拓展空间（见表6-3）。

表6-3　2007~2017年中国吸引金砖国家外商直接投资流量规模状况

年份	巴西	印度	俄罗斯	南非	全球	"金砖"占比
2007	3164	3404	5207	6916	7476789	0.0025
2008	3879	8805	5997	2560	9239544	0.002299

续表

年份	巴西	印度	俄罗斯	南非	全球	“金砖”占比
2009	5248	5520	3177	4120	9003267	0.002006
2010	5725	4931	3497	6647	10573235	0.001967
2011	4304	4217	3102	1323	11600985	0.001116
2012	5760	4406	2992	1605	11171614	0.001321
2013	2705	2304	2208	1292	11758620	0.000724
2014	2811	5075	4088	589	11956156	0.001051
2015	5084	8080	1312	198	12626555	0.001162
2016	4667	5181	7343	382	12600142	0.001395
2017	4228	15772	2384	6518	13103513	0.002206

资料来源：历年《中国统计年鉴》。

（三）金砖国家投资合作特征

1. 中国是金砖国家投资合作的引领者

自改革开放初期以来，中国便提出了引进外资的战略政策；随着经济实力的提升，21世纪初提出了企业“走出去”战略推动对外直接投资发展。经过多年的努力，中国无论在吸引外资和对外直接投资上均位列全球前三，探索出了一条投资合作成功的经验道路。同为新兴市场经济体，中国与其他金砖国家尽管在结构上存在一定差异，但在经济发展阶段和潜力上存在一定相似性，因此中国的经验可引领其他金砖国家的投资合作发展。中国在投资合作上的成功说明作为新兴崛起的经济体，尽管跨国公司国际化程度较低且经验欠缺，但仍可通过政策激励以及跨国合作实现吸引外资和对外投资的快速发展。由于中国的投资合作在全球已经具有一定的国际地位和话语权，作为具有相同利益诉求的新兴经济体，中国有能力作为引领者推动金砖国家的投资合作，也有条件为其他金砖国家推动投资合作发展提供经验指导。同时，中国也能凭借在对外投资能力上的优势倡导金砖国家之间建立更为深入的投资合作关系；此外，近年来中国企业的国际化发展优势也能使其成为金砖国家内部投资合作的重要载体。

2. 各国投资合作总规模并不稳定

近十几年来，在全球经济波动的冲击下，金砖国家的总体投资合作趋势较不稳定，尤其在对外直接投资流出上。尽管中国作为引领者保持了双向投资的稳定增长，但其他金砖国家投资合作的起伏较大，表现在对外直接投资输出的低迷和吸引外商直接投资的增减波动上。其中，俄罗斯和南非的吸引外商职级调整在2015年后均出现了下滑，四个国家的对外直接投资流出量也都在近年出现了下降的形势。国际经济环境恶化固然是影响金砖国家投资合作不稳定的因素，但各国自身经济发展存在的问题也对此产生了一定的影响。经济发展和投资合作能力是相互的，尽管投资合作能推动经济发展，但经济发展反过来也会影响对外商的吸引力以及开展对外直接投资的经济实力。中国之所以能保持多年以来稳定的投资合作增长，主要原因在于强劲的经济增长表现，一方面增加了外商的投资预期，另一方面也为对外直接投资开展提供了有力的支持。不同的是，其他金砖四国均未能保障国内经济发展的长期稳定。俄罗斯、巴西和南非因经济增长率较低而难以吸引外商直接投资，也拖累了企业对外直接投资的开展；印度尽管有较高的经济增长率，但由于经济结构不完善以及贫富差距较大等问题也阻碍了投资合作的快速开展。

3. 内部相互投资仍有较大增长潜力

随着多年的经济发展，金砖国家在全球经济中的地位已逐步提升，相互之间的各类合作也已逐渐开展。尽管如此，金砖国家之间的相互投资合作仍略显不足。以中国为例，向其他金砖国家进行的对外直接投资和从其他金砖国家吸引的外商直接投资占全部投资合作的比重均相当低，其中对外直接投资仅占1.6%，吸引外商直接投资约占0.2%。根据联合国贸易发展委员会统计，金砖五国之间的相互投资仅占五国对外投资总额的 6%，五国的经济体量与其他领域的合作相比存在较大的差距。其中的原因之一在于发达国家仍主导了与金砖国家之间的投资合作，金砖国家吸引外资的来源和对外直接投资的目的地仍以发达国家为主。同时，金砖国家跨国公司国际化均起步较晚，跨国投资均显不足，也更倾向于与发达国家开展投资合作获取重要战略资源。在当今国际经济发展趋势下，发达国家的领先优势开始缩小，金砖国家企业的国际化需求也在提升，而国际投资保护行为进一步阻碍了金砖国家与发达国家之间投资合作的持续发展。随着金砖国家在全球经济中的地位不断提升以及彼此之间的联系不断增加，相互投资合作的需求空间也越来越大，这也意味着在未来金砖国家内部之间的相互投资合作也具有较大的发展潜力可供开发。

4. 缺乏细致的投资互惠政策措施

除了国际经济形势和国别经济发展的影响外，国家之间的经贸合作协议以及政府优惠政策也是推动投资合作的重要因素。尤其在当前背景下，国际组织的约束效力越来越低，多边和双边合作协议的重要性越来越突出。为了有效实现投资合作，金砖国家已经构建并发布了多个合作协议框架，包括《金砖国家贸易投资合作框架》《金砖国家投资便利化纲要》等，这些协议框架确立了金砖国家投资合作的基本准则，确立了投资合作的大致方向。尽管确立了基本合作框架，但是当前金砖各国更为细致的优惠措施，在东道国角度缺乏吸引其他金砖国家外资进入的专项优惠措施，在母国角度也缺乏对其他国家进行对外直接投资的特定激励政策。因此，并未为企业之间的投资合作提供额外的激励措施，这也导致了金砖国家之间的相互投资合作主要集中在政府之间，企业之间的相互投资较少。多个国家的经验证明，通过优惠政策措施能为跨国公司之间的投资合作提供适当的激励，并能在总体上促进相互投资的良性发展。虽然金砖国家之间有较大的投资合作潜力空间，但缺乏优惠政策措施使得这种潜力空间尚未被开发，急需各国出台相应优惠政策加以落实。

5. 各国投资合作战略方向异同并存

不同于区域经济一体化组织和多边国际组织，金砖国家合作是几个主要新兴经济体协调发展政策和争取国际地位的平台，尽管存在较多共同的发展需求，但各国也存在不同的战略方向，这也体现在对投资合作的需求上。首先，作为新兴经济体，随着经济实力的不断提升，金砖国家在国际投资上的共同战略方向是通过加强彼此之间的紧密联系来获得更多国际投资规则的话语权，增强国际经济地位。但是由于各国所处的区域经济形势不尽相同，因此各国的投资合作战略方向也存在较大差异。其中，中国将推动跨国投资合作视为"一带一路"倡议的重要组成部分，坚持通过投资合作加深对外开放，合作范围以"一带一路"沿线国面向全球发展。其他金砖四国在投资合作上的战略方向更具有区域性特征，比如南非的投资合作战略以面向非洲为主；印度的投资合作战略以面向南亚和东南亚为主；巴西的投资合作倾向于南方共同体；俄罗斯的投资合作战略侧重于独联体国家等。战略方向的共同点构成了金砖国家投资合作的基础，不同点也不会形成投资合作的阻碍，金砖国家在投资合作中应坚持求同存异的原则，基于共同的目标推动投资合作快速发展。

三、金砖国家投资合作的便利条件与制约因素

（一）金砖国家投资合作的便利条件

1. 国内经济规模较大

经济规模是影响投资收益率的重要因素。经济规模大，投资收益率相对更高。因此，国内经济规模较大是金砖国家投资合作的便利条件之一。

金砖国家是世界上最大的新兴经济体。自2006年以来，金砖国家的人口占世界总人口的比重始终超过40%①。2006～2018年，金砖五国经济规模占世界经济的比重从11.78%上升到23.58%，年均增长0.98个百分点②。而且，值得一提的是，2006～2018年，金砖五国对世界经济增长的贡献率高达41.24%。在西方发达国家经济放缓的背景下，金砖五国呈现出了强劲的增长势头。因此，"金砖"概念的提出者、英国前财政部商务大臣吉姆·奥尼尔预测，2035～2037年，金砖国家在经济规模上"可能超过G7"。

具体来看，在五个成员国中，中国的经济规模始终是最大的，而且是仅次于美国的世界第二大经济体③。印度的经济规模后来居上，于2015年超过巴西和俄罗斯，跃居五国中第二位，是世界第七大经济体。巴西和俄罗斯的经济规模分别居世界第九位和第十一位。南非的经济规模是五国中最小的，世界排名第32位。总的来说，金砖国家不仅国内经济规模庞大，而且增长相对较快，是推动世界经济增长的主要力量。这有利于金砖国家成员国之间的投资合作。

2. 工业化和城市化发展不足

工业化和城市化发展离不开投资。金砖国家都是发展中国家，工业化和城市化发展方兴未艾。这也就意味着更广泛的投资领域。因此，金砖国家的工业化和城市化需要进一步提升是国家间投资合作的机遇。就工业化而言，金砖五国的工业化水平与西方发达国家之间仍然具有较大的差距。比如，俄罗斯的经济发展对石油、天然气等能源的出口依赖程度较高。据

---

① 在金砖国家中，中国的人口最多，其次是印度、巴西、俄罗斯、南非。2018年，五个国家占世界总人口的比重分别为18.34%、17.81%、2.76%、1.90%、0.76%。

② 具体地，2006～2018年，中国的经济总量占世界经济由5.35%提高到15.86%，年均提高0.88个百分点；印度由1.83%提高3.18%；巴西由2.15%提高到2.18%；俄罗斯由1.92%提高到1.93%；南非由0.53%下降到0.43%。中国和印度的比重是持续提高的，而巴西、俄罗斯和南非都经历了起伏波动。

③ 世界排名是基于2018年数据。下同。

统计，2018年，俄罗斯能源体系创造了国内生产总值约25%，贡献了俄罗斯财政收入约45%[①]。而国内的制造业发展仍然偏弱。2018年，俄罗斯制造业增加值占GDP的比重仅为12.31%，居世界第73位。因此，调整经济结构、弱能源化、再工业化是俄罗斯未来实现经济可持续发展的必然选择。

就城市化而言，金砖五国的城市化也有待进一步提升，尤其是中国、印度和南非。目前，发达国家城市化水平基本都在70%以上。按照美国城市地理学家诺瑟姆（Ray. M. Northam）提出的城市化"三阶段"理论[②]。发达国家的城市化已经处于成熟阶段。而2018年，中国的城市化水平为56.74%，南非为65.34%，仍然处于城市化加速阶段。相对于其他四国，印度的城市化发展最落后。2018年，印度的城市化水平仅为33.18%，刚迈过城市化的初始阶段。在金砖五国中，巴西的城市化水平是最高的，遥遥领先于其他四国。2018年，巴西的城市化水平已经达到86.57%。这得益于1950～1981年的进口替代工业化战略。该战略倡导国家引导的工业化，使制造业成为增长的发动机。因此，这一时期，巴西的经济得到迅速发展，并推动了城市化[③]。但20世纪80年代以后，巴西深陷"中等收入陷阱"。这导致巴西的经济发展水平落后于城市化水平，出现"虚假城市化"，城市化问题十分严重。同样地，俄罗斯也面临着"虚假城市化"的问题。在金砖五国中，俄罗斯的城市化水平仅次于巴西。2018年，俄罗斯的城市化水平为74.43%。这主要是由于20世纪30年代，苏联急于摆脱落后农业国的地位，实行急速的工业化，进而推动了城市化的急剧发展。

① 能源是俄罗斯内政外交的核心。有机构统计，在前两任期间，能源问题占到了普京政府外交政策的70%。自2000年执政以来，普京领导下俄罗斯能源战略的核心就是能源强国，通过充分利用能源资源的优势，打造能源大国强国，使之转化为经济发展的动力和强大的国际影响力，借此建设"强大的俄罗斯"。

② 诺瑟姆根据城市人口占总人口比重的变化，将城市化的发展划分为三个阶段：初始阶段（拐点在25%～30%之间）、加速阶段（拐点在60%～70%之间）和成熟阶段。

③ 巴西在20世纪中期曾经出现国内生产总值年均增长超10%的"巴西奇迹"，70年代开始步入中等收入国家行列。

但是，这种城市化发展是扭曲的，与经济发展水平不相称的。尤其是苏联解体以后，俄罗斯的城市化问题进一步凸显出来，甚至出现了短暂的“逆城市化”现象。因此，总的来说，金砖五国的城市化仍然有很大的提升空间。当前金砖国家的工业化和城市化水平不高有利于成员国之间的投资合作。

3. 金砖银行成立

金砖银行，又名金砖国家开发银行或新开发银行（New Development Bank，NDB），是在2012年提出，2015年7月21日正式开业，总部设在上海。2008年金融危机以来，金砖五国的币值稳定受到不同程度的冲击。为避免在下一轮金融危机中再次受到货币不稳定的影响，金砖国家之间需要减少对美元和欧元的依赖，并加强金融合作，共同应对风险和挑战。在此背景下，金砖国家领导人在第四次会晤中决定建立金砖国家开发银行，并筹备建立金砖国家外汇储备库，从而形成一个共同的金融安全网。当然，金砖银行的成立并不仅仅有利于金融领域，对投资领域也具有深远影响。而且，金砖银行成立的主要目的是“为金砖国家以及其他新兴市场经济体和发展中国家的基础设施建设、可持续发展项目筹措资金”①。也就是说，相对于世界银行，金砖银行更加关注和支持发展中国家的开发性投资。

金砖银行成立的第一年就批准了7个投资项目，覆盖所有成员国，包括巴西600兆瓦的可再生能源发电项目（3亿美元）、中国100兆瓦的太阳能屋顶发电项目（8100万美元）、印度500兆瓦的可再生能源发电项目（2.5亿美元）、南非670兆瓦电力疏散的输电线建设项目以及500兆瓦可再生能源发电项目（1.8亿美元）、中国平海湾风电项目（20亿元人民币）、印度中央邦道路项目（3.5亿美元）。2017年6月，金砖银行行长卡马特还表示，未来两年将向中国投资16亿美元，涵盖风能、城市建设、环

① 引自金砖国家领导人第六次会晤《福塔莱萨宣言》，2014年7月15日。

保等领域。因此，可以说，金砖银行有利于助力金砖国家之间的投资合作，具有非常重要的战略意义。

4. 多个合作协议框架达成

金砖国家成立以来，已经达成或正在形成多个合作协议框架，比如《金砖国家贸易投资合作框架》《金砖国家投资便利化合作纲要》《金砖国家经济伙伴战略》等。这都为国家间的投资合作提供了便利。具体来看：首先，2013 年 3 月 26 日，金砖国家第三次经贸部长会议发表联合公报和《金砖国家贸易投资合作框架》文件。此合作框架是由经贸联络组制定，旨在从强化投资联系、共享投资发展经验等多个方面，使金砖国家间投资合作更加便利化[①]。其次，《金砖国家经济伙伴战略》是 2015 年 7 月 9 日在金砖国家领导人第七次会晤上通过的，标志着金砖国家合作关系由一般国家层面提升到战略伙伴关系。伙伴战略绘制 2020 年前金砖国家经贸与投资合作路线图，提出建立一体化大市场，多层次大流通、陆海空大连通、文化大交流，打造金砖国家利益共同体。最后，《金砖国家投资便利化合作纲要》（以下简称《纲要》）是于 2017 年 8 月 2 日在金砖国家第七次经贸部长会议上达成的。这是首次形成金砖国家关于投资便利化的专门文件。“《纲要》全面梳理了金砖国家在投资便利化方面一些具体的实践和举措，明确提出增强投资政策框架透明度、提高投资有关的行政程序效率、提升和投资相关服务能力合作水平等投资便利化的核心要素。”[②] 总的来说，这些合作协议框架有助于挖掘金砖国家成员国之间投资合作的潜力，进一步提升投资合作水平。

---

① 经贸联络组是金砖国家在一系列经济、贸易和投资相关问题上交换意见的核心平台。《金砖国家贸易投资合作框架》明确了金砖国家间具体合作领域，比如建立投资信息共享网站、为互派投资促进团体访问提供政策支持、提高投资环境的透明度等。

② 商务部世界贸易组织司谈判副专员胡盈之对《金砖国家投资便利化纲要》的解读。

（二）金砖国家投资合作的制约因素

1. 对发达国家的依赖程度较高

金砖国家是新兴工业化国家（半工业化国家），往往对发达国家更加依赖。以中国为例，就对外贸易而言，2017 年，中国最大的贸易伙伴是美国，海关货物进出口总额为 5837 亿美元，占中国进出口总额的比重为 14.21%。其次是日本和德国，海关货物进出口总额分别为 3031 亿美元、1681 亿美元，占中国进出口总额的比重为 7.38% 和 4.09%。而同印度、俄罗斯、巴西和南非的海关货物进出口总额分别为 844 亿美元、842 亿美元、878 亿美元和 392 亿美元，占中国进口总额的比重仅为 2.05%、2.05%、2.14% 和 0.95%。就外商直接投资而言，2017 年，美国、日本和德国对中国的直接投资占中国外商直接投资总额的比重分别为 2.02%、2.49% 和 1.18%。而印度、俄罗斯、巴西和南非对中国的直接投资占中国外商直接投资总额的比重分别为 0.12%、0.02%、0.03% 和 0.05%。因此，无论是贸易和投资，中国对发达国家的依赖程度远高于其他金砖国家。这显然会从多个方面对金砖国家间的投资合作形成制约，进而导致成员国会优先考虑与发达国家进行投资合作。具体分析如下。①

首先，金砖国家与发达国家之间经济结构往往具有互补性，更容易产生垂直型投资。而金砖国家之间的投资活动存在竞争关系的可能性较大，更容易产生利益冲突。其次，在引进外资时，考虑到发达国家在科技水平、管理经验、投资环境、人力资本等方面更具有比较优势，金砖国家在成员国之间选择投资合作的积极性必然不高；最后，减少发达国家外资的流入，而增加引进金砖国家成员国的外资，必然会提高投资合作的成本。因此，基于以上分析，可以看出，金砖国家对发达国家依赖程度高会制约

---

① 孟庆欣、蔺涛主编：《中国贸易外经统计年鉴（2018）》，中国统计发版社 2018 年版。

成员国之间的投资合作。

2. 国家发展战略具有竞争性

金砖国家的部分发展战略存在竞争性，会在一定程度上阻碍国家之间的投资合作。同样地，其他金砖国家也在积极开拓海外市场，扩大国际影响力。因此，当海外投资的地区出现交叉或重叠时，金砖国家成员国的部分发展战略就会存在竞争，也就增加了成员国之间的投资合作的难度。

3. 合作定位不同，缺乏互信

为应对国际政治格局的新变化，金砖国家相继提出或调整了对外经济合作规划。比如，中国的"丝绸之路经济带"和"21 世纪海上丝绸之路"、印度的"季风计划"、俄罗斯的"欧亚经济联盟"等。这些规划都是以本国为主导，合作定位不同。具体来看，印度的"季风计划"涵盖东非、阿拉伯半岛，经过伊朗南部到整个南亚，向东则通过马六甲海峡和泰国延伸到整个东南亚地区。在经济合作上，印度致力于民生基础设施合作、货币金融合作等。俄罗斯的"欧亚经济联盟"包括白俄罗斯、哈萨克斯坦、亚美尼亚和吉尔吉斯斯坦。在经济合作上，俄罗斯致力于货币金融合作、能源合作等。相对而言，中国的"丝绸之路经济带"和"21 世纪海上丝绸之路"是更具有包容性的，涵盖了其他金砖四国。在经济合作上，中国致力于产能合作、基础设施互联互通、能源合作等。可以说，金砖国家各自的战略规划差异大，并没有将成员国之间的投资合作提高到理想的战略高度。这就会导致相关合作机制推进缓慢。而如果没有成熟的合作机制进行引导和规范，成员国之间的投资合作是无从谈起的。

4. 逆全球化背景下投资保护主义崛起

2008 年国际金融危机以来，单边主义、贸易保护主义和逆全球化思潮不断抬头。金砖国家之间也在一定程度上实施了投资保护政策，强化了对外资的审查和监管。比如，印度对跨国公司设置贸易救济措施类的投资障碍；印度和南非在新近完成的双边投资协定修订范本中削减了投资者的实体权利，而明确了本国规制外资的权力①；俄罗斯在《俄罗斯投资指南》中也明确了外资在市场准入、国民待遇、劳工配额等方面的限制；南非为保障当地人权益，在外资所有权、外资比例、工作签证等方面实施了严格的限制。可以看出，在逆全球化背景下，金砖国家采取了不同程度的投资保护，对外资在多个方面设置了壁垒。因此，逆全球化背景下投资保护主义的崛起不仅会让金砖国家之间的投资合作面临更多挑战和冲击，而且会让成员国之间的合作关系变得更加脆弱、不稳固。

四、推动金砖国家投资合作的政策措施

推动金砖国家投资合作是金砖合作机制下的内在要求，也是金砖国家实现经贸、金融、产业等全面合作的重要环节。而且，金砖国家加强投资合作有利于为持续提升国际影响力提供基础支撑，有利于激活持续发展动能，引领全球经济发展。当前金砖国家内部相互投资不足，合作领域相对局限。这也就意味着金砖国家投资合作仍然具有很大的潜力。因此，加快推动投资合作是金砖国家良好的发展机遇。但是，在推动金砖国家投资合作时，仍然面临很多的制约因素。结合当前国际形势和金砖国家合作的现状，提出以下几点建议：

（一）建立和完善外商投资促进机制，营造稳定、透明、可预期的投资环境

推动金砖国家投资合作的首要前提是，金砖国家成员国在本国内部能

① 双边投资协定（Bilateral Investment Treaty，BIT）指两国之间订立的专门用于国际投资保护的双边条约，大体上分为传统型与现代型两大类。传统的双边投资协定内容主要在友好通商航海条约中体现；现代型的指两国之间订立的专门用于国际投资保护的双边条约，又分为美国式的双边投资保证协定及德国式的促进与保护投资协定。

够为外商投资制定和实施高水平的投资自由化便利化措施，建立和完善外商投资促进机制，营造稳定、透明、可预期的投资环境。具体地，可以从七个方面提出措施：第一，扩大对外开放。没有开放，而是实施严格管制和保护，投资合作无从谈起。只有在金融业、农业、制造业、电信、文化等各个领域实现对外开放，降低外商投资准入条件，让投资自由化，才能有效引进外资。第二，简化外商投资手续。冗余繁杂的手续必定会让外商投资望而却步。只有真正简化外商投资手续，让投资便利化，才能提高引进外资的效率。比如，简化外商投资准入的审批手续、外国人才来华的签证手续和工作许可程序、外商开展外汇资金管理等。第三，加大外商投资促进。对外商投资要实行相应的鼓励、支持政策。比如，对外商投资设立研发中心实行税收优惠；对有突出贡献的外商投资企业和外国高层次人才实行奖励；降低外商投资的经营成本，等等。第四，加大外商投资保护。一方面要切实保护外商的知识产权，严厉打击侵权假冒、侵犯商业秘密、商标恶意抢注等行为。对于受到知识产权侵犯的外商，要尽最大限度地赔偿。另一方面要完善外商投诉制度，及时有效解决外商的诉求和外商受到的一些不公平待遇。第五，拓宽外商融资渠道。重点要关注外商向本国落后地区投资的融资问题。一方面，可以适当允许本国落后地区的银行机构将融资资产向境外银行转让，方便外商融资。另一方面，可以进一步加强本国落后地区的仓储物流，从而降低外商的仓储物流成本。其次还要关注外商在重点地区建设国际合作园区的融资问题。对此要鼓励金融机构加大信贷支持力度，并统筹中央补助资金和自有财力。第六，对本国的开发区、示范区依法赋予更大的经济管理权限，加大引资金融支持力度。本国的开发区、示范区可以在引进外商投资时采取更加灵活、更加适宜的政策。同时，本国的开发区、示范区可以在引进绿色环保产业或技术时获得更大的金融支持力度。第七，完善法治环境。本国司法制度的完善和发展对于投资环境的优化具有重要意义。司法体系不健全，市场环境就不稳定，外商投资的积极性就不高。只有在完善的法治环境下，外商的合法权益可以得到更加有效的保护，市场环境才能公平、公正、公开。

（二）增强政治互信，摒弃投资保护主义

在当前的国际规则制定中，欧美仍然是主导力量，有更高的话语权。金砖国家中任何一个成员国都很难单独与之抗衡。而且，面对逆全球化形势以及国际关系不稳定性、不确定性增加，金砖国家单独的抗风险能力也较弱。只有金砖国家内部加强政治互信，摒弃投资保护主义，推动投资合作，才能有效应对外部挑战，最大限度地降低逆全球化的影响。增强政治互信的有效方式就是加强政治沟通和人文交流。就政治沟通而言，在面对国际问题时，金砖国家应该加强协调沟通，凝聚共识，联合发声，携手应对挑战。尤其是在对待逆全球化问题上，金砖国家更应该坚决反对和抵制，坚定不移地支持贸易自由化和投资自由化，摒弃保护主义，推动世界多极化。如果一味地盲从，只会降低本国的国际声誉，甚至被其他金砖国家边缘化。这也会导致金砖合作机制的解体。同时，在面对金砖国家内部问题时，成员国之间应该加强外交联系，及时交换意见，密切沟通和协调。尤其是在出现国家战略规划重叠，利益冲突时，更应该协商解决。如果一味地恶性竞争，只会进一步地消耗本国利益，也就违背了金砖合作机制成立地初衷。在金砖合作机制下，加强政治沟通，共同化解外部风险和内部矛盾，才能增强政治互信，有效推动投资合作。

就人文交流而言，密切、深入、丰富的人文交流，可以促进民心相通，为政治互信提供更加坚实的民意基础。加强人文交流就是要充分调动政府和民众的积极性，讲好故事、传播理念、激发共鸣。加强人文交流的重点是要完善人文交流的机制建设。第一，要发挥政府在机制建设方面的引导作用。比如，政府进行机制建设的顶层设计，从战略上规划金砖国家人文交流的长远目标和阶段性行动；政府协调相关部门积极参与和配合，降低交流成本；政府为人文交流提供便利；加强政府层面的沟通，共同举办“教育交流年”“文化交流年”“旅游交流年”等活动。第二，要促进民间交流机制的发展。人文交流需要民间的参与，不能完全由政府主导。

而且，政府过多参与人文交流也有可能引起其他国家的抵触。只有充分发挥民间的力量，才能使得人文交流更加深入、更加全面。这就要鼓励和促进金砖国家民间交流机制的设立和发展。第三，要优先建立人文交流重点领域的机制。在资源有限的情况下，人文交流应该倾向于服务国家改革发展和对外战略。相关机制建设也应向这些领域倾斜，比如教育交流、文化交流和青年交流等。第四，要发挥智库的智力支持作用。智库是金砖国家合作的助推器，包括人文交流。智库拥有专业优势，且主要从事人文交流机制建设方面的基础性研究，可以提供独立、客观、有价值的研究结论，进而可以为机制建设提供合理的科学依据。当然，加强人文交流，仅仅做好国内的机制建设是不够的。人文交流的推进仍然面临很多外部问题和挑战，比如文化及宗教差异的影响、政治体制的不同、经济发展不平衡、国际传播能力不足等。这就需要以命运共同体理念为引领，倡导国家之间在平等基础上交流互鉴。只有真诚的、友好的、平等的交流，才能真正实现人文交流的价值。

（三）推动金砖国家双边和多边投资协定谈判

投资协定对于金砖国家投资合作具有战略意义。首先，在当前国际投资规则失衡的局面下，投资协定可以提高发展中国家的话语权。其次，投资协定可以在一定程度上弥补金砖合作机制下的制度性缺陷，有利于未来自由贸易协定的谈判。特别是，在制度建设相对落后的金砖国家，投资协定显得尤为重要。最后，投资协定应该是在统筹金砖五国利益的前提下达成的，是破除单边主义、保护主义的有效手段，有利于改善金砖国家的投资环境，减少成员国之间的摩擦和壁垒。但是，当前金砖合作机制下的投资协定并不多。因此，应该加快推动双边和多边投资协定谈判。当然，金砖国家可以在《G20 全球投资指导原则》的框架下进行投资协定的谈判。这既有利于节省金砖国家内部的投资合作协调成本，实现与全球主要国家的相关制度统筹衔接，也有助于提升金砖国家在国际投资规则制定方面的影响力。

投资协定的谈判可以有三种途径：一是开展五国整体投资协定的谈判。谈判应该综合考虑到金砖五国的经济社会、人文环境等多个方面的现实，尊重东道国的战略规划，而不是仅仅照顾本国利益。要与成员国的监管能力、发展政策相适应，既不能将投资标准制定得太高。也不能将投资标准制定得太低，无法在全球起到示范引领作用。而且，应该在重新审查国际上已有的相关协定的基础上，考虑适合发展中国家的投资协定进行创新，并在关键性条款上进行合理改革。总体来说，金砖五国投资协定的谈判要兼顾包容性、创新性和实效性。二是开展两国间的投资协定谈判。中国可以作为牵头国家，率先启动与其他四国的谈判进程，重点是对外商投资较为敏感的印度和俄罗斯两国。比如，在和俄罗斯的谈判中，中国可以重点协商能源、资源领域。中国向俄罗斯提供资金支持，俄罗斯向中国供应能源、资源。在和印度的谈判中，中国可以重点协商基础设施、医药、软件等领域，实施错位投资，建立优势互补的生产分工体系。三是开展三国或四国的投资协定谈判。这是前两种投资协定谈判的折中。也就说，可以考虑先在三国或者四国之间达成投资协定，再逐渐将其他国家拉进来。这种谈判路径可以有效避免个别成员国影响投资协定谈判进程。对比这三种谈判路径，可以看出：两国投资协定的谈判环境更容易，投资协定也更容易达成，但影响力较小；三国或者四国的投资协定谈判环境相对复杂，但投资协定较容易达成；相对于前两种投资协定的谈判途径，五国整体谈判有利于节省谈判资源，提高谈判效率，而且会产生更大的影响力，但达成谈判一致的难度较大。

第七章 金砖国家经济合作的内容及其对全球的影响分析

自金砖国家合作机制正式建立以来，中国、印度、巴西、俄罗斯及南非五国经济合作不断深化，金砖国家已经成为新兴市场及发展中国家在经济、金融和发展领域交流与对话的重要平台。当前，国际经济形势日趋复杂，全球经济面临单边主义和保护主义的威胁，金砖国家经济合作直接关系到全球经济走向。基于此，本书在对金砖国家经济合作背景及现状进行详细梳理的基础上，系统阐述了金砖国家经济合作发展态势及合作重点领域，进而深入剖析金砖国家经济合作对全球经济的影响，探索金砖国家经济合作的未来发展路径。

一、金砖国家经济合作的背景和意义

2001 年，高盛首席经济学家吉姆奥尼首次提出金砖四国（BRICs）。他在研究报告中指出中国、印度、巴西、俄罗斯四个新兴经济体实现了经济的飞速增长，并对四国较快增长势头持续的情况下全球增长格局的演变进行了预测。四个国家都是人口大国，资源禀赋差异较大，经济结构各有特点，“巴西的农业” + “中国的工业” + “印度的服务业” + “俄罗斯的资源” = “完整的新兴市场”，四个国家产业优势进行优势互补，加强合作，可以有效保持经济高速增长并代表新兴市场在全球经济中的崛起。早在2003年，巴西总统就建议巴西、中国、俄罗斯、印度、南非五个新兴发展中国家展开对话机制。此后，“金砖四国”外长和领导人在国际会议期间曾多次举行会议，2009年6月，“金砖四国”领导人在俄罗斯叶卡捷琳堡举行首次正式会晤，成为正式启动“金砖四国”国际合作机制的标志。2011年海南峰会，首次把南非作为正式成员国，将“金砖四国”正式扩大为“金砖五国”。至此“金砖五国”的地域范围涵盖了亚洲、欧洲、拉美与非洲，五个成员国多属新兴市场和发展中国家，是国际体系中新崛起的有生力量，在国际政治经济体系中发挥着越来越重要的影响。

自2009年叶卡捷琳堡首次会晤至今，作为发展中国家和新兴经济体国家“领头羊”的金砖国家已经逐渐成为抗击国际金融危机、促进全球经济稳定复苏和持续增长的重要力量。2008年金融危机爆发后，金砖国家率先恢复经济增长趋势，成为拉动全球经济复苏的新动力。近几年，民粹主义、保护主义抬头，英国脱欧等逆全球化现象日益严重，全球贸易锐减、全球经济复苏脆弱且不均衡，世界经济增长缓慢，金砖国家经济发展也分别遭遇了不同程度的挑战。但金砖国家拥有丰富的自然资源和巨大的发展潜力，在不利的外部经济运行环境下，金砖国家纷纷采取一系列的应对措施，同时不断扩展合作领域，筹建了金砖国家新开发银行，建立了金砖国家应急储备安排，成员国之间通过政策协调、创新发展、互联互通有效促进了经济可持续发展的同时支持了全球经济发展。

二、金砖国家在全球经济的地位和贡献

（一）金砖国家的经济发展现状

如图7－1所示，2005～2007年，金砖国家一直保持较高的经济增长

速度，2008 年，面临金融危机和全球经济增长下滑，金砖国家的经济增长速度也都大幅度的下降，特别是巴西、南非和俄罗斯三国都出现经济下降，唯有中国和印度依然保持高速增长态势。2009 年中国和印度的增速分别是 9.4% 和 8.5%，俄罗斯、南非和巴西分别为 -7.8%、-1.5% 和 -0.1%。金融危机爆发后，各国积极出台各种经济刺激计划，迅速扩大投资力度，增加内需应对国际市场的低迷。2010 年之后，金砖各国在各种宏观政策的作用下，经济迅速复苏，取得积极成效，经济增速迅速恢复，成为拉动世界经济复苏的主要引擎。

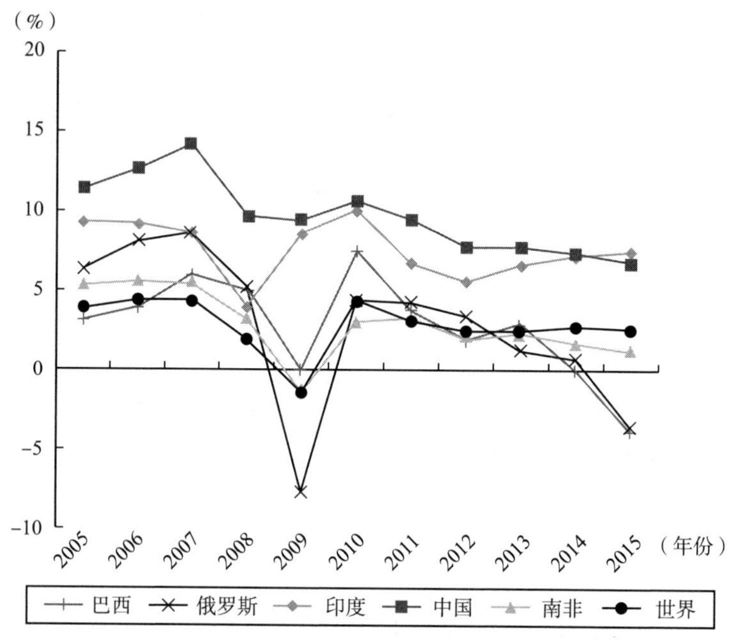

图 7-1　2005~2015 年金砖五国经济增长速度趋势

资料来源：世界银行公开数据库（https：//data. worldbank. org. cn/）。

从人均 GDP 角度观察，金砖国家在全球排名仍处于中下水平，最高的是俄罗斯和巴西，都已经超过 1 万美元，但近年受到经济下滑的影响有所下降，在世界排位 60~70 之间。中国人均 GDP 超过 8000 美元，增长非常迅速，也是金砖国家中增长最快的国家，目前在世界排位上升至70位左右。南非人均GDP约为5700美元，世界排位90位左右，印度人均GDP较低，只有1600美元，世界排位140位左右，处于落后位置，说明金砖国家还有很大的发展潜力。

从图7－2可以发现，近年来金砖国家在经济增长方面呈现出一些新的特点和变化。一是由于国际能源市场发生突变，国际贸易市场持续低迷，在结构性因素、周期性因素和突发性因素的叠加影响下，金砖国家的经济增速总体开始放缓，各国都面临较大的下行压力。二是金砖五国经济增速出现明显分化现象。

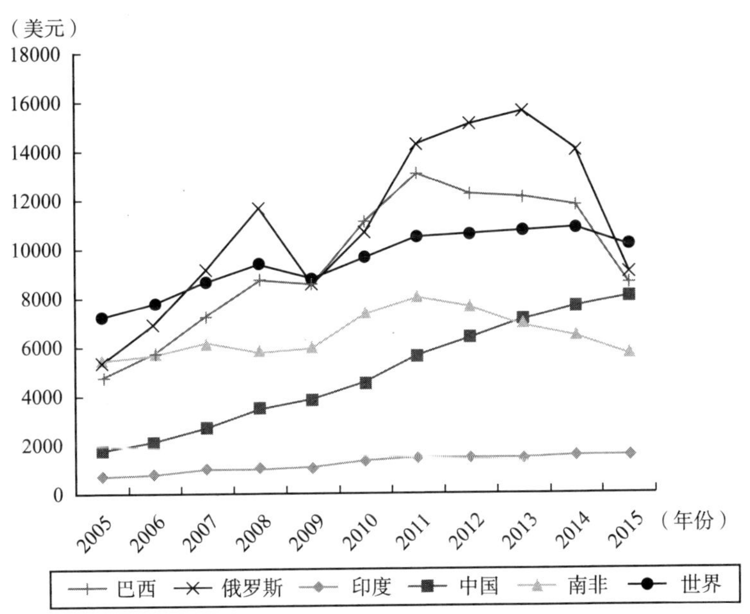

图7－2　2015年金砖国家人均GDP增长趋势

资料来源：世界银行公开数据库（https：//data. worldbank. org. cn/）。

（二）金砖国家在全球经济的地位

国际金融危机爆发以来，金砖五国经济的表现非常突出，国际地位稳步提升，整体实力与集体影响力不断增强。五国占世界领土面积近30%，占世界人口的42%，国内生产总值（GDP）占世界总量的比重从2005年的10.6%，上升到2008年的14.9%，再到2015年的22.3%，比重在10年间翻了一倍多（见图7－3）。据世界银行统计数据显示，10年来，金砖国家经济总量共增长179%，贸易总额共增长94%，金砖五国经济总量在世界经济中的比重从12%提高到23.6%，贸易总额在世界贸易中的比重从11%提高到16%，对外投资占比从7%提高到12%，金砖国家对全球经济增长的贡献率达到50%。

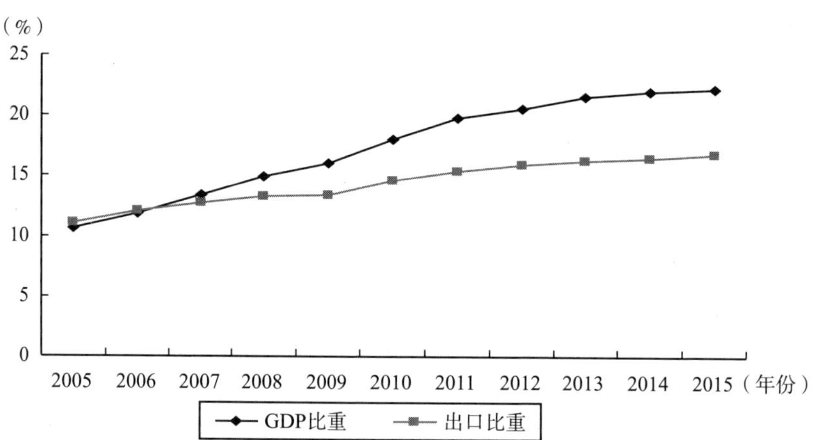

图7－3　2005～2015年金砖国家GDP和外面出口占全球总量的比重

资料来源：世界银行公开数据库（https：//data. worldbank. org. cn/）。

（三）金砖国家对全球经济的贡献

长期以来，金砖国家经济发展迅速，是新兴市场国家和发展中国家的

“领头羊”，也是世界经济持续增长和稳定复苏的压舱石，特别是金融危机爆发以后，金砖国家经济复苏较快，对世界经济的稳定起到了非常重要作用。过去多年来，金砖国家的经济增长率普遍高于世界平均水平，成为世界经济增长的重要引擎。

金融危机之前，金砖国家在世界经济总量的增量中接近30%，在2009年世界经济总量下降3.3万亿美元的情况下，金砖国家经济总量增加了1909亿美元（见图7－4），可见金砖国家对世界经济的增长作用非常突出。金融危机以后，欧美发达国家纷纷陷入经济下滑的僵局，而金砖国家的经济出现快速复苏的势头，经济总量在世界经济总增量中的比重进一步提升，特别是2012年和2013年，分别达到年62%和54%，也就是说，世界经济一半以上的经济增量都是由金砖国家贡献的。近几年，受世界经济整体环境等因素的影响，金砖国家经济发展遭遇不同程度挑战，特别是巴西、俄罗斯受到国际能源市场低迷的影响，经济增长乏力，但金砖国家拥有丰富的自然资源和巨大的人口红利，在开放经济相关政策的促进下，各国经济增长和快速发展的趋势不会改变，仍是世界经济图景中不容忽视的重头版块。

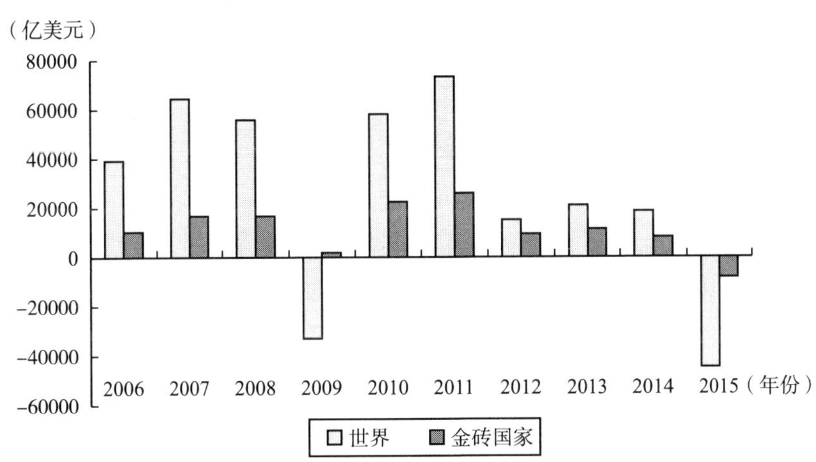

图7－4 2006～2015年金砖国家对世界经济增长的贡献

资料来源：世界银行公开数据库（https：//data. worldbank. org. cn/）。

三、金砖国家经济合作的重点领域

（一）贸易投资合作

自金砖国家合作进入实体化以来，贸易投资合作一直是金砖国家经济合作机制的核心和关键议题。金砖国家间不断深化贸易合作，有效地促进了金砖国家经济整体增速。近两年来，随着美国不断发起单边主义和贸易保护主义，全球贸易局势日益紧张。面对当前复杂多变的国际贸易环境，金砖国家间的经贸合作尤为关键，持续发挥变革和引领世界贸易秩序，倡导自由贸易和全球化的重要力量。2018 年，金砖国家领导人南非会晤发表《金砖国家领导人约翰内斯堡宣言》，进一步明确强调五国在支持开放包容的多边贸易体系方面的共同立场，一致支持全球贸易，呼吁加强成员国间的经贸合作。因此，金砖国家团结一致，共同建设开放经济，坚决反对贸易保护主义，大力促进贸易自由化和投资便利化，必将促进全球贸易更加开放、共赢。

（二）制造业及矿产加工合作

在经济全球化的背景下，金砖国家顺应了世界产业结构变化的大趋势，实行了以发展制造业（工业化）为主要内容的经济发展战略。国内外研究者在对制造业规模进行分析的时候经常采用 PMI 指标。PMI 是一个宏观经济先行指标，通常以 50% 作为经济强弱的分界点，PMI 高于 50% 时，反映制造业经济扩张；低于 50%，则反映制造业经济收缩。图 7 – 5 显示的是金砖国家 2014 ~ 2017 年 PMI 走势。

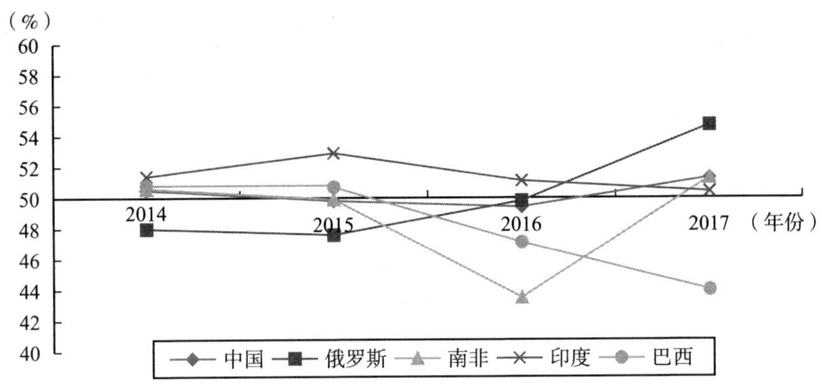

图 7-5　金砖国家 2014～2017 年 PMI 走势图

资料来源：世界银行公开数据库（https：//data. worldbank. org. cn/）。

从图 7-5 中可以看出，四年来俄罗斯制造业扩张较为迅速；印度、中国两国大体企稳，变化幅度不大；巴西受到外界因素影响，制造业呈现萎缩趋势；南非则波动显著。总体来看，金砖国际的经济基础比较强健，具有丰富的人力、资源等制造业发展优势，在普及教育、卫生投入、基础设施建设等领域表现优异，因此可以保证制造业快速发展的宏观经济环境。需要注意的是，近两年来，受到国内外复杂因素的影响，各成员国制造业的发展潜力面临较大挑战。表 7-1 显示的是德勤发布的《全球制造业竞争力指数》中五个国家的排名变化，从表 7-1 中可以看出，除中国外，其他国家制造业竞争力均出现不同程度的下降。

表 7-1　金砖国家制造业竞争力指数全球排名

国家	2010 年排名	2013 年排名	2016 年排名
中国	1	1	1
印度	2	4	11
南非	22	24	27
巴西	5	8	29
俄罗斯	20	28	32

资料来源：德勤公司：《2016 年全球制造业竞争力指数》

金砖国家已经注意到制造业面临的种种挑战，因此将大力推动成员国间的相互合作。2015 年，金砖国家首届工业部长会议期间签署了工业合作宣言，将制造业及矿产加工业作为《金砖国家经济伙伴战略》的重点合作领域；2016 年，金砖国家领导人果阿会晤期间通过《果阿宣言》，强调加强金砖国家间各成员国产能合作的重要性。金砖国家制造业及矿产加工业互补型较强，具有较大的合作潜力，加快推动这一领域内的金砖国家合作，增强全方位的工业合作关系，可以有效地改善金砖国家就业率、提高劳动生产率，改进人民生活质量。

（三）能源合作

从供需角度来看，金砖国家间的能源合作可以合理协调各成员国的供求。早在 2010 年，俄罗斯即提出建立金砖国家间能源合作机制。2012 年德里峰会时，金砖国家领导人将能源合作列入德里行动计划中的“可拓展的新领域”；在 2014 年第六届金砖峰会上，普京再次提议金砖国家建立能源联盟，并进一步细化了这个合作机制的内容。2015 年，能源合作被作为《金砖国家经济伙伴战略》的重要经济合作领域。

目前，虽然金砖国家间的能源合作机制已经走向规范化和常态化，但遗憾的是，合作往往局限于各国高级领导人的会晤，没有形成具体的合作纲领、制度文件以及后续的执行、监管机制。因此，共同促进多边能源体制发展进程，推进能源合作领域的深度与广度，强化后续执行、监管力度，防止合作平台的“空心化”，是目前金砖国家能源合作发展战略所应考虑的重要问题。

（四）农业合作

金砖国家都是重要农业大国，拥有世界 35.6% 的耕地，农业各有特色，互补性强，合作前景广阔。自 2010 年举行第一届农业部长会议以来，金砖国家改进了农业合作机制，明确了合作方向，加大了合作力度，在农业基础信息交流、粮食安全保障、农业应对气候变化、农业技术与创新以及农业贸易与投资促进等领域开展了全方位的交流与合作，提高了金砖国家在国际粮农论坛上的声音。为了共同利益和更大的发言权，金砖国家应加强在国际论坛上的沟通、协调、合作，使新兴经济体和其他发展中国家在国际粮食和农业事务中发挥更大作用；加强金砖国家农业研究机构间的合作，充分利用各自优势，加大农业创新、推广和应用等领域的合作，提高农业生产率和农业现代化水平；更广泛开展优势互补的农业贸易和投资合作；加强金砖农业信息平台建设合作，促进重要农业信息共享。

（五）科技创新合作

近年来，金砖合作领域开始从单纯的经贸合作延伸拓展到科技与创新合作。目前，金砖国家的科技合作中双边科技合作比较广泛，多边科技合作日益受到重视。2015 年 3 月，第 2 届部长级会议上，金砖五国签署了《金砖国家政府间科技创新合作谅解备忘录》，确定了新能源等 19 个优先合作领域。2016 年，金砖五国成立了科技创新资金资助方工作组，签署了《金砖国家科技创新框架计划》及《实施方案》。这些举措意味着金砖国家多边科技创新发展合作正在迈上新的轨道。金砖国家科技创新领域合作潜力巨大，五个国家在科技领域各有千秋，各国都有相对领先的技术优势，可实现互惠共享、共同发展。

（六）金融合作

金砖国家一直在寻求金融合作，并试图将这种合作制度化、具体化。在第一次峰会时各国就一致认为应推动国际金融机构改革；在第二次峰会上初步形成了金砖国家的合作机制，金融合作成为四项合作中的重要内容之一；在第三次峰会上，签署了《金砖国家银行合作机制金融合作框架协议》，标志着其金融合作正式起步。三亚峰会上，五家成员国银行共同签署《金砖国家银行合作机制金融合作框架协议》，明确提出稳步扩大本币结算和贷款业务规模，加强重要项目投融资合作，开展资本市场合作和信息交流。随着金融合作机制逐步推进，一些具体项目如本币结算和贷款业务等已经取得实质性进展。

金砖国家金融合作，将有助于全球贸易体系、货币体系以及大宗商品价格形成机制等的平衡完善，在全球层面产生深远影响。从已经取得的合作成果看，金砖机制能补充国际金融体系中的不完善部分，如通过扩大本币结算和贷款，建立起货币互换机制，减轻对美元的过分依赖等。可以预见，金砖国家会继续就改革国际经济金融体系，增加新兴市场和发展中国家发言权和代表性等议题寻求更多共识，未来金融合作空间广阔。

（七）互联互通合作

金砖国家在加强互联互通建设，实现共同发展繁荣方面具有共同需求。目前，全球经济已经进入需求缓慢增长、结构深度调整的新常态。金砖国家也正面临着“保增长”与“调结构”的两难困境。要解决这一困境，推动基础设施互联互通，加大对基础设施的投资，将有助于培育新的经济增长点，推动结构调整，催生新的产业门类，同时保障合理的经济增速与就业率。推动金砖国家基础设施互联互通主要有四条路径：第一，提升金砖国家本国基础设施质量。第二，完善金砖国家间交通网络布局。第三，秉持开放合作的态度，拓宽金砖国家基础设施建设的融资渠道。第四，在硬件发展的同时，注重制度衔接、教育、培训等软实力的构建，软硬结合。

（八）信息通信技术合作

当前，全球正迈进第四次工业革命，信息通信技术是这场革命的中坚力量。金砖国家发展阶段相近，人口众多、市场广阔，信息通信业发展具有后发优势，发展成绩显著，但在网络基础设施建设与互联互通、信息通信核心技术产品的产业协同合作、国际互联网治理体系建设等方面仍面临诸多共同任务和挑战。据世界经济论坛发布的《2016 年全球信息技术报告》显示，2014～2016 年金砖国家（俄罗斯、中国、巴西、印度、南非）的网络就绪指数得分大致稳定，排名集中在排行榜的中间位置，落后众多发达国家。为了扭转这一局面，2016 年，二十国集团领导人杭州峰会上，通过了《二十国集团新工业革命行动计划》和《二十国集团数字经济发展与合作倡议》，为金砖国家在加强基础设施和数字化转型领域进一步拓展交流合作奠定了基础。为了迅速提高金砖国家的信息通信技术水平，金砖国家应携手同行，共同打造信息通信产业合作生态，打破长期以来发达经济体在软件、IT 设备等领域形成的垄断格局，普惠金砖各国乃至广大发展中国家。

可以预见，金砖国家间贸易投资、制造业及矿产加工、能源、农业、科技创新、金融、互联互通及信息通信技术等重点领域的深度合作必将对全球经济产生重要影响。

四、金砖国家合作对全球经济的影响

从国际经济视角观察，金砖国家合作对全球经济的影响主要体现在以下几个方面：

（一）促进成员国经济可持续增长，引领发展中国家及新兴经济体国家的经济发展

金砖国家资源禀赋各异，经济互补性较强，在全球经济贸易中具有各自不同的发展优势。在金砖合作机制的促进下，金砖国家不断全面加强内

部伙伴关系，积极探索成员国间互补型优势，在金融合作、对外贸易等方面建立经济融合及可持续发展平台，着力打造金砖国家命运共同体，协同推进各成员国经济发展，成为新兴经济体国家和发展中国家的中流砥柱。

自2000年以来，新兴市场国家经历了十余年的繁荣期，并逐步成为全球经济的重要推动力。金融危机后，全球经济和发展走势发生深刻变化，呈现出西方与非西方、发达国家和以新兴经济体国家为代表的发展中国家经济发展形势日趋分化的趋势。后金融危机时代，部分西方发达国家为了刺激本国经济，通过其霸权优势地位，不断出台量化宽松、贸易保护等相关政策，经济减速问题逐步从发达国家扩大到了新兴经济体，给新兴国家的经济带来了严重的冲击。在这一国际经济环境下，发展中国家及新兴经济体之间加强合作，抱团取暖是大势所趋。金砖五国都是发展中大国，同时也都是新兴经济体国家的典型代表，是新兴11国（E11）的主要成员，作为非西方世界的代表，金砖国家为广大发展中国家应对后危机时代的经济合作提供了方向。一方面，通过高效发挥金砖国家的引领和示范作用，推动其他新兴国家调整和完善就业结构、产业结构和贸易结构等经济结构，以形成合力加快工业化和现代化进程，把金砖国家与其他国家合作推向新高度，从而带领新兴国家更加有效地融入全球价值链体系，缩小与发达国家的经济实力差距。另一方面，金砖国家已经发展成为一个全方位多层次的新兴国家合作平台，每一个金砖国家成员国都是其所属区域（亚洲、欧洲、拉美和非洲）的重要经济体，金砖国家与其所属区域的国家进行合作，有利于区域经济水平的提升。此外，金砖国家不断探索“金砖+”的拓展模式，积极推进金砖国家成员国其他发展中国家和发展中国家组织进行对话和合作，建立更广泛的伙伴关系，扩大金砖的“朋友圈”。近年来，金砖国家领导人会晤均增加了金砖国家领导人与非洲十二国领导人、南美洲国家领导人、环孟加拉湾多领域经济技术合作倡议成员国领导人等的对话合作机制，有效地推动了金砖国家与其他发展中国家的合作与共同发展。金砖国家与区域发展互动的合作模式及“金砖+N”的拓展模式，通过“全面合作”“共同发声”，在全球经济增速放缓、贸易保护加剧的大环境下，将逐步改变金砖五国乃至发展中国家和新兴经济体在国际经济舞台上的被动参与局面，通过构建公平、公正、公开的南南合作平台，进一步引领全球发展中国家及新兴经济体国家的经济发展。

（二）助力全球经济稳定复苏，促进世界经济可持续包容性增长

进入21世纪后，以金砖国家为代表的发展中国家正在加速崛起。金砖国家具有丰富的资源和人力优势，金砖机制又赋予成员国间以巨大的合作潜力，从目前来看，金砖国家经济增速分化明显，但作为新兴经济体代表的整体崛起态势不变，依然是推动全球经济可持续增长的关键动力。

自2002～2007年，金砖五国GDP占全球GDP比重、GDP增长率以及对全球经济增长的贡献率呈现出持续显著上升的趋势。2008年金融危机爆发后，金砖国家尽管受到影响，但是经济迅速恢复，到2010年金砖国家已占世界经济总量近1/5，以金砖国家为代表的新兴经济体首次成为全球经济增长的主引擎，远远超过发达国家，其中，金砖国家贡献了全球经济增量的1/3。近五年来，金砖国家国际经济运行环境不断恶劣：发达经济体金融霸权主义、贸易保护主义逐步抬头，全球经济增长日趋缓慢，经济复苏乏力，金砖国家各成员国外需持续低迷，在成员国内部经济结构性因素、周期性因素和突发性因素等因素的叠加影响下，金砖国家的经济增速呈现出波动、不稳定的情况，并面临较大的下行压力。

面临着十分复杂的国际国内局面，一方面，金砖国家各成员国都在厉行改革政策、调整经济结构，充分发挥资源禀赋及人口红利优势，通过结构性改革和基础设施建设，拉动内需以促进经济增长。另一方面，金砖国家经济合作机制也在通过各成员国间的实质性合作如开发性金融、应急储备、基础设施建设等为金砖五国经济包容性增长创造空间和条件。

当前，在一系列经济结构调整及区域合作政策作用下，金砖国家已经基本克服了美国退出量化宽松造成的冲击，经济出现积极向上的走势，整体表现趋稳。根据国际货币经济组织发布的数据（2016年10月），2016

年全球经济增长率为3.1%，2017年全球经济增长率将上调至3.4%。同时，报告也指出，2016年发达经济体增速放缓，尤其是美国的经济增速令人失望，但新兴和发展中经济体的增长抵消了部分发达经济体的损失。其中，2017年，印度的经济增长预期将达到7.6%，中国的经济增长率将调整至6.2%，同时，俄罗斯和巴西的经济增长率将加速至3.4%。

与此同时，金砖国家各成员国间经济增长率的差异也在缩小。2015年，减缓过程中增速最高的经济体和最低的经济体差异为11.4%，2016年这一指标数据调整为10.2%，减少1.2%。对比世界主要国家集团的经济增长情况可以发现，2016年金砖国家的经济增长率（5.0%）远远高于欧盟的经济增长率（1.9%）和七国集团（G7）的经济增长率。IMF预测，金砖国家之一的中国在2016年对世界经济增长的贡献率（39%）已经远远超过美国和欧洲发达经济体的总和（23%）。代表广大发展中国家切身利益的金砖国家在全球经济中的分量不断增加、地位不断提高，已经成功地拉动世界经济增长的核心力量，正在引领着新一轮的创新、普惠、共享和包容的经济发展新浪潮。

（三）推动全球经济治理变革与转型，建立国际经济秩序新格局

目前，联合国、世界贸易组织、国际国币基金组织、世界银行、二十国集团（G20）等国际组织是金砖国家参与全球经济治理的主要途径和机制。在金砖国家的努力下，2010年IMF将发展中国家所占份额提高4.6%，中国、印度、巴西及俄罗斯均进入IMF份额前十名国家行列。同年，世界银行将发展中国家所占份额提高至47.19%。2011年，金砖国家领导人第三次会晤中签署《金砖国家银行合作机制金融合作框架协议》，推动了金砖国家的本币贸易结算和融资信贷合作进程，有助于降低金砖国家对美元的依赖，促进国际货币体系的多元化。2012年，金砖国家领导人第四次会晤在督促IMF落实包括金砖五国在内的新兴经济体投票权问题外，开始探讨建立更具代表性的国际金融架构的可能性，并就新建金砖国

家开发银行及应急储备资金池达成共识。2013 年，金砖国家领导人第五次会晤正式确立建立金砖国家新开发银行及金砖国家应急储备安排，这一合作将有效地制约对发达经济体的金融霸权，推动全球经济治理机构持续改革与完善。近年来，在联合国、世界银行、WTO 等众多国际多边场合，金砖国家共同维护发展中国家及新兴市场国家的经济利益，持续反对贸易保护主义和单边主义，致力于推动经济全球化与开放化，在贸易投资、货币金融等多领域中，金砖国家的国际社会影响力越来越大。

"金砖国家"改变着发达国家和发展中国家经济力量的对比，对世界经济的贡献与影响日益增加，新兴大国和转变中的全球秩序受到越来越多的关注，金砖国家间的非正式合作模式也得到了赞誉，有效地推动了西方主导的国际经济治理机制的变革。

第八章 金砖国家可持续发展现状及趋势展望

治理赤字、信任赤字、和平赤字、发展赤字是摆在全人类面前的严峻挑战。发展是解决一切问题的总钥匙，是铲除这三大赤字根源的根本所在。发展问题是世界范围内各个国家和地区高度关注的普遍性问题。长期以来，人类社会的物质文明与精神文明的进步发展与经济发展息息相关。伴随着生产力水平的不断提高，人类利用自然、改造自然的能力和水平在不断提高，对自然环境的依赖性和影响也在逐步增加。在资源有限的条件下，人类面临着经济增长、环境保护与社会发展之间的艰难取舍。近年来，在资源与环境的双重约束下，为了避免"高经济增长，低社会发展"的现象，全世界各国开始普遍关注可持续发展问题，并相继把可持续发展提上国家宏观经济发展战略议程。然而，在人类可持续发展的实践进程中，发展中国家长期处于不利地位，尤其是对以金砖国家为代表的新兴经济体国家而言，既要保持高速的经济增长，又要实现人口、社会、资源与环境的协调发展，任务十分艰巨。

一、可持续发展是破解全球性问题的"金钥匙"

可持续发展理念是人们对工业化反思后的创新，最早源于西方国家的环境保护，后来融入发展中国家的诉求，成为世界各国经济社会发展的总体战略。20世纪后半期，人类开始面对日益严重的资源和环境危机，经济快速增长和人口超额膨胀产生的对自然资源与环境的需求水平已经远远超出了地球的生态供给能力。在巨大的需求压力下，石油、天然气等不可再生的自然资源逐步枯竭，将给人类的经济社会发展带来严峻的挑战。在这一背景下，1972年，美国科学家梅多斯等人发表了《增长的极限》，在全球学术界和政界引起了强烈反响。梅多斯等人在这一研究报告中指出“地球已经不堪重负，人类正在面临增长极限的挑战，各种资源短缺和环境污染正在威胁着人类的生存”。换句话说，如果发展中国家开始消耗与发达国家相同水平的资源，地球将很快陷入灾难性的境地。事实是，在大多数情况下，经济增长伴随着对自然资源的过度使用以及负面的、不利的环境和社会影响，例如收入不平等，体力劳动的开发以及有毒气体的排放等。自此，经济增长所产生的社会及环境影响逐渐引起国际社会的广泛关注，国际机构、各国政府和学者就资源环境危机和可持续发展问题，展开了热烈的讨论。

可持续发展是一个多维度的概念。最早提出可持续发展一词的是世界自然及自然资源保护联盟（简称“IUCN”），这一联盟在1980年发布了《世界自然保护战略》文件，在文件中首先提出了可持续发展的概念及相关的战略主张，其中指出：“……强调人类利用对生物圈的管理，使生物圈既能满足当代人的最大持续利益，又能保护其满足后代人需求与欲望的能力……为了实现可持续发展，涉及社会，生态范围以及经济因素的各个方面。必须考虑在内，包括有生命和无生命的资源以及替代行动的短期和长期优势”。同年，联合国在联合国大会上面向全球正式呼吁“必须对自然、社会、生态、经济及自然资源利用过程中的各种基本关系进行深入探索研究，从而确保全球的可持续发展”。联合国大会的相关呼吁扩大了可持续发展概念的影响力，积极促进了相关研究与政策制定。1981年，布朗（Lester R. Brown）出版了《建设一个可持续发展的社会》，提出以控制人口增长、保护资源基础和开发再生能源来实现可持续发展。1987 年，世界环境与发展委员会通过并发表了《我们共同的未来》研究报告，报告从"共同的关切""共同的挑战"及"共同的努力"三个方面讨论了世界环境与发展面临的问题、挑战和具体的行动建议并正式提出了"可持续发展"的概念，将可持续发展界定为："既能满足当代人的需要，又不对后代人满足其需要的能力构成危害的发展。"（Brundtland，1987），此后，这一对定义被广泛认可并引用。布伦特兰在报告中深入阐述了可持续发展在"需要"与"限制"两个方面的含义，强调了在经济发展的同时，要满足社会的需要和环境的限制。此后，在联合国的推动下，可持续发展的内涵愈加丰富，并逐渐从概念走向具体实践。自 1992 年 6 月，联合国里约热内卢峰会通过《里约环境与发展宣言》提出 27 条可持续发展原则以来，越来越多的国家为了实现经济增长与社会发展和环境保护的有效结合，开始采取可持续发展政策（Dittmar，2014）。因此，一些学者将可持续性表述为一个综合考虑到经济、社会和环境三个方面的多维概念（Pope et al.，2004）。进而，2008 年北京召开的第七届亚欧首脑会议在其发布的《可持续发展北京宣言》中明确将经济发展、社会进步和环境保护作为可持续发展的三大支柱，并且强调联合国千年发展目标是实现可持续发展特别关注的问题。其后，在千年发展目标的收官之际，为了进一步将可持续性的三个支柱进行积极整合，以促进实现可持续发展，2015 年 9 月 25 日，在纽约召开的联合国可持续发展峰会上，193 个成员国正式通过联合国可持续发展目标（Sustainable Development Goals，SGDs），正式发布《2030 年可持续发展议程》，这一新的系列发展目标包括 17 个子目标，旨在千年发展目标到期之后（2015～2030 年间），以综合方式彻底解决社会、经济和环境三个维度的发展问题（如图 8－1 所示），指导全球发展工作转向积极正确的可持续发展道路。

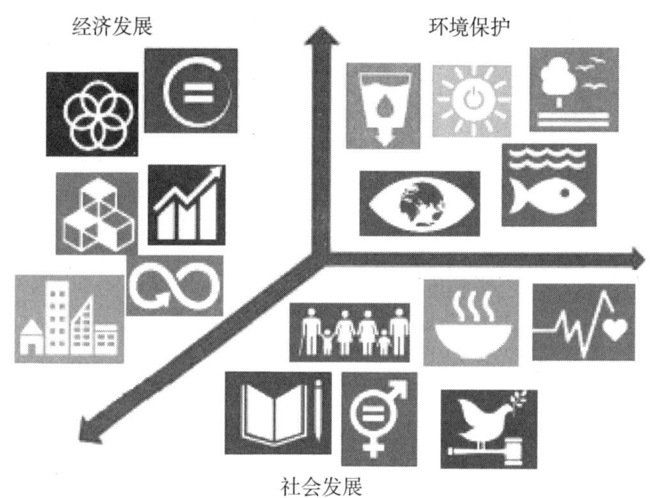

图8-1 三个维度下的联合国可持续发展目标示意图

当前，世界各国面临百年未有之大发展、大变化、大调整。在这一关键的历史转折期，各种矛盾交叉叠加，气候危机、环境损害、人口激增、资源枯竭，以及不断爆发的冲突、持续上升的债务水平等全球性挑战集中爆发，世界范围内逐渐扩大的发展不确定性为全球可持续发展进程带来了严峻挑战。首先，经济全球化促进了各国之间的密切联系，然而也推动了金融风险的进一步集聚，在保护主义与单边主义卷土重来，贸易摩擦不断加剧的现实背景下，世界经济增长前景不容乐观。根据联合国最新发布的《2018 年可持续发展目标报告》显示，2016 年，全球人均国内生产总值（GDP）实际增长率为 1.3%，低于 2010～2016 年 1.7% 的年均水平。不发达国家的这一比率从 2005～2009 年的 5.7% 急剧下降到 2010～2016 年的 2.3%。国际货币基金组织在 2019 年 7 月发布的一份报告中再次下调全球经济增长预期，分别将 2019 年和 2020 年世界经济增速下调至 3.2% 和 3.5%。其次，全球环境治理进入低潮期。2017 年，特朗普以《巴黎协定》对美国经济造成了不利影响为理由，宣布美国将退出这一多边协议。《巴黎协定》定期评估并敦促参与国的温室气体排放计划，是全球环境治理和应对气候变化的重要框架。美国的退出行为对全球环境治理产生了负面影响。一方面，全球生态在持续恶化，世界气象组织近期发布的《2018 年全球气候状况声明》指出，2018 年全球变暖仍在加速，上层海洋热含量及全球平均海平面达到历史最高值。对世界各地公海和沿海区域的研究表明，工业革命开始以来，海洋酸度平均增加了约 26%。另一方面，全球环境治理协调更加困难，2016 年，支持生物多样性的双边官方发展援助总额为 70 亿美元，与 2015 年相比实际下降了 21%。此外，人口、贫穷、饥饿等全球性社会问题依然对发展中国家和不发达国家造成严重困扰。《2018 年可持续发展目标报告》统计数据显示，世界饥饿状况重新开始恶化，全球范围内，营养不良人口比例从 2015 年的 10.6% 增加到了 2016 年的 11.0%，这意味着营养不良人口数量从 2015 年的 7.77 亿上升到了 2016 年的 8.15 亿；2016 年对发展中国家提供的农业援助总额达 125 亿美元，在捐助国按部门分配的援助中的比例从 20 世纪 80 年代中期的近 20% 下降到 6%。

面对世界百年未有之大变局，习近平主席在第二十三届圣彼得堡国际经济论坛全会发表致辞时指出强调，“可持续发展是各方的最大利益契合点和最佳合作切入点”，这是破解当前全球性问题的“金钥匙”。可持续发展已经成为世界各国最为关注的，也是全球最重要的议题之一。传统的发展观是零和博弈的解决方式，要获得本国的快速发展，就需要牺牲他国利益，这种发展的速度和体量是有限的，从根本上导致了全球范围各个国家和地区之间的冲突与对立。习近平主席倡导通过可持续发展，实现共商共建共享，促进各国共同发展，实现区域间经济、社会和环境的全方位融合。可持续发展现在是世界各国最关心的，也是现在全球最重要的一个议题。传统的方式是通过零和博弈，通过牺牲其他国家的利益换取自身的发展。中国倡导进行共商共建共享的可持续发展，通过这种合作促进各国的共同发展，通过合作促进世界经济、社会、环境的跨区域融合发展。面对变局，群策群力、合作共赢是各方的正确选择，习近平主席提出的三个坚持与联合国 2030 年可持续发展议程经济增长、社会发展、环境保护三大任务一脉相承，坚持共商共建共享，坚持以人为本，坚持绿色发展，携手共促可持续发展，是有效解决全球性问题，维护全球经济社会环境稳定，构建人与自然和谐共处的“金钥匙”。

二、逆全球化背景下，金砖国家助推全球可持续发展

自奥拉尼首次提出金砖四国的概念以来（2001 年），金砖国家在经济、社会及环境领域中的合作不断加深。2006 年，金砖四国举行了首次外长级别的会晤，突破了概念上金砖表述，初步建立了实践性的合作机制。其后两年间，中国、俄罗斯、印度及巴西四国举行了一系列会谈并逐步建立金砖四国首脑峰会的合作机制，进一步拓展并提高了金砖国际的合作级别。2010 年，伴随着南非的加入，“金砖四国”正式升级为“金砖五国”，进一步扩展完善了金砖国家合作机制。

金砖五国是广大发展中国家和新兴市场国家的典型代表，各国具备独特深厚的资源禀赋：中国的制造业具有领先优势，号称“世界工厂”；印度的软件业和服务业较为发达；俄罗斯石油和天然气资源丰富；巴西是农业大国，被称为世界原材料的供应地；南非的矿产储量居世界前列。基于庞大的市场规模和互补的资源禀赋，金砖国家的密切合作，有效地推动了各个成员国经济、社会及环境的协调发展。十余年间，金砖国家合作机制不断完善深入，不仅为各成员国之间的经济、社会等各方面往来与合作创造了友好、便利的发展环境，还有效推动了金砖国家所代表的发展中国家和新兴市场国家在全球治理中话语权的不断提升，变革了全球经济、社会及环境治理格局，促进了全球范围内的可持续发展合作进程。

（一）金砖国家是促进全球经济增长的关键加速器

金砖国家是世界最大的新兴经济体，2008 年全球性金融危机爆发以来，中国、俄罗斯、印度、巴西及南非五个国家率先走出危机阴影，引领全球经济复苏进程：中国的 GDP 总量一直维持在较高的水平，从 2008 年

的4.6万亿美元（现价）增长到2018年的13.6万亿美元（现价）；巴西的经济总量在2008年和2009年受到经济危机的冲击较大，2010年开始出现强劲的复苏迹象，经济总量迅速增长到2011年的2.6万亿美元（现价），然后在内外部诸多因素冲击下逐步回落至2018年的1.9万亿美元（现价）；印度受到金融危机的冲击较小，自2008年后一直维持相对比较稳定的经济总量增长速度，从2008年的1.2万亿美元（现价）逐步增长到2018年的2.7万亿美元（现价）；俄罗斯的经济总量变化情况则相对比较波折，2008年俄罗斯的GDP总量为1.7万亿美元（现价），在经历了2008~2009年的短暂下降后，俄罗斯GDP逐步回升至2013年的最高点（2.3万亿美元），然后再次经历迅速下落和缓慢回升的过程，2018年俄罗斯经济总量与十年前大体持平；南非的经济体量相对于其他国家来说比较小，在全球金融危机后一直保持强劲的增长势头，2011年达到了4164亿美元（现价）的规模，在2012~2016年出现明显的倒退趋势后，2017~2018年南非经济明显好转，GDP总量恢复至3683亿美元（现价）水平①。

从图8-2可以看出，十余年间，虽然受到南非等国家的短暂影响，但是金砖国家的经济总量基本上维持在不断上升的趋势。"金砖"概念的提出者、英国前财政部商务大臣吉姆·奥尼尔曾经预测，2035~2037年间，金砖国家在经济规模上"可能超过G7"。除经济规模总量外，金砖国家对后危机时代全球经济增长的促进引领作用还体现在经济增速上。如表8-1所示，2008~2018年，金砖五国经济总量（GDP）在世界经济中的比重从14.83%上升到23.58%，对世界经济增长贡献率接近50%。2008年金融危机发生后，发达国家经济复苏较为缓慢，个别国家乃至全球经济甚至出现了负增长的情况，以中国和印度两国为代表的金砖国家受到经济危机的影响较小，恢复迅速。伴随着世界经济的重心正在从发达国家向发展中国家转移，正在走向成熟的金砖国家已经成为促进全球经济增长的重要引擎。

---

① 根据国家统计局，《2018年金砖国家联合统计手册》，世界银行相关数据整理。

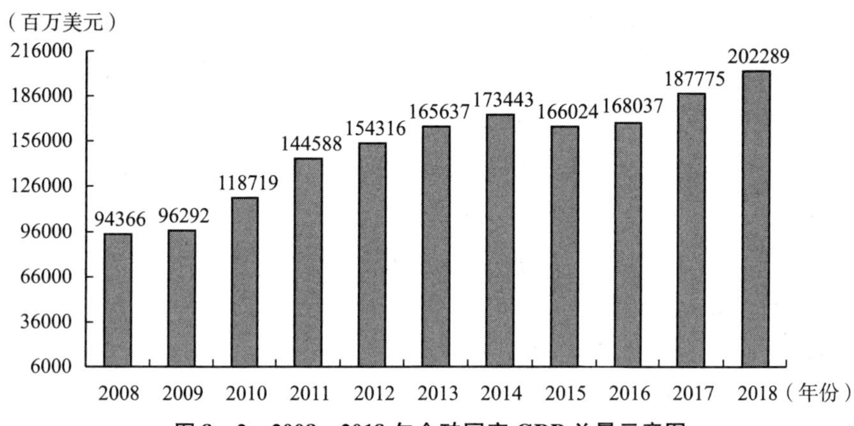

图 8－2 2008～2018 年金砖国家 GDP 总量示意图

资料来源：国家统计局，《2018 年金砖国家联合统计手册》，世界银行。

表 8－1　　2008～2018 年金砖国家 GDP 占世界的比重　　单位：%

国家	2008 年	2009 年	2010 年	2011 年	2012 年	2013 年	2014 年	2015 年	2016 年	2017 年	2018 年
巴西	2.67	2.76	3.34	3.57	3.28	3.20	3.10	2.40	2.36	2.54	2.18
中国	7.22	8.45	9.22	10.29	11.37	12.40	13.16	14.69	14.64	15.01	15.86
印度	1.88	2.22	2.54	2.49	2.44	2.41	2.57	2.80	3.01	3.28	3.18
俄罗斯	2.61	2.03	2.31	2.80	2.95	2.98	2.60	1.82	1.69	1.95	1.93
南非	0.45	0.49	0.57	0.57	0.53	0.47	0.44	0.42	0.39	0.43	0.43
合计	14.83	15.96	17.98	19.71	20.56	21.46	21.87	22.14	22.08	23.21	23.58

资料来源：世界银行公开数据库（https://data.worldbank.org.cn/）

（二）金砖国家是全球环境治理的重要助推器

20 世纪 70 年代至今，环境危机逐渐获得全世界的广泛关注。自 1972 年联合国人类环境会议召开后，在国际社会的共同努力下制定了一系列环境立法，如《联合国气候变化框架公约》《维也纳保护臭氧层公约》《联合国海洋法公约》，等等，世界各国就全球环境治理问题上的一些原则性问题逐步达成了一致性的共识，《里约环境与发展宣言》《巴黎协定》等环境保护公约进一步为解决发达国家和发展中国家面对全球环境危机的矛盾和争端提供了公平原则及责任原则等依据和准则，全球环境治理体系逐步完善。然而，在"美国优先"的立场主导下，2017 年，美国总统特朗普宣布退出《巴黎协定》并撤销多项减排措施，美国的"退群行为"对全球气候治理提出了严峻挑战，全球减排目标前景不明。根据国际和欧洲事务研究所（IIEA）报告（2018）显示，特朗普政府退出《巴黎协议》后高污染化石燃料的投资相对显著增加，在能源利用和产业结构上走回头路，重新进入碳排放增加的轨道。报告指出，《巴黎协议》签署后一年，美国主要银行对煤炭业的投资减少了 38%，但到了特朗普执政的 2017 年这一数据回升至 6%，对可再生能源的投资则相对减少。美国的退群行为弱化甚至恶化了七国集团（G7）在全球环境治理领域中的主导地位，从 2018 年 G7 峰会公报的 G6 +1 到 2019 年矛盾进一步扩大，未发布联合公报，七国集团的全球环境治理协调能力逐渐遭遇挑战与质疑。在这一背景下，金砖国家各国进行环境可持续发展的意愿不断增强，在全球环境治理中的角色及合作机制开始逐渐崭露头角。

金砖五国既是《联合国气候变化框架公约》的签约国，又均为快速发展的新兴经济体，能源消耗量大，因此也是温室气体的主要排放国。处于工业化过程中的新兴经济体往往引领着全球能源消耗的增长，从能源消耗量看，各国在工业化进程中逐步形成了以化石能源为主的能源供应体系。2008 ~2015 年，在经济总量高速增长的同时，中国的能源消费量也在不断增加，总的增速一直占据金砖国家的领先位置。印度的能源消耗量也一直呈现出显著的增长趋势（如表 8 -2 所示）。化石能源为主的能源消费不仅会引致资源危机，其燃烧过程产生的大量温室气体也会对生态环境环境造成严重的破坏，近年来金砖五国碳排放占世界碳排放总量的比重已经从 2000 年的 24.3% 上升到当前的 45% 左右，惊人的温室气体排放量说明快速发展中的金砖五国对全球环境状况和气候问题具有重要影响，因此金砖国家的环境合作对于全球环境保护至关重要。

表 8-2　　2008~2015 年金砖国家温室气体排放量（百万吨 CO_2 等当量）

项目	2008 年	2009 年	2010 年	2011 年	2012 年	2013 年	2014 年	2015 年
中国	7361.9	8098.5	8746.9	8746.9	8911	9148.6	9165.5	9153.9
巴西	374.9	3521	400.3	426.4	447.3	486.6	507.8	487.8
印度	1472.5	1609.6	1678.8	1730	1864.6	1957.9	2106.1	2218.4
南非	450.4	446.2	450.2	445.4	438.9	440.6	450.6	436.5
俄罗斯	1578.3	1464.1	1509.7	1572.1	1582.2	1543.2	1547.6	1483.2

资料来源：BP Statistical Review of World Energy 2016.

自合作机制正式建立以来，金砖各国领导人会晤就致力于呼吁和倡导关注全球气候变化问题。2015 年 4 月，在莫斯科召开的第一届金砖国家环境部长级会议标志着金砖国家环境合作机制的正式构建，此次会议上提出一系列促进金砖国家国际环境公约履约合作的新机制、新方法。其后，《果阿环境宣言》等进一步将金砖国家环境合作机制落到实处。伴随着各成员国彼此共识程度的不断提高，金砖国家开展环境合作的意愿不断增强，当前，金砖五国已经逐步构建起切实可行的环境合作框架，并通过 G20 等国际治理舞台进一步发挥在全球环境治理中的重要作用，面对全球环境治理变局，金砖国家具有共同的利益和责任担当，五个成员国在气候变化和环境治理领域中的有效协调与统一行动有利于积极建构未来的国际环境秩序并维护五国所代表的发展中国家及新兴经济体的发展权，“绿色金砖”成为进一步推动全球范围内环境与气候合作的关键力量。

（三）金砖国家是维护世界社会稳定发展的关键基石

发达国家主导的经济全球化是一把双刃剑，对于任何一个国家都有利弊两方面影响，而发展中国家和新兴经济体在这个进程中则处于相对不利的地位。一方面全球化给新兴经济体带来繁荣，另一方面全球化也导致了新兴经济体的贫富差距进一步扩大的事实。虽然金砖国家只有中国、俄罗斯、印度、巴西、南非五个成员国，但是这五个国家都是人口数量比较多的新兴大国，在不断深入地经济全球化进程中，共同面临贫困、卫生、教育等若干社会发展问题，因此金砖五国具有共同推进社会发展，建立社会治理合作机制的共同利益与诉求。

如图 8－3 所示，2017 年，金砖五国的人口总量占全球人口总量的 41.21%，其中中国的人口总量为 13.82 亿、印度的人口为 12.52 亿、巴西的人口总量为 2 亿、俄罗斯的人口总量为 1.46 亿、南非的人口总量为 5298 万。2008 年金融危机以来，金砖国家巨大的人口基数几无动摇，人口总数从 2008 年的 28.60 亿人增长至 2017 年的 31.13 亿人，人口数量占比从 42.13% 下降到 41.21%。然而，在各成员国的不断努力下，金砖国家在控制贫困方面取得了突出的成就，贫困人口占比显著下降。每年一度的金砖国家首脑峰会及劳工部长会等会晤机制均对各成员国减贫合作进行重点关注。此外，金砖国家在健康、卫生、教育、科技创新、社会保障等领域中的合作也在全面开展与逐步完善中，总体来看，金砖国家合作机制在促进各成员国社会发展及全球社会治理方面具有显著作用，对于有效推进联合国可持续发展目标的实现做出了重大贡献。

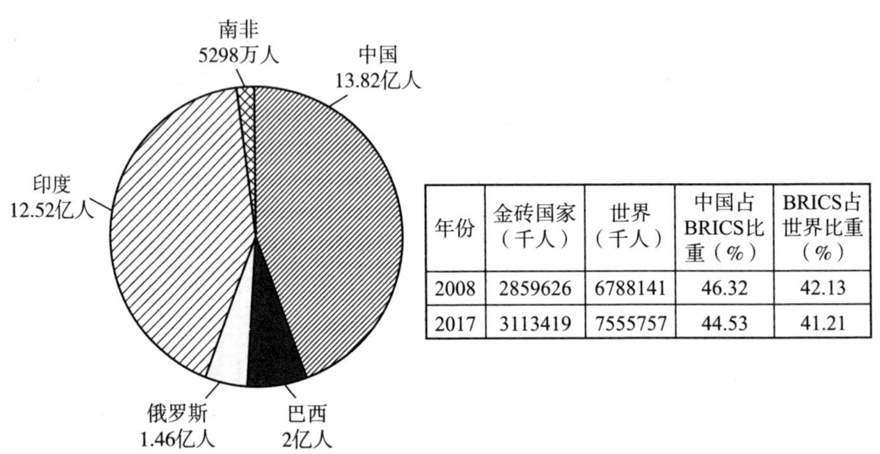

年份	金砖国家（千人）	世界（千人）	中国占BRICS比重（%）	BRICS占世界比重（%）
2008	2859626	6788141	46.32	42.13
2017	3113419	7555757	44.53	41.21

图 8－3　2017 年金砖国家人口数量示意图

资料来源：国家统计局，《2018 年金砖国家联合统计手册》。

三、金砖国家可持续发展进展分析

从1992年联合国环境大会通过的《21世纪议程》到2015年联合国可持续发展峰会发布《2030年可持续发展议程》，金砖国家一直积极参与落实全球可持续发展的各项要求，在经济、社会及环境等领域不断凝聚共识、深化合作，取得了诸多进展。

（一）金砖国家经济可持续发展的主要进展

经济可持续快速发展可以为社会发展及环境治理提供必要的资源和条件，因此经济可持续发展是新兴经济体国家及发展中国家实现可持续发展的基础和关键，也是发展中国家政府及决策者优先关注的可持续发展维度。在金砖合作机制的推动和促进下，近十年间，金砖国家经济可持续发展取得一系列显著成效。从图8-4可以看出，自2008年金融危机后，金砖国家经济增长显著高于同期世界水平，直至2015年，在俄罗斯（经济增长率为-2.31%）与巴西［经济增长率为（-3.55）］两个国家的显著

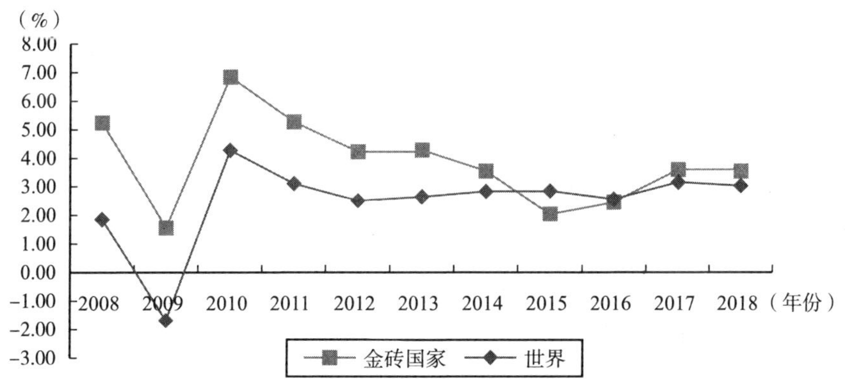

图8-4　金砖国家GDP增长率与世界同期增幅水平对比

资料来源：世界GDP增长率（世界同期增幅）来源于世界银行公开数据库 http：//data-worldbank. org. cn/，金砖国家GDP增长率依据上述数据库官方数据计算所得。

负增长影响下，金砖国家平均增长率略低于同期世界水平。2017～2018年在中印两国高于6%的稳健经济增速带动下，金砖国家经济整体增速再次超越世界同期水平。

进入21世纪以来，中国经济一路突飞猛进，经历了比较长的增长周期，如表8－3所示，2010年中国经济增速达到了10.64%，是世界同期增速的2.5倍。自2012年开始，中国逐渐进入经济高质量中高速增长的新常态区间，在其后的若干年中，中国经济增速大致保持在6%～8%范围内，经济增长的质量和效益逐步替代经济增长速度，产业结构调整升级逐渐成为工业可持续发展的重要路径，中国经济对能源资源的依赖性进一步降低，经济可持续发展能力有效增强。

俄罗斯经济虽然在2019年受到经济危机的剧烈冲击，但是其于2010年迅速复苏并连续三年高于世界经济增长同期水平。直至2013年，在西方的制裁下，俄罗斯经济增速迅速降低，甚至出现了负增长。近两年，在一系列进口替代及优先发展的政策推动下，原俄罗斯能源领域中的资本日益分流，有效推动该国农业、制造业等行业企稳复苏，2017～2018年间俄罗斯经济形势明显好转，经济可持续发展能力有所改善。

南非经济对黄金等大宗商品的依赖性较强，因此在2012年大众商品价格暴跌的影响下，南非经济在经历金融危机后的短暂复苏后迅速下滑。当前，虽然南非政府提出了面向国民经济的"激进的经济转型"导向规划，提出进行全方位的经济结构改革，但是南非经济增速在金砖国家中仍然处于较低水平，经济可持续发展态势不明。

20世纪末，巴西转向开放市场政策后，经济增幅显著。在经济危机的冲击下，巴西迅速反弹，2010年（7.53%）甚至超过世界同期水平（4.28%）和金砖国家增速（6.84%）。2010年后，伴随着巴西经济结构调整的副作用逐步显现和罗塞夫连任后实行的双紧缩财政政策和货币比政策的影响，巴西经济连续衰退，一蹶不振。虽然近两年，在连续降息和调整政策的刺激下，巴西经济增速重回增长，然而其1%左右的增幅水平仍然仅为同期世界水平的1/3。

与中国类似，印度也是人口大国和发展中大国，并在2013年莫迪上台执政后保持相对稳定的经济连续增长势头。莫迪政府鼓励外商直接投资，并对政府机构进行有效改革，重点关注基础设施及投资环境，促进制造业等支柱产业快速优先发展，有效地提高了本国的经济可持续发展水平。2014～2018年五年间，印度经济增速已经连续五年居金砖国家领先位置。

表8－3　　2008～2018年金砖五国GDP增长率　　单位：%

国家	2008年	2009年	2010年	2011年	2012年	2013年	2014年	2015年	2016年	2017年	2018年
巴西	5.09	－0.13	7.53	3.97	1.92	3.00	0.50	－3.55	－3.31	1.06	1.12
中国	9.65	9.40	10.64	9.55	7.86	7.77	7.30	6.91	6.74	6.76	6.60
印度	3.09	7.86	8.50	5.24	5.46	6.39	7.41	8.00	8.17	7.17	6.98
俄罗斯	5.20	－7.80	4.50	4.30	3.70	1.80	0.70	－2.31	0.33	1.63	2.25
南非	3.19	－1.54	3.04	3.28	2.21	2.49	1.85	1.19	0.40	1.41	0.79
金砖国家	5.25	1.56	6.84	5.27	4.23	4.29	3.55	2.05	2.47	3.61	3.55
世界	1.85	－1.69	4.28	3.11	2.51	2.65	2.84	2.85	2.57	3.17	3.04

资料来源：世界银行公开数据库（https：//data.worldbank.org.cn/）

（二）金砖国家环境可持续发展的主要进展

伴随着金砖国家的经济快速发展，高能耗和环境问题逐步对五个成员国的生态环境造成破坏。当前，金砖国家合作机制在不断拓展贸易、投资、基础设施等各经济领域的深入合作的同时也在不断加强在环境领域中的密切合作，相关合作机制的建立与开展为金砖国家的全方位合作奠定了共同的价值基础，确保了金砖国家的可持续发展。金砖成员国间的环境合作覆盖能源、气候等多领域的双边合作及多边合作。例如，中国和俄罗斯在跨越国际的河流、湖泊等领域展开广泛合作，建立了中国—俄罗斯总理定期会晤机制下的双边环境合作机制。中国和南非在清洁能源领域，巴西和印度在生物多样性领域，中国—印度在跨界水资源等领域均开展了深入的环境治理合作机制。

（三）金砖国家社会可持续发展进展的主要进展

金砖国家均采取诸如创造就业机会、扶持贫困群体、提高最低生活标准、改善福利保障、刺激消费等稳定社会措施，提高工资或最低工资标准。印度提高公务员与政府雇员工资以及企业工资，免除农民债务；巴西提高了最低工资标准；中国增加了教育、卫生等方面的支出。俄罗斯更实施了多项规模巨大的社会福利保障措施，如增加免费大学生名额和提高大学毕业生上研究生的比例，规定自费大学生学费额度（总统倡议）；增加居民就业和失业补贴额度、住房补贴和对困难家庭提供廉租房，允许困难抵押贷款户用“母亲基金”权益偿还贷款；将预算部门工资与通胀指数挂钩，并保证工资、特别是退休金的增长幅度高于通胀水平。

四、金砖国家可持续发展趋势与展望

可持续发展是一个综合的概念，涉及人口、经济、教育、社会、环境、科技等诸多内容，这诸多的内容中经济增长是关键构成，更是重要支撑。2008 年国际金融危机爆发之后全球经济遭遇了极大的冲击且一直复苏乏力，受此影响保护主义和单边主义日渐抬头并有愈演愈烈的迹象，在这样的背景下各国乃至全球的可持续发展也受到了极大影响。各国在经济贸易、社会救助、环境治理等方面的合作出现停摆，金砖各国的可持续发展也受到波及。虽然外部环境不太乐观并给金砖各国的实际发展带来了不良影响，但金砖各国之间互惠互助的共识和决心不减。以中国为首的金砖国家一直在深化并将继续深化全球可持续发展协作，并且在全球可持续发展中发挥着越来越重要的作用。

（一）加快构建新工业革命伙伴关系

回顾人类发展的历史轨迹，每一次生产和生活方式的变迁和跃升都伴随着颠覆性的科技革新。当前人类正处在第四次工业革命阶段，生物、物理和数字技术的融合不断改变着全球经济和人类社会。中国国家主席习近平在2018年约翰内斯堡金砖国家领导人第十次会晤上作了题为《让美好愿景变为现实》的重要讲话时指出“我们正在经历一场更大范围、更深层次的科技革命和产业变革。大数据、人工智能等前沿技术不断取得突破，新技术、新业态、新产业层出不穷。”

与前三次工业革命相比，第四次工业革命改变了原有的产业形态、社会分工和组织方式，共享经济的特征更为明显。第四次工业革命为包括金砖国家在内的新兴经济体和发展中国家带来了巨大的机遇，也带来了巨大的挑战。在“世界经济深层次、结构性问题和地缘政治冲突、保护主义、单边主义直接影响到新兴市场国家和发展中国家发展的外部环境”的当下，构建新工业革命伙伴关系是金砖国家发挥协同效应、释放互补优势，加快新旧动能转换，促进自身经济转型升级，抢占未来经济发展先机和高位的重要方式。

2018年金砖国家领导人第十次会晤上，在中国的倡议下金砖各国就“建设金砖国家新工业革命伙伴关系”达成共识，并将其写入《金砖国家领导人第十次会晤约翰内斯堡宣言》。各国承诺将启动新工业革命伙伴关系构建工作，成立由各国工业及有关部门代表构成的咨询小组，针对第四次工业革命的重点领域，制订构建新工业革命伙伴关系的工作计划和任务大纲。将发挥金砖国家各自优势，深化在数字化、工业化、投资、创新、包容等领域的合作，通过建立金砖国家科技园、技术企业孵化器和中小企业网络，积极落实新工业革命伙伴关系，增强金砖国家的可持续工业生产能力，促进金砖国家的经济增长和转型。

（二）进一步深化经济金融合作

2015年联合国通过《2030年可持续发展议程》，提出了17个可持续发展目标，针对经济可持续发展强调必须“促进持久、包容和可持续的经济增长，促进充分的生产性就业和人人获得体面工作”，强调应“建造具备抵御灾害能力的基础设施，促进具有包容性的可持续工业化，推动创新”。《2030可持续发展议程》正式生效之后，金砖组织各成员国在已有的基础上继续发力，达成了一系列共识、推出了一系列具体措施。例如，2015年7月金砖国家新开发银行正式成立，银行以为金砖组织成员国以及组织外的其他新兴经济体和发展中国家的基础设施建设和可持续发展项目提供保障为目的，是新兴经济体和发展中国家经济和金融合作的重要成果，更是全球多边和区域金融机构的重要补充。金砖国家新开发银行成立初期重点关注城镇化和公共交通。截至2018年底，金砖国家新开发银行针对五个成员国批准了80多亿美元的贷款，为成员国的基础设施建设提供了重要支撑。2018年12月金砖国家新开发银行副行长萨尔基斯在中国国际金融论坛上进一步表示未来金砖国家新开发银行将进一步加强对成员国资本市场发展的支持，以推动金砖五国长期的经济金融繁荣。除金砖国家新开发银行之外，金砖国家还成立了金砖国家应急储备安排、金砖国家本币债券基金等，为金砖国家未来经济和金融的发展提供了有力后盾。

2016~2018年，金砖国家领导人第八次会晤、第九次会晤和第十次会晤分别在印度果阿、中国厦门和南非约翰内斯堡举行，会议分别以“打造有效、包容、共同的解决方案”“深化金砖伙伴关系，开辟更加光明未来”和金砖国家在非洲：在第四次工业革命中共谋包容增长和共同繁荣为主题就金砖国家的进一步发展展开探讨。在全球贸易保护主义和单边主义逐渐抬头的背景下，金砖组织再次强调开放型经济和经济全球化对各国发展的重要性。金砖各国领导人在肯定已有经济合作成果的同时表示，将继续携手通过财政、货币和结构性改革等政策工具助力自身经济和全球经济复苏和发展，将继续深化金砖经贸和财金合作并积极同其他新兴市场和发展中国家建立广泛的伙伴关系，强化规则透明、开放、包容的多边贸易体制建设，强化“金砖+”合作模式。一方面，在遵守各国现有框架和国际义务的基础上，促进各国金融监管部门之间的交流与合作，推动金融机构和金融服务网络化布局，更好地服务金砖各国实体经济的发展。另一方面，将继续加强在基础设施联通、货币金融流通、贸易投资便利化、服务贸易、电子商务、中小微企业、知识产权等方面合作，实施创新发展战略，促进经济发展。

金砖国家是经济全球化的直接受益者，金砖各国的对外贸易依存度一直以来都处于不断上升的趋势中。复旦大学经济学院和金砖国家研究中心在其“金砖国家贸易报告（2014）”中对金砖国家1994～2013年的对外进出口总额作了分析，结果显示从1994年开始，个别年份除外，金砖国家的对外进出口总额一直呈现上升趋势。1994～2013年之间金砖国家的对外进出口总额从约5921亿美元一路上升到75530亿美元左右，年均增长速度约为62%。这两年全球经济复苏乏力，结构问题、动能不足等问题持续困扰全球，国际贸易环境的恶化对金砖各国和其他新兴经济体及发展中国家的经济发展造成了显著影响。破解各国当前经济发展困境，必须维护一个稳定的世界经济环境和良好的国际贸易环境。然而2008年金融危机过后，一方面发达国家集团在全球经济中的霸权地位不断弱化，另一方面发达国家集团在全球经济一体化建设中开始出现动力和行动力的不足。不论是出于自身发展需要，还是为全球未来的经济发展着想，为应对逆全球化对各国发展带来的不良影响，金砖各国必将进一步强化和深化彼此之间，以及与其他新兴经济体和发展中国家之间的经济金融合作。

（三）进一步强化能源和环境可持续合作

第一次工业革命之后，化石能源开始成为人类生产和生活的主要动力来源。化石能源的使用一方面极大地提高了经济生产效率，另一方面给环境和资源造成了极大的破坏。20 世纪后半叶，传统工业大国环境问题频发，给民众的身体和经济的发展带来了无法估量的损失，环境保护和可持续发展因此成为全球共识。作为发展中国家的典型代表，金砖各国目前均处于工业化和城镇化进程中，经济的快速发展不可避免地为各国带来了巨大的资源和环境压力。

20 世纪 70 年代联合国人类环境大会举行之后，金砖国家各国逐渐意识到，只有不断提高能源和环境效率，在资源和环境允许的负荷内保持和促进经济发展，才能保证经济和社会的长期、可持续发展，各国均陆续将把绿色能源和环境保护纳入本国的发展规划。金砖组织成立之后，能源合作和环境合作一直是金砖国家各项会议的重要议题，各成员国表示将尽力履行包括《联合国气候变化框架公约》《巴黎协定》在内的各项环境治理国际协议。然而，能源清洁转型和环境污染治理需要大量的资金，虽然在《联合国气候变化框架公约》第十五次缔约方会议上，发达国家承诺将增加对发展中国家在环境保护上的经济援助，但实际落实的援助资金不足承诺资金的 10%。促进能源和环境可持续发展转型，金砖国家成员国以及与其他新兴经济体和发展中国家不能仅仅等待和依靠发达国家援助，必须进一步强化彼此间的资金和技术合作。对此，金砖国家领导人第九次会晤和金砖国家领导人第十次会晤上，金砖国家各国领导人表示，未来将巩固已有合作成果，积极推动建立金砖国家能源研究平台、推进能源合作与能源效率联合研究，建设环境友好技术合作平台、强化应对气候变化合作，加强循环经济合作、构建环境友好型生产过程，以及统筹水资源领域合作、提高城市环境可持续发展能力等方面工作，在推动能源和环境可持续发展上展现了很大的决心。

就目前来看，金砖国家各国未来对于资源和能源的需求将继续上升，资源问题和环境问题也势必对金砖国家的可持续发展造成严重影响。2016 年之后全球环境治理大环境出现不利变化，全球经济增长乏力、美国背弃全球环境治理协议等让国际可持续发展合作陷入困境。对于金砖国家而言，一方面是能源和资源可持续发展的重要性和急迫性，另一方面是能源和资源可持续发展的现实阻力，二者之间矛盾的解决只有依靠全方面的合作。可以预见，随着发展的需要，金砖国家各国之间以及金砖国家各成员国与其他新兴经济体和发展中国家之间的能源合作和环境合作将从当前更多的技术合作向投资合作、绿色金融等方面延伸和深化。

（四）进一步推进人口与社会建设

人口问题和社会保障是可持续发展的重要内容。2018 年金砖国家领导人第十次会晤上金砖国家各成员国重申了对人口与社会发展的重要性，指出“金砖合作应该将人民置于中心地位”。

《2030 年可持续发展议程》强调，实现可持续发展需要消除一切形式的贫困、减少国家内部和国家之间的不平等，需要实现性别平等、保障和增强妇女和女童的权能、确保所有人的权利与尊严创建和平和包容的社会。《2030 年可持续发展议程》生效后，金砖国家成员国这一系列目标展开了积极建设和合作。2015 年 2 月金砖国家召开首届金砖国家人口部长会议，就贯彻国际人口与发展大会行动纲领 2014 年之后的行动计划和金砖国家之后在人口发展问题上的合作展开了讨论。会议通过了《金砖国家 2015 ~ 2020 年人口问题合作议程》，确定 2015 年到 2020 年期间金砖国家各国将围绕国家人口规划和目标制定、人口转型、重点人群、妇女赋权、性与生殖健康、人口流动与城市化等领域重点展开合作。2016 年 9 月金砖国家在印度新德里举行第四届金砖国家教育部长会议，各国代表签署了《新德里教育宣言》。金砖国家各国表示将从职业教育、终身学习、成果转化、教育质量保障、师生交流等方面加强国际间教育合作，促进教育公平和包容。2017 年 7 月第二届金砖国家文化部长会议召开，会议签署通过了《落实〈金砖国家政府间文化协定〉行动计划（2017 ~ 2021 年）》，就文化产业、文化贸易、文化遗产保护等方面的发展和合作发起倡议并作出相应承诺。2018 年金砖国家领导人第十次会晤指出将通过学术论坛、智库理事会、青年峰会、青年外交官论坛、青年科学家论坛等机制加强人文交流合作，关注金砖国家妇女论坛和女企业家联盟进展。

金砖国家人口总数占到了全球人口总数的42%左右，随着经济的不断发展，金砖国家群众对个人发展、文化服务和公共服务等方面的要求必然不断提高，建立并做好金砖国家间的人口与社会领域的交流和合作对金砖国家乃至全球来说十分关键。构建新工业革命伙伴关系，未来金砖国家除了加强产业、贸易、金融和技术等层面的交流和合作，还要加强性别平等、儿童和老年照顾、劳动力市场差异、疾病防控、孕产妇保健等人口问题的交流与合作，通过综合决策，促进人口和社会长期可持续发展。

五、促进金砖国家可持续发展的政策建议

《2030年可持续发展议程》作为全球可持续发展的纲领性文件，为各国的可持续发展建设指明了方向。可持续发展涉及人口、政治、经济、社会和环境等诸多方面，金砖国家的可持续发展合作也涵盖了政治、产业、贸易、金融、能源、环境、教育、卫生、文化等诸多领域。自金砖组织成立至今，经过十年的努力，金砖国家在经济、社会和环境可持续发展上取得了丰硕的成果，但也仍然存在着诸多制度、结构、政策乃至行动力上的不足，对金砖国家可持续发展合作的开展以及可持续发展建设的成效造成了不良的影响。当前阶段，全球治理任务急迫但全球治理环境恶化，金砖国家的可持续发展面临极大挑战。坚持包容理念，探索、建立和完善各项协作制度，积极调整经济结构，加速新旧动能转化，协调经济、社会和环境三者之间的关系，是金砖国家实现可持续发展的必然要求。

（一）完善金砖合作机制

金砖国家现有合作机制由元首峰会、部长级会议与专业论坛组成的三级平台以及议题设置、战略决策、政策制定和执行落实四个环节构成。金

砖国家合作机制是一种开放型的、非结盟的国际非正式合作机制，强调平等和包容，成员国家彼此之间自主平等，享有同等的权利和义务。

金砖国家目前尚无具体的章程或协议，也缺乏正式的组织机构和常设机构，主张以对话的方式进行沟通交流，通过定期举行首脑峰会、部长级会议、高官会晤以及其他渠道商讨制订成员国合作计划、建立合作机构。各成员国就合作内容达成共识并签订协议之后，没有专门的常设机构对合作事务进行统一协调，也没有统一的约束性规范对行为主体进行约束，而是由金砖国家事务协调人和副协调人负责督办相关合作事务。约束机制、激励机制和保障机制的缺失使得金砖国家的合作主要基于成员国的主观共识和自觉，合作机制在严肃性、稳定性以及执行效率上存在严重不足。解决上述问题，一方面需要增强金砖国家成员国的合作共识、坚实合作基础，另一方面需要以效率为核心推动合作机制的正规化建设。在推动合作机制正规化建设方面，金砖国家可以借鉴欧盟的做法，通过制定章程办法，完善监督、问责、保障、激励等机制，设置理事会、委员会、议会、法院等组织机构等方式使金砖国家合作机制逐渐正规化、固定化和常态化，以更好地组织、协调和落实日常及合作事务。此外，金砖国家的治理结构仍然有待提高。目前，金砖国家的治理结构主要采取由轮值主席国提出合作倡议、再通过峰会进行讨论的形式，这种机制有其天然的局限性，难以完全体现集思广益、群策群力的作用。未来在决策上，金砖组织应该加强各成员国政府、智库机构及其他主体的先期参与，通过政府、智库、社会、企业等多主体形成的参与酝酿、讨论、决策的综合机制，提高议案的智慧性和适用性。

（二）加快发展战略对接

经贸合作是金砖国家合作的主要方向，也是金砖国家合作的重点方向。近年来，金砖国家均面临经济发展放缓、经济结构转型的问题，为解决上述问题，金砖国家制定了一系列经贸发展合作协议，协议涉及许多方面、明确诸多细节，但在战略层面存在着衔接不足的问题。

在进行自身发展布局、制定国内发展战略时，金砖国家各成员国，均是基于实现本国经济和社会发展的需要而制定的，很少考虑与其他成员国或其他新兴经济体和发展中国家的衔接。我们知道，不同国家之间可能存在经济结构、资源禀赋和技术上的差异，也可能存在经济结构、资源禀赋和技术上的类似。前者决定了不同国家之间相对优势的存在和合作的可能，后者则带来了发展过程中的竞争性可能。从金砖国家的实际情况来看，各成员国在发展上存在很强的互补性。举例来说，中国是世界工厂也是全球第二大国，在工业制造能力、知识产权和资金实力等方面具有明显优势，但也存在制造业低附加值的问题；印度在计算机、软件产业和人力资本上具有比较优势，但在基础设施和资金实力上存在明显不足；巴西拥有丰富的自然资源、农牧业发达，矿业、石化、钢铁、汽车等领域处在世界先进水平，但财政实力不足制约了其经济转型、升级的可能；南非在矿产、建筑、电力等产业具有明显优势，但也存在教育落后、高失业率、贫富差距等问题；俄罗斯拥有丰富的油气资源，航天产业和均是工业发达，但对电力、燃料、有色金属、木材等部门的依赖程度过高。加强金砖国家成员国发展战略上的对接，有助于金砖组织各成员国更好地发挥优势互补、相互支持、相互促进的可能。未来，在经贸合作上，金砖国家成员国除了要相互借鉴，加强基础设施、经济特区、工业园区等多领域的合作，通过直接投资带动和贸易拓展市场等方式，提高各国工业化和城镇化水平之外，还应该积极沟通、充分探讨，加快中长期发展规划的对接和合作，不断调整经济结构，打造并形成平等互利的产业分工格局，培育新的经济增长点，并进一步提升自身和金砖国家整体在全球价值链的地位。

（三）优化科技创新布局

整体来看，金砖国家技术自主创新能力低，科技进步和创新对于国民经济的贡献十分有限。然而科技创新和技术研发需要资金和人才的大量投入，单个国家的力量相对有限，金砖国家应该携手合作，优化科技创新合作布局，尽量缩短技术突破所需时间，最大化科技投入产出效率，在瞬息万变的信息化时代争取尽快占领科学技术高地，并以此实现经济转型和动能转化。

首先，在科技创新合作中金砖国家应该改变以往资源项目分散、合作渠道单一的问题，强化金砖国家成员国在科技创新布局中的战略对接和政策统筹。通过多层次的沟通与交流，加强顶层规划和协调，优化整合资金和资源，建立长期、稳定、多层次的科技创新合作机制。其次，金砖国家应该坚持科技创新必须服务国家重大战略的原则，在经济、民生、社会、国家安全等领域重点布置，以发挥科技创新对经济发展和现代化建设的支撑和引领作用。金砖国家的科技创新合作方向，除了原有的贸易、投资、能源、基础设施等传统领域，还应该向云计算、大数据、人工智能、纳米技术、医疗技术、信息通信、数字经济等新技术和新领域拓展。再次，金砖国家应该聚集创新资源，构建协同、高效的科技创新体系。金砖国家应该根据成员国的资源禀赋和学科发展现状，汇聚优势资源，找准科技创新突破口，加强针对性合作，实现重点突破。同时，鼓励高效、研究机构、企业等创新主体有目的、分重点地开展前沿技术研究，并通过科技园、技术企业孵化器等方式，促进科技创新成果的产业化运用。最后，金砖国家应该进一步深化教育合作，将人才培养和科技创新进行有机融合。教育是科技创新的基础，为科技创新提供了人才支撑。教育更是产学研的重要环节，为科技创新成果向实际生产力转化创造了条件。与此同时，科技创新在教育领域的应用，可以有效扩大教育资源覆盖面、提升教育质量。因此，金砖国家一方面要加大教育基础设施投入，推进教育的数字化、信息化和国际化，另一方面应该根据不同国家的优势和特点，以合作办学、教师互访、学生交流、实验室共建等多种形式，促进教育合作的制度化和常态化，实现以人才培养促进技术创新、以技术创新带动人才培养的良好局面。

（四）构建全面合作局面

金砖国家自成立开始一直在不断探索和深化可持续发展领域的各项合作并取得了良好的成效，但是金砖国家在合作的深度和广度上仍然存在提高的空间。从深度上看，虽然金砖国家的合作内容涉及经济、社会和环境三大领域，但主要还是以经济合作为主。从广度上看，金砖国家的可持续发展合作还是以组织内的双边合作或多边合作为主，与其他经济体或国际机构之间的合作仍显薄弱。

保障金砖国家的可持续发展能力，必须从深度和广度两个方面入手，构建并形成对内和对外的全面合作局面。第一，努力构建新工业革命伙伴关系，完善和落实经济、社会和环境三大领域的各项合作，推动金砖国家从经济合作向全方位合作、从合作过程中以"务虚为主"向"虚实并重"方向转型。第二，鼓励金砖国家非政府组织和民间组织之间开展交流、合作活动，推动可持续发展理念、政策和成果在金砖组织成员国之间的推广和共享，为金砖国家各领域合作的开展提供基础支持。第三，推动金砖国家和其他新兴经济体以及发展中国家之间的南南合作，提升新兴经济体和发展中国家在全球价值链中的地位，发挥金砖国家"发展中国家代表"的领导作用。第四，推动金砖国家和发达国家之间的南北合作，形成并强化金砖国家在各项国际事务中的话语权，改善金砖国家的可持续发展的外部环境。第五，加强金砖国家与国际货币基金组织、世界银行、世界贸易组织、联合国等国际组织机构之间的合作，协调金砖国家在全球经济治理、全球环境治理、气候谈判等领域的立场，为金砖国家的可持续发展提供有力支持。

附录：2019年金砖国家智库国际研讨会在福州举行

2019年10月19~20日，2019年金砖国家智库国际研讨会在福建省福州市举行。本次会议由金砖国家智库合作中方理事会主办，福建师范大学承办，中国科学技术发展战略研究院、中智科学技术评价研究中心协办。会议主题是“金砖国家科技创新合作”，重点围绕金砖国家重大科技基础设施建设、金砖国家科技园区建设与知识产权保护、金砖国家科技创新人文合作与科技创新治理、金砖国家科技金融与金融科技合作四个方面议题展开深入研讨。中共中央对外联络部研究室副主任、金砖国家智库合作中方理事会副秘书长董卫华，福建省人民政府外事办公室副主任林学锋，中国高科技产业化

研究会副理事长、中国工程院国际合作局原局长康金城，国际欧亚科学院院士、中国科学中心秘书长、科技部二级专业技师赵新力，中国科学技术发展战略研究院院长胡志坚，中智科学技术评价研究中心理事长、福建省新闻出版广电局原党组书记李闽榕，福建师范大学党委书记李宝银、副校长赖海榕，以及来自巴西巴伊亚联邦大学、巴西应用经济研究所、俄罗斯国立高等经济学院、印度大恒竺成律师事务所、南非开普敦大学、中共中央对外联络部、国家发展和改革委员会、科技部、工业和信息化部、国务院发展研究中心、中国工程院、中国社会科学院、中国农业科学院、国际欧亚科学院中国科学中心、中国科学技术发展战略研究院、中国信息通信研究院、清华大学、中国人民大学、复旦大学、东北农业大学、广东工业大学等近 100 位专家学者和企业界方面的代表出席了本次研讨会。新华社、中新社、人民日报、光明日报、科技日报、中国科学报、中国经济导报、中央人民广播电台、新华网、人民网等 20 多家新闻单位的媒体代表和福建师范大学经济学院师生参加了研讨会。

福建师范大学党委书记李宝银致欢迎辞

福建师范大学党委书记李宝银教授代表学校致欢迎辞。他向来宾们介绍了福建师范大学的办学历史、高水平大学建设以及经济学院的学科建设情况，他表示，来自金砖国家政府、高校、研究机构、智库和企业的专家代表齐聚榕城，聚焦“金砖国家科技创新合作”主题展开深入研讨，对于进一步加强金砖国家科技创新问题研究，持续提升服务金砖国家创新发展的能力和水平，必将产生积极而深远的影响。

金砖国家智库合作中方理事会副秘书长董卫华致辞

中共中央对外联络部研究室副主任、金砖国家智库合作中方理事会副秘书长董卫华在致辞中表示，新一轮科技革命和产业变革带来的代际更迭和激烈竞争前所未有，大数据、人工智能等前沿技术不断取得突破，新技术、新业态、新产业层出不穷，为各国经济社会发展带来新的机遇，也带来新的挑战。金砖国家加强科技创新合作是释放合作潜力，提升国际竞争力和引领广大发展中国家实现共同繁荣的必由之路。她也向与会专家分享了三点看法：一是科技创新合作将助力金砖国家实现跨越式发展；二是科技创新合作是金砖国家共同构建相互尊重、公平正义、合作共赢的新型国际关系的必然要求；三是科技创新合作是塑造新型经济全球化重要保障。她同时表示，智库本身就是重要的创新资源，在金砖国家科技创新合作中理应成为思想的创造者、政策的建言者和舆论的引导者。

福建省人民政府外事办公室副主任林学锋致辞

福建省人民政府外事办公室林学锋副主任在致辞中指出，智库是国家软实力的重要组成部分，在金砖国家合作中，智库是不可或缺的重要力量。相信这次研讨会所取得的宝贵研究成果将为 2019 年 11 月召开的金砖国家领导人第十一次会晤提供智力支持。当前福建正按照习近平主席擘画的“机制活、产业优、百姓富、生态美”的新福建宏伟蓝图奋力前行，本次研讨会的丰硕成果将提供强大的智力支持，有力地促进新时代、新福建的建设。

中国科学技术发展战略研究院院长胡志坚作主旨演讲

中国科学技术发展战略研究院院长胡志坚应邀在开幕式上作了题为《新时代中国的创新政策演化趋势》的主旨演讲，他表示，进入新时代，中国政府提出了一系列重大战略布局，落实这些政策举措，关键是落实新发展理念，创新发展是核心，没有创新什么都发展不了，所以创新发展始终摆在第一。在创新发展方面，要提高知识在经济发展中的贡献和份额，加强知识生产能力建设。在协调发展方面，要优化知识的宏观配置，建设更加包容的信息技术基础设施。在绿色发展方面，要建设市场导向的绿色技术创新体系，加强绿色低碳、生态环境、资源节约等领域的技术供给和商业模式创新，促进信息技术与绿色技术的融合。在共享发展方面，要发挥信息通信技术的潜力，推动体现效率并兼顾公平的创新。在开放发展方面，关键是消除壁垒，建设高质量开放创新系统，大幅度提高人才、知识等要素跨境流动水平。

福建师范大学副校长赖海榕主持开幕式

本次会议由主旨发言、引导性发言、圆桌对话、自由发言和闭幕展望等环节构成。会议期间，中国科学技术交流中心、福建师范大学、俄罗斯国立高等经济大学等单位的科研人员联合发布了《金砖国家综合创新竞争力发展报告（2019）》《“金砖+”国家综合创新竞争力发展报告（2019）》（英文）、《金砖国家科技创新合作与可持续发展研究报告（2019）》等三份研究成果，提出了推动金砖国家科技创新合作的政策建议，希望为金砖国家深化科技创新合作提供智力支持和决策参考。

《金砖国家综合创新竞争力发展报告（2019）》等三份成果

研讨会现场

参会代表合影

福建师范大学是我国建校最早的师范大学之一，肇始于1907年清朝帝师陈宝琛先生创办的福建优级师范学堂。经过112年的传承创新，学校已发展成为一所学科门类齐全、办学成果丰硕、师资力量雄厚、对外交流活跃的高水平综合性大学，先后成为福建省人民政府与教育部共建高校、福建省全国一流大学建设高校，综合实力进入英国QS亚洲大学排行榜350强，稳居中国高校百强、师范院校十强行列。经济学科是该校优势特色学科。

参考文献

［1］蔡春林、刘畅、黄学军：《金砖国家在世界经济中的地位和作用》，载于《经济社会体制比较》2013 年第 1 期。

［2］蔡翠红：《“数字金砖”的机遇与挑战》，载于《国际观察》2017 年第 1 期。

［3］陈强、鲍悦华、李建昌：《德国国际科技合作及其对中国的启示》，载于《科技管理研究》2013 年第 23 期。

［4］陈喜荣：《中国巴西科技合作影响因素及前景》，载于《中共福建省委党校学报》2013 年第 1 期。

［5］程如烟：《30 年来中国国际科技合作战略和政策演变》，载于《中国科技论坛》2008 年第 7 期。

［6］戴艳军：《中国国际科技合作的现状与对策》，载于《科学学与科学技术管理》2001 年第 12 期。

［7］杜振华：《印度软件与信息服务业的数字化转型及创新》，载于《全球化》2018 年第 6 期。

［8］郭玉、段黎萍、马峥、袁军鹏：《基于科学计量学的中印科技合作现状分析》，载于《中国基础科学·文献计量》2014 年第 5 期。

［9］国家信息中心：《中国共享经济发展年度报告》（2019）［R］. http：//www. sic. gov. cn/archiver/SIC/UpFile/Files/Default/20190301115908284438. pdf。

［10］韩一元：《金砖国家合作发展历程与展望》，载于《国际研究参考》2016 年第 11 期。

［11］姜奇平：《“互联网 +”与中国经济的未来形态》，载于《人民

论坛（学术前沿）》2015 年第 10 期。

［12］杰里米·里夫金，赛迪研究院专家组译：《零边际成本社会——一个物联网、合作共赢的新经济时代》，中信出版社 2014 年版。

［13］《金砖国家领导人第八次会晤乌法宣言》。

［14］《金砖国家领导人第九次会晤厦门宣言》。

［15］《金砖国家领导人第十次会晤约翰斯内斯堡宣言》。

［16］李杨、黄宁：《金砖国家投资合作机制的发展与对策》，载于《河北学刊》2016 年第 5 期。

［17］李毅、夏红梅：《“丝绸之路经济带”科技合作模式及平台构建探析》，载于《攀登》2015 年第 6 期。

［18］廖重斌：《环境与经济协调发展的定量评判及其分类体系——以珠江三角洲城市群为例》，载于《热带地理》1999 年第 2 期。

［19］林跃勤：《金融合作深化与新兴国家共同发展——基于金砖国家的一个视角》，河海大学学报（哲学社会科学版），2016 年。

［20］林跃勤：《新兴经济体经济增长方式评价——基于金砖国家的分析》，载于《经济社会体制比较》2011 年第 5 期。

［21］刘勇、沈继奔、王伟、邵峥：《金砖国家可持续发展的机遇、挑战及建议》，当代世界，2017 年 10 月。

［22］欧阳晓、陈琦：《“金砖国家”创新体系的技术效率与单因素效率评价》，载于《数量经济技术经济研究》2014 年第 5 期。

［23］欧阳峣、罗会华：《金砖国家科技合作模式及平台构建研究》，载于《中国软科学》2011 年第 8 期。

［24］戚超英：《俄罗斯科技现状与加快中俄科技合作》，载于《东北亚论坛》1994 年第 3 期。

［25］人民网，金砖国家可持续发展的机遇、挑战及建议，2017 年 10 月：http：//theory. people. com. cn/n1/2017/1012/c40531 －29583876. html。

［26］商务部电子商务和信息化司：《中国电子商务报告》（2018）［R］. http：//images. mofcom. gov. cn/dzsws/201905/20190530100539785. pdf。

[27] 生延超、钟志平：《旅游产业与区域经济的耦合协调度研究——以湖南省为例》，载于《旅游学刊》2009年第8期。

[28] 宋魁：《中俄科技人才合作的现状、问题与对策》，载于《西伯利亚研究》2003年第2期。

[29] 孙键、刘云、熊政：《中俄科技合作现状分析与发展对策》，载于《中国基础科学·管理论坛》2008年第3期。

[30] 唐杰：《全球数字经济发展现状分析及展望》，载于《经济研究参考》2018年第51期。

[31] 田慧芳：《金砖国家可持续发展合作的优先领域与政策选择》，载于《国际经济合作》2017年第8期。

[32] 王龙琴：《金砖国家的合作机制及特点》，载于《光明日报》2016年10月16日。

[33] 王友发、罗建强、周献中：《近40年来中国与“一带一路”国家科技合作态势演变分析》，载于《科技进步与对策》2016年第24期。

[34] 吴大进、曹力、陈立华：《协同学原理和应用》，华中理工大学出版社1990年版。

[35] 吴殿廷、杨欢、耿建忠，等：《金砖五国农业合作潜力测度研究》，载于《经济地理》2014年第1期。

[36] 吴建南、杨若愚：《中国与“一带一路”国家的科技合作态势研究》，载于《科学学与科学技术管理》2016年第1期。

[37] 熊建新等：《洞庭湖区生态承载力系统耦合协调度时空分异》，载于《地理科学》2014年第9期。

[38] 徐秀军：《金砖国家经济合作面临的挑战与前景》，载于《当代世界》2016年第11期。

[39] 薛飞：《全球价值链视角下金砖国家的经贸合作与利益分配》，载于《现代管理科学》2016年第12期。

[40] 叶乘伟：《当前国际科技合作模式研究》，广西大学硕士学位论文，2005年。

[41] 曾繁清、叶德珠：《金融体系与产业结构的耦合协调度分析——基于新结构经济学视角》，载于《经济评论》2017 年第 3 期。

[42] 张冬杨：《俄罗斯数字经济发展现状浅析》，载于《俄罗斯研究》2018 年第 2 期。

[43] 张晓涛、修媛媛、李洁馨：《金砖国家金融合作利益研究》，载于《宏观经济研究》2014 年第 5 期。

[44] 中国国务院：《关于加快构建大众创业万众创新支撑平台的指导意见》[EB/OL]. 2015：http：//www. gov. cn/zhengce/content/2015 – 09/26/content_10183. htm。

[45] 中国互联网络信息中心：《第 43 次中国互联网络发展状况统计报告》（2019），http：//www. cnnic. net. cn/hlwfzyj/hlwxzbg/hlwtjbg/201902/P020190318523029756345. pdf。

[46] 中国江苏网，努力将构建新工业革命伙伴关系打造为金砖合作的第四大支柱，2018 年 10 月：https：//baijiahao. baidu. com/s? id = 1613918776363406646&wfr = spider&for = pc。

[47] 中国日报 . G20 杭州峰会通过《G20 数字经济发展与合作倡议》为世界经济创新发展注入新动力 [EB/OL]. http：//china. chinadaily. com. cn/2016 – 09/28/content_26926631. htm.

[48] 中国信息通信研究院：《G20 数字经济发展研究报告（2018 年）》，2019 年。

[49] 中国信息通信研究院：《中国数字经济发展与就业白皮书》（2019），https：//www. dx2025. com/newsinfo/1070719. html。

[50] 周婕峥：《构建我国新型国际科技合作机制研究》，载于《科学管理研究》2015 年第 3 期。

[51] 朱杰进：《金砖国家合作机制的转型》，载于《国际观察》2014 年。

[52] 朱丽波：《从科学计量学角度看近十年中国科技合作态势》，载于《情报杂志》2015 年第 1 期。

[53] Accenture. Harnessing the Power of Open Innovation through Digital

Collaboration [R]. South Africa, 2016: https://www.accenture.com/_acnmedia/pdf-28/accenture-harnessing-power-entrepreneurs-open-innovation-south-africa. pdfla = en.

[54] Corinne Abrams, Niharika Mandhana, "Brics' New Development-Bank Not Feeling Peer Pressure from China's AIIB", *The Wall Street Journal*, October 16, 2016.

[55] Deloitte. *Insights about Digital Transformation and ICT Opportunities for Brazil* [R]. Brazil, 2019: https://www2.deloitte.com/content/dam/Deloitte/br/Documents/technology-media-telecommunications/ICT-insights-report-eng.pdf.

[56] McKinsey Global Institute. Digital India: *Technology to Transform a Connected Nation* [R]. India, 2019: https://www.mckinsey.com/business-functions/digital-mckinsey/our-insights/digital-india-technology-to-transform-a-connected-nation.

[57] Mesenbourg T. L. Measuring Electronic Business: Definitions, Underlying Concepts and Measurement Plans [J]. US Bureau of the Census, 2001.

[58] World Bank, 2018. World Development Indicators 2018. Washington DC. Available at: http://data.worldbank.org/data-catalog/world-development-indicators/.